HUNDERT AUGEN

Eva Tind

Die Frau, die die Welt zusammenfügte

Roman

Aus dem Dänischen von Ursel Allenstein

ROWOHLT HUNDERT AUGEN

Die Originalausgabe erschien 2021 unter dem Titel
«Kvinden der samlede verden» bei Gyldendal, Kopenhagen.

Danish Arts
Foundation

Die Übersetzung wurde von der Danish Arts Foundation gefördert.

Deutsche Erstausgabe
Veröffentlicht im Rowohlt Verlag, Hamburg, April 2023
Copyright © 2023 by Rowohlt Verlag GmbH, Hamburg
«Kvinden der samlede verden» Copyright © 2021 by Eva Tind and Gyldendal
Das Zitat auf S. 87 stammt aus: Knud Rasmussen, *Mythen und Sagen aus Grönland*.
Übersetzt von Julia Koppel, Anaconda Verlag, München 2022, S. 21
Satz Crimson Pro bei Pinkuin Satz und Datentechnik, Berlin
Druck und Bindung GGP Media GmbH, Pößneck
ISBN 978-3-498-00287-9

Prolog, 1948

Peder liegt wie ein warmer Klumpen an Maries Brust. Die Brustwarze ist aus seinem Mund geglitten, an seiner Wange hängen winzige Milchtropfen, die Zerbrechlichkeit der ganzen Welt ruht in seinem runzeligen kleinen Gesicht. Maries Blick wandert weiter, durch das Fenster hinaus in den Garten, wo das Gras und die Pflanzen immer noch grün sind, obwohl sich die Blätter der Bäume schon gelb färben und sich bald lösen werden, sodass der Wind sie zu Boden wehen kann. Der Himmel liegt über allem. Es gibt zwei Wege, das Universum zu studieren, denkt sie, man kann ins All reisen und sein Leben riskieren oder in die unsichtbare Mikrowelt, deren Raum genauso groß und unendlich ist. Als junges Mädchen hätte sie es für ausgeschlossen gehalten, dass sie sich einmal mit solch kleinen, fast unsichtbaren Nebensächlichkeiten beschäftigen würde wie Moosmilben, doch unmerklich wurde sie immer besessener von ihnen.

«Wenn man sein Leben nicht für das nutzt, was einen am meisten interessiert, wird man nie glücklich», flüstert sie Peder zu. Die Wärme strahlt von seinem kleinen Kopf ab wie von einer Sonne. Der Gedanke, dass sie jetzt wegreisen wird, versetzt ihrem Herzen einen Stich, aber sie hat keinen Zweifel: Sie weiß, dass sie aufbrechen muss.

1907–1921

Kopenhagen, Kokkedal, Nivå

1907

Marie und Aase liegen frisch gewaschen und rotwangig auf der Matratze. Das weiße Baumwolllaken ist glatt und steif. Sie sind aus einem Ei entstanden, das sich dreizehn Tage nach der Befruchtung teilte. Trotzdem wird Marie als die Ältere angesehen, weil sie zuerst geboren wurde. Am Ende werden sie insgesamt sieben Schwestern und ein lebender Bruder sein. Løn ist mit drei Jahren die Älteste, Trolden elf Monate jünger als Løn, Bitten ein Jahr jünger als Trolden, dann kommen die Zwillinge. Nach ihnen wird Alma den toten Bruder auf die Welt bringen und nach ihm Manse, den lebenden Bruder, dann Søster und am Ende Tutsi.

Marie bewegt sich ruckartig, sie weint in Aases Gesicht, und Aase weint in Maries, ihr Weinen lässt sich nicht unterscheiden, sie weinen mit einer Stimme, und ihr Weinen schwillt an und ebbt ab, doch niemand tröstet sie, ihre Geschwister springen überall herum, streicheln und kneifen die hilflosen Zwillinge, die Köpfe der anderen baumeln über ihnen wie Medaillons, und Marie und Aase strampeln und weinen, bis ihnen der Schlaf eine kleine Keule über den Kopf zieht und die Muskeln und Sehnen und alles andere zur Ruhe kommen. Die eine kann sich noch nicht von der anderen unterscheiden.

1911

Marie und Aase sind noch klein, als ihre Eltern Niels und Alma mit den fünf Töchtern aus der Großstadt in eine weiße Villa nördlich von Kopenhagen ziehen. In diesem Jahr hat es außergewöhnlich viel geschneit. Der Schnee hat sich gesetzt, der Frost kriecht aber immer noch über die Fenster und zeichnet Muster, die als Schneeblumen zwischen den Scheiben erstarren. Das Haus wurde im italienischen Stil erbaut. An der Nordseite hängen die Eiszapfen wie nadelspitze Zähne von den Dachrinnen. Aus dieser verputzten Villa mit den großen weißen Säulen stammt Maries erste Erinnerung, wie ein etwas unscharfes Foto. Die Konturen von Niels, ihrem Vater, tauchen auf. Marie hat sich dieses Bild so oft in Erinnerung gerufen, dass es sich in ihr Gedächtnis eingebrannt hat, es kann nie wieder gelöscht werden. Ihr Vater, rauchend in einem Sessel. Er hält den Rücken gerade, auf dem einen Oberschenkel ruht ein Buch. Die Kleidung sitzt steif am Körper, sie sieht unbequem aus. Durch die Lippen bläst er blauen Rauch, der wie eine dichte Wolke um seinen Kopf herum aufsteigt.

Obwohl Niels ein recht junger Vater ist, hat er einen langen, ergrauenden Bart, seine Augen sind tiefe Löcher, in die man nicht hineinstolpern möchte. Er versucht stets, den Stimmen der Kinder auszuweichen, die in seinen Ohren kratzen und kribbeln, und ihren fettigen Fingern, die seine steife Kleidung beflecken und aus der Form bringen. Wenn er mit den Kindern spricht, verwendet er kühle, nüchterne Wörter; Wörter, die die Pforte zu einem unfassbaren Wissen öffnen, die ihn erheben, bis weit über die blaue Rauchwolke ganz oben unter der Decke.

Niels ist Mathematiker. Er unterrichtet am Gymnasium und verteilt sein Wissen an die Kinder wie weiße Zuckerwürfel. Kleine raue Würfel, die sich langsam im Mund auflösen, zu einem süßen Meer verschmelzen, das durch den Körper tobt und die Augen zum Glänzen bringt.

Marie wünscht sich nur eins: das Meer im Mund zu behalten.

Vor dem Fenster schweben weiche Schneeflocken herab, der Wind bleibt ruhig.

«Komm mit», sagt Løn und bürstet helle kleine Schuppen von Maries dunkelblauem Kleid.

«Wohin?», fragt Marie.

«Es ist Sonntag.»

Løn nimmt Marie bei der Hand. Sie flitzen den Gang hinunter. Sonntags dürfen sie in die Hausbibliothek, und die Zeit löst sich wie das Fleisch von den Knochen im Topf, der auf dem Herd in der Küche steht. Aus dem Topf steigt Dampf auf und sammelt sich in Wasserperlen unter der Decke, ein Tropfen nach dem anderen fällt herab: ein Jahr, zwei Jahre, drei Jahre – die Sonntage werden wie Perlen auf eine Schnur gezogen, und Løn, Trolden, Bitten, Aase und Marie werfen sich auf die türkischen Teppiche in der Bibliothek, rollen sich auf den Bauch und stecken ihre Gesichter so tief in die dicken Bücher, dass sich der satte Geruch von Papier und Staub in ihren Nasen festsetzt. Sie blättern sich einmal rings um die Erde, Seite für Seite wandern sie durch die Bilder, hinein in die Sitten und Bräuche anderer Länder und Menschen. Maries Herz klopft im selben Rhythmus wie Aases, zwei Steine, die aneinanderschlagen, Funken sprühen, ein Gedanke nimmt Form an in Marie: Ich werde um die Welt reisen.

Sie blickt zu dem Globus auf dem Schreibtisch.

«Kann man um die Erde laufen?»

«Nein», murmelt Trolden, «zwischen den Kontinenten liegt Meer.»

«Was sind Kontinente?»

«Riesige Inseln, die aus dem Wasser aufragen», antwortet Trolden.

Marie schließt die Augen, sie drehen sich unter den Augenlidern. Die Erde ist eine leuchtende Kugel, die direkt hinter ihrer Stirn hängt. Sie prägt sich alles ein, öffnet die Augen, schließt sie. So macht sie weiter, öffnet die Augen, blättert, schließt sie wieder und speichert alle Bilder aus *Brehms Tierleben* im Kopf ab, um sie jederzeit auf der Innenseite ihrer Lider heraufbeschwören zu können.

«Siehst du, was ich sehe?», fragt sie Aase.

«Ja.»

Hinter ihren Augenlidern sieht Marie direkt in einen Traum hinein: Sie geht allein, den ganzen Weg um die Erde herum.

«Ich will nicht allein um die Welt reisen», sagt Aase.

«Warum nicht?»

Ihre Augen bewegen sich unruhig unter den Lidern. Aber sie bleiben geschlossen.

«Ich möchte nur mit jemandem zusammen reisen.»

«Du zerstörst meinen Traum», sagt Marie.

«Du zerstörst meinen Traum», wiederholt Aase.

Jetzt dreht sich die Erdkugel schneller.

«Ich sehe grünes Wasser, Korallen und Pilze mit dicken braunen Stielen, runzelig wie Palmenstämme, einige haben orangefarbene Flecken, andere sind hautfarben oder genoppt und mit Haarmähnen.»

Marie schwimmt.

«Zwischen den Steinen liegen Seesterne und Wasserblumen und schmücken sie, sie sickern hervor wie Aquakorallen», sagt Aase.

«Aquarelle oder Korallen», sagt Trolden.

«Korallen», wiederholt Marie. Das Wort schmeckt wie Eiscreme. Die Erde dreht sich noch schneller.

«Wenn du reist, komme ich mit. Wir müssen immer zusammenbleiben», sagt Aase.

Marie blickt in Aases Augen, als wären es ihre eigenen.

«Ja», sagt Marie.

Aber sie sieht Aase und sich nicht zusammen gehen, sie ist allein.

«Wer ist das?», fragt Aase und deutet auf ein Bild von einer Marmorbüste.

«Thales von Milet, der ungefähr 500 Jahre vor Jesus lebte», erklärt Niels und beugt sich über sie.

Der Bart des Vaters kitzelt, ein weiches Kissen, an dem man sein Gesicht ausruhen kann.

«Thales von Milet hat gesagt: Aus Wasser ist alles! Statt die Natur für etwas Mystisches zu halten, hat er sie als etwas betrachtet, das beobachtet werden muss, damit man es verstehen kann.»

Marie starrt das Bild von Thales von Milet an, dessen Augen weiß und rund sind wie gepellte Eier, und jetzt riecht es im Zimmer danach.

«Es riecht nach Ei», sagt Aase.

«Ist er blind?», fragt Marie.

«Alle Statuen sind blind», antwortet Løn.

Marie muss mal. Sie verlässt die Bibliothek, geht den Flur entlang, aus der Tür, zur Toilette. Obwohl die Blase drückt, bewegt sie sich langsam und mit geschlossenen Augen. Ihre Fingerspitzen kennen alle Zimmer des Hauses und alle Oberflächen, doch wenn sie wie eine Blinde hier entlanggeht, fühlt es sich an, als ginge sie den Weg zum ersten Mal. Sie beschleunigt das Tempo. Ihre Finger gleiten über die gekalkten Wände. Wie dunkel ist es eigentlich im Kopf eines blinden Mannes? Ein dunkler Schatten fährt in sie hinein, und die Augenlider huschen nach oben. Sie will lieber doch nicht blind sein. Sie öffnet den Klodeckel, der Gestank schießt aus dem Loch empor wie eine Peitsche. Sie atmet durch den Mund und lässt ihren Urin in einem dicken, warmen Strahl hinauslaufen. Der Geruch bleibt in ihren Nasenhaaren hängen. Jetzt rennt sie über den Flur zurück zur Bibliothek, der Luftstrom bläst ihr die Nase sauber. Sie wirft sich neben Aase und bohrt ihr den Finger in die Seite, aber Aase reagiert nicht, rückt nur von ihr ab, und das Buch, in dem sie liest, zieht sie mit.

«Was ist ein Strohräuber?», fragt Marie.

«Einer, der anderen Leuten das Stroh raubt?», schlägt Bitten vor.

«Ein Strohräuber ist Bernstein», sagt Løn. «Das steht da.»

«Wenn man Bernstein poliert, wird er magnetisch und zieht kleine Strohhalme an. Deshalb heißt Bernstein auf Persisch ‹Strohräuber›», erklärt Niels.

«Was bedeutet magnetisch?», fragt Marie.

Das Wort erinnert sie an Magna, die Nachbarsfrau, unter deren Kinn immer drei lange, störrische Haare wachsen, widerspenstiges Stroh, vom Schatten des Kinns verborgen.

«Wenn sich zwei voneinander getrennte Dinge gegenseitig anziehen, sind sie magnetisch. Stell dir einen kleinen Stab vor, der an der einen Seite einen Nordpol hat und an der anderen einen Südpol. Wenn der Nordpol des Stabs zum Südpol eines anderen solchen Stabs zeigt, wird die Anziehung aufgrund ihrer Gegensätzlichkeit so stark sein, dass sie wie ein einziger Stab zusammenkleben. Dreht man den Stab jedoch um, sodass der eine Südpol zum anderen Südpol zeigt oder der Nordpol zum Nordpol, werden sich die Stäbe abstoßen», sagt Niels.

«So wie ihr», sagt Løn zu Marie und Aase. «Ihr benehmt euch wie zwei kleine Stäbe, ihr klebt die ganze Zeit aneinander.»

«Wenn du sie trennst, werden sie den Rest ihres Lebens damit verbringen, einander zu suchen», sagt Niels zu Løn, als wären Aase und Marie nicht mehr im Zimmer.

Die Wörter flattern von seinen Lippen und Niels hinterher, fast so, als würde er abheben.

«Der griechische Philosoph Empedokles behauptete im 5. Jahrhundert vor Christus, die Erde und das Universum bestünden aus vier Elementen, nämlich Erde, Feuer, Luft und Wasser, die wiederum zwei anderen Kräften unterworfen seien: Liebe und Streit. Vereinigung und Trennung sind zwei zusammenhängende Kräfte.»

«Wir sind keine Stäbe, wir sind Menschen», sagen Marie und Aase wie aus einem Mund.

«Und wir meinen nicht dasselbe», sagt Marie.

«Genau», sagt Aase.

Marie hält sich die Ohren zu und steckt ihr Gesicht in ein Buch über die «Völker der Erde». Die Wilden in Neuguinea erstehen von den Buchseiten auf, mit Wildschweinzähnen in der Nase und Paradiesvögeln als Kopfschmuck. Auf der nächsten Seite tanzen Afrikaner, deren ölige Zöpfe über die nackten Pos baumeln. Sie lässt sich in die fremde Welt hineingleiten, und jetzt ist sie diejenige, die Paradiesvögel als Kopfschmuck trägt.

«Ist das …?», fragt Aase und zeigt auf das Buch.

«… ein echter lebendiger Vogel», antwortet Marie und nickt.

«Guck mal da, Marie!» Aases Stimme klingt laut.

Direkt vor ihnen stehen die Wilden, quicklebendig mit ihren Wildschweinzähnen in der Nase. Aase zieht sich aus. Sie steht nackt vor Marie. Jetzt wickelt sie sich lange Grashalme um die Oberarme wie große Pompons und bindet sich Farnwedel über das Steißbein. Sie stehen ab wie ein großer buschiger Schwanz. Um ihren Hals baumeln Perlenketten, und sie greift sich einen Hut und setzt ihn auf.

«Du hast einen Paradiesvogel auf dem Kopf», sagt Marie mit runden Augen.

Der Vogel breitet seine strahlend bunten Flügel aus. Wenn er blinzelt, wippt der Wildschweinzahn in Aases Nase, aber es kitzelt in Maries Nasenlöchern.

Aase wackelt mit der Hüfte, Marie legt den Kopf zurück und gluckst vor Lachen, dann ändert sich ihr Blick und wird scharf wie der eines Adlers, sie sammelt die Finger zu einem Schnabel und hackt zu.

«Au», sagt Aase. «Hör auf!»

Sie kreischt und schlägt nach Marie.

«Das bestimmst nicht du», zischt Marie und schlingt die Arme um Aase wie eine Schlange.

Sie wälzen sich auf dem Boden zwischen Grashalmen und Farnwedeln, der Paradiesvogel flattert krächzend auf, und Alma kommt angerannt.

«Jetzt ist aber Schluss!», ruft sie. «Steht auf. Wie benehmt ihr euch denn?»

«Wir spielen bloß», sagt Marie.

«Alles nur Spaß», sagt Aase.

Alma kneift die Augen zusammen und blickt von der einen zur anderen.

«Seht zu, dass ihr euch wieder anzieht», sagt sie.

1912

Die Nacht ist ein Wolf mit nur einem gelben Auge, das nie blinzelt. Wenn er aufsteht, schlüpft der Tag zwischen seinen Beinen hindurch, wie alle anderen Tage zuvor. Schlaftrunkene Körper wälzen sich trotzig im Licht. Kalte, feuchte Lappen waschen den Schlaf und Schmutz aus allen Ecken des Körpers. Die Kinder pinkeln, kacken, gurgeln, kämmen sich die Haare und ziehen sich an, um sich dann an den langen Tisch in der Küche zu setzen, wo alle so unablässig reden, dass es aussieht, als stünden ihre Münder die ganze Zeit offen.

«Ihr erinnert mich an Vogeljungen, nur dass eure Schnäbel nach unten hängen, sobald ihr gegessen habt, setzt euch gerade hin und streckt die Brust raus», sagt Alma.

«Wir haben eine Neuigkeit», sagt Niels.

«Wir werden umziehen», erklärt Alma.

In derselben Sekunde bleiben die Zeiger der alten Bornholmer um siebzehn Minuten nach sechs stehen. Die Standuhr, die normalerweise als Kribbeln im Gehörgang den Takt vorgibt, steht vollkommen stumm an der Wand.

«Umziehen?», fragen Marie und Aase wie aus einem Mund.

«Wohin?», fragt Løn.

«Auf dem Balkan ist ein Krieg ausgebrochen, der sich weiter ausbreiten könnte. Wir haben einen Hof gekauft, damit wir uns selbst versorgen können.»

Alma stützt sich den unteren Rücken, sie ist wieder schwanger. Manse hängt immer noch an ihrem Bein wie ein kleiner Kartoffelsack. Er ist zu schwer geworden, als dass sie ihn noch tragen könnte.

«Der Hof heißt Løvbjerggård», sagt Niels.

«Wo liegt er?», fragt Trolden und stochert in ihrem Brei herum.

Aase und Marie springen von ihren Stühlen auf.

«In Nivå.»

«Gibt es da Löwen?», fragt Marie und knurrt und fletscht die Zähne. Aase hat wieder ihren unsichtbaren Farnschwanz angezogen. Sie scharwenzelt um den Tisch.

«Løv wie Laub, nicht Löwe», sagt Løn.

«Das sind die Blätter, die an den Bäumen hängen», erklärt Bitten.

«Aber werden wir dort Tiere haben?», fragt Marie.

«Ja, wir müssen uns ja selbst versorgen können», antwortet Alma.

«Und sieben Torfmoore haben wir auch», sagt Niels.

«Sieben große Schlammlöcher mit Gekreuch und Gefleuch, hurra», sagt Trolden ironisch.

Niels wirft ihr nur einen kühlen Blick zu.

«Und Hühner!», sagt Aase.

«Und Eier», sagt Marie.

«Ja, die sind ja bei den Hühnern mit enthalten», sagt Løn lächelnd.

«Was ist mit unseren Sachen, wir können doch nicht mit dem ganzen Zeug umziehen?», fragt Marie.

«Wir packen alles bis auf die Möbel in Kisten, und dann kommt ein großer Lastwagen und transportiert es dorthin», sagt Alma.

«Und wie nehmen wir das Haus auseinander?»

«Mariechen, das Haus bleibt natürlich stehen. In dem neuen Haus sammeln wir nur uns und unsere Sachen.»

Marie hebt den Blick und sieht sich um, auf dem Tisch stehen sieben Teller mit dunkelbraunem Brei. Sieben

Schlammlöcher sind sieben Moore, denkt sie. Dann beugt sie sich über ihre Brotsuppe und leckt den Rand des Tellers sauber. Ein glänzend weißer Rand umrahmt die braune Grütze.

1915

Der Løvbjerggård hat weiß gekalkte Mauern und ein neugedecktes Strohdach. Eine weitläufige Moränenlandschaft wellt sich grün um Wohnhaus und Scheune. Die Felder liegen zwischen den sieben Moorseen. Alle Rübenreihen enden an einem See, und die Natur ist jetzt kein Ausflugsziel mehr, sie wächst um die Familie herum, um den Hof und die Tiere, polstert sie alle von außen und innen aus. Sie ernähren sich von den Tieren des Hofs und der Ernte der Felder. Ihre Zähne zerreißen, zerteilen, zerkauen, der Mund schluckt alles. Die Kinder binden Weidenruten zusammen und reiten darauf wie Indianer auf dem Kriegspfad, und ab und zu dürfen sie auf den großen Pflugpferden sitzen, wenn sie vom Feld nach Hause trotten. Das lebendige Fell zwischen den Beinen, die Vorstellung, dass sich diese enorme Kraft dem menschlichen Willen unterwirft.

Marie wird groß auf dem Land, vom Land. Das Korn sprießt in ihr, und dann kommt der Herbst. Alma und die Mädchen schuften, schwitzend schleppen sie die Getreidegarben, unter Staubwolken, die aufsteigen wie ein undurchdringlicher Nebel nach einer Explosion. Der Staub kriecht in Nase und Ohren. Sie waten in Hunderten von Mäusen und Ratten umher, die sich den ganzen Winter über mit Korn vollgestopft und vermehrt haben. Mäuse flitzen über den Boden, krabbeln in Hosenbeine und unter Kleider. Løn, Trolden und Bitten stehen mit dem Spaten bereit.

«Au, verdammt!», ruft Trolden, als eine Maus an ihrem Bein emporklettert, als wäre es ein Baum, und kleine blutige Schrammen hinterlässt.

Die Kinder laufen über den Boden und schlagen die Tierchen mit Spaten und Schaufeln nieder, sie schlagen sie bewusstlos, hacken ihnen die Köpfe, Schwänze und Beine ab. Die Stümpfe winden sich. Der Scheunenboden ist blutbefleckt.

Als die Mädchen zum Mittagessen gehen und die letzte Maus ins hohe Gras geflüchtet ist, steckt Manse den Kopf in die Scheune. Er geht zwischen den Mäuseleichen umher und pikst mit einem Stock hinein, um zu sehen, ob er sie zum Zappeln bringen kann. Dann hält er inne, beugt sich herab, hebt etwas auf und verschwindet aus der Scheune.

«Wo ist Manse?», fragt Aase.

«Ich suche ihn», sagt Trolden.

«Ich auch», sagt Marie und folgt Trolden auf den Fersen.

Manse sitzt hinter der Scheune. Sein Körper krümmt sich wie ein Vordach über das, was er verbirgt: ein Pelzstummel in einer Pfütze aus Blut und winzigen Eingeweiden, die als schleimiger Klumpen vor ihm auf der Erde liegen.

«Manse, was ist das?», fragt Trolden.

«Eine Maus», antwortet er.

«Das ist eklig», sagt Trolden. «Lass sie in Ruhe.»

«Sie ist doch tot», erwidert er.

«Ja», sagt Trolden, «ebendrum.»

Manse wendet sich von ihnen ab.

«Und was ist das da?», fragt Marie und zeigt auf den Klumpen.

«Die Gedärme», antwortet er.

Manse stochert mit dem Stock in einer kleinen, dunklen, blutigen Schnur. Marie stupst sie mit dem Finger an, Aase tut dasselbe.

Es ist Wochenende, aber Alma hat Obst einzukochen. Die hungrigen Tiermägen müssen gefüllt werden, die Jaucherinne im Stall ausgekratzt.

«Die Kühe haben immer Hunger, egal welchen Tag wir haben», sagt sie.

Alma ergreift den Besen, und Niels nimmt die Kinder mit auf einen Sonntagsausflug. Heute geht es ins Moor Malmmosen. Die langen Gräser lecken wie feine, dünne Zungen nach den Beinen. Hier ist es im Juni am schönsten, wenn das Wollgras blüht und ein Flor aus weichen weißen Bäuschen die großen grünen Flächen bedeckt.

«Sie sehen aus wie winzige Schafherden auf Stängeln», sagt Marie. Wenn Niels lächelt, breitet sich Wärme in Maries Brust aus. Sie merkt, wie ihr Vater ruhig und still wird, wenn sie alle ausschwärmen, um Blumen und Insekten zu entdecken.

«Haltet mal nach dem Sonnentau Ausschau», sagt Niels, «der versteckt sich zwischen den Torfmoosen.»

«Ist er das?», fragt Trolden und zeigt auf einen Stängel mit bläulichen Spitzen an den Kronblättern.

«Nein, die Kronblätter des Sonnentaus haben einen roten Rand. Und er ist eine fleischfressende Pflanze», antwortet er.

«Ich hab einen», ruft Trolden und streckt dem Vater die kleine Pflanze entgegen.

«Und die isst Fleisch?»

Marie verbirgt die Hände hinter dem Rücken. Trotzdem hat sie das Gefühl, der Sonnentau würde an ihren Fingerspitzen zupfen.

«Die Zuckerstoffe locken Insekten an. Wenn sie dort in der Pflanze sitzen und davon abgelenkt sind, den süßen

Nektar in sich hineinzusaugen, merken sie nicht, wie sich die Kronblätter um sie schließen.»

Marie erschaudert, die kleinen Haare auf ihren Armen erheben sich wie ein flaumiger Wald, und genau in dem Moment flattern sieben Sumpfohreulen in zwei Formationen auf. Die Eulen kreisen eine Weile, ehe sie über den Wald hinweg und außer Sichtweite fliegen. Es ist nicht sein Körper, der Niels antreibt, er lebt vom Lesen und Denken. Seine Muskeln sind wie lange und schlaffe Gummibänder, die sich um seine Knochen wickeln. Seine Handflächen sind nicht rau wie bei anderen Männern, sondern weiche Kissen, glatt wie eine Kinderhand, und jetzt ergreift er unverhofft die ihre. Seine große Hand ist ein Handschuh, der ihre kleine umschließt. Aase sieht es sofort und steckt ihre Hand in die andere Faust. So geht er dann, ein Vater mit seinen beiden kleinen Mädchen in kreideweißen Kleidern, die hellen Zöpfe hüpfen auf ihrem Rücken, und das Glück bimmelt wie Glocken den ganzen Tag und bis spät in die Nacht in Maries Brustkorb.

Maries Notizbuch, 1916

Die Erde ist rund.
Der einzige Planet, auf dem es Leben gibt.
Die Erde hängt in einem Honigtopf und schenkt der
Sonne Leben.
Auch der Mond ist wichtig.
Er zieht die Gezeiten über die Erde,
einen Teppich aus Fischen und anderen Tieren.

Marie, Aase und Bitten langweilen sich in der Dorfschule oder auch Bauerntrampelschule, wie die Mädchen sie nennen. Marie vertreibt sich die Zeit damit, alles Mögliche in ihr kleines Notizbuch zu schreiben. Das, was ihr nicht wieder entwischen darf, woran sie sich erinnern oder worüber sie nachdenken will. Ab und zu legt sie auch etwas zwischen die Buchseiten. Fotos oder Dinge aus der Natur. Die gepressten Blumen, Grashalme und kleinen Tiere haben eine verblassende Schönheit und zerfallen leicht wie nichts. Sie geht vorsichtig mit ihnen um.

Marie, Aase und Bitten schuften sich durch die endlosen Rübenreihen, die älteren Schwestern helfen nur selten, weil sie lernen müssen, und die jüngeren sind zu klein, um richtig anzupacken. In Turnanzügen und mit gebeugtem Rücken arbeiten sie sich durch den Sommer. Rüben müssen gesät werden, ein kleinerer Kartoffelacker gehäufelt, die grünen Gewächse mit Erde zugeschüttet, bis zusammenhängende Kämme entstehen.

«Dass wir hier stehen und schwarze Zehen bekommen, ist eine Zumutung», sagt Aase zu Trolden.

«Jede von uns hat nur ein Paar Schuhe, willst du, dass wir uns die versauen? He, Tutsi, du musst auch die kleinen Kartoffeln aufsammeln», sagt Trolden.

«Warum?», fragt Tutsi.

«Tu einfach, was ich dir sage.»

«Warum nennen wir dich Trolden?»

«Weil ich ein Troll bin.»

«Aber was ist das?»

«Ein Menschenfresser mit übermenschlichen Kräften», antwortet Trolden.

«Bin ich dann auch ein Troll?»

Tutsi sieht bekümmert aus.

«Ja.»

«Und Mama?»

«Mama ist auch eine Menschenfresserin», sagt Marie.

«Ein Mensch, der Menschen frisst», erklärt Aase und fletscht die Zähne.

«Sind wir alle Menschenfresser?»

«Im Prinzip schon, Mama hat uns ja geboren. Aber wir haben so viele Kartoffeln, dass wir keine anderen Menschen essen müssen. Die Frauen in unserer Familie geben sich damit zufrieden, ungeahnte Kräfte zu besitzen», antwortet Trolden lachend.

«Und Manse?»

«… der ist ein Waschlappen.»

«Wenn wir solche Kraft haben, warum müssen wir dann Kartoffeln sammeln?»

«Nicht alle Menschen mögen Trolle, deshalb müssen wir uns normal benehmen und hart arbeiten.»

«Kommt, es gibt Essen», sagt Løn.

Trolden nimmt Tutsi an der Hand, sie stiefeln zwischen den langen Reihen von grünen Spitzen zum Haus.

Alma steht davor und späht über die Felder. Vom Hof aus kann sie die Mädchen nicht sehen.

Marie gibt Aase ein Zeichen. Sie laufen in ihren selbst genähten Kleidern auf das größte Moor zu, aus einem Troll werden zwei. Ihre Hände sind voller Blasen, ihre Schultern schmerzen, die Sonne leckt ihre Haut, bis sie wie Feuer brennt. Aase wirft sich ins Gras, Marie sammelt einen großen Arm voller Blätter und presst sie in das kühle Moorwasser. Dann legt sie die feuchten Blätter auf Aases verbrannte Schultern und den Nacken. Sie bedeckt erst den Rücken, dann die Stirn, die Wangen, die Nase. Die Blätter trocknen schnell in der Sonne. Aase liegt vollkommen still, ihre Muskeln entspannen sich, und das Gesicht wird wieder glatt.

Marie und Aase liegen vis-à-vis mit dem kleinen Moorgetier im Gras. Maries Augen erhaschen eine große Gruppe von tanzenden Rückenschwimmern, die unter der Oberfläche hängen und Luft einsaugen, ehe sie ins dunkle Wasser abtauchen und verschwinden. Die pfeilschnellen Taumelkäfer glänzen silbrig auf den Moorpflanzen, die wie eine dunkelgrüne Mähne unter der Wasseroberfläche wogen. Marie versucht, ihnen mit dem Blick zu folgen, aber ihr wird schwindelig, die Augen drehen sich wie Spiralen.

«Sie sehen aus wie winzige Motorboote», sagt sie zu Aase. «Flitzen so schnell, dass sich die Augen überschlagen.»

«Trolden sagt, sie würden auch ‹Teufelsenten› heißen, denn als der Teufel entdeckte, dass Gott die Enten erschaffen hatte, war er ganz vernarrt in sie und wollte selbst so etwas zustande bringen, deshalb schuf er die Taumelkäfer. Sie sind zwar etwas zu klein geraten, aber dafür haben sie ein zweigeteiltes Auge, mit dem sie sowohl über als auch unter Wasser sehen können», erklärt Aase.

«Guck mal, was ist das denn?» Marie zeigt auf ein merkwürdig langes Hinterteil, das aus dem Wasser aufragt.

«Das sieht aus wie ein Skorpion, der kopfsteht», sagt Aase.

«Glaubst du, der sticht?», fragt Marie.

«Nein, ich glaube, er atmet damit.»

«Wie durch einen Strohhalm?»

«Ja. Marie, wenn du alle Tiere liebst, liebst du auch den da, obwohl er so eklig ist?»

Jetzt pfeift die Dampflok, das Geräusch ist ein spitzer Luftpfeil, der sich ins Trommelfell bohrt. Die unsichtbare Linie zwischen dem Zug und dem Ohr ist ein Fluchtweg.

«Ich will einfach nur von hier weg», sagt Marie.

«Ich möchte meine Zeit nicht mit Rüben vergeuden», sagt Aase.

«Lass uns abhauen.»

«Wohin?»

«Einfach nur weg.»

«Man braucht einen Plan.»

«Warum?»

«Man muss wissen, was man will», antwortet Aase.

«Ich weiß, was ich will», erwidert Marie.

«Und was?»

«Studieren.»

«Ich auch, ich kann es kaum erwarten», sagt Aase.

«Und reisen», sagt Marie, «um die ganze Welt.»

«Du hast so viele Flausen im Kopf, wie willst du dir das leisten?»

«Mama ist nach Griechenland gereist, als sie achtzehn war, ihr einer Bruder war in Südamerika und der andere in Nordamerika. Ich werde schon von hier wegkommen.»

«Du darfst nicht verreisen, wir müssen für immer zusammenbleiben. Das musst du mir schwören!»

«Indianerehrenwort», sagt Marie.

«Das reicht nicht.»

Aase zieht ein kleines Messer aus der Tasche ihres Kleides und klappt es auf. Die Schneide funkelt. Sie packt blitzschnell Maries Handgelenk und bohrt ein Loch hinein. Das Blut sickert heraus.

«Was zum Teufel machst du da?»

Aase starrt sie kühl an. Oder ist es Marie, von der die Kälte abstrahlt? Dann sticht sie die Messerspitze in ihr eigenes Handgelenk.

«Aber wir sind doch schon Blutsschwestern», sagt Marie.

«Als wir geboren wurden schon, aber später nicht mehr. Wir entfremden uns, wenn wir nicht aufpassen.»

«Die Wunde ist nicht tief», sagt Marie und presst ihr Handgelenk auf Aases.

«Für immer Schwestern.»

«Du bist verrückt», sagt Marie mit Aases Stimme.

Maries Notizbuch, 1917

Eines Tages zog man die Erde
                                    aus dem Urmeer,
doch wo kam sie eigentlich her? Wurde sie empor-
                                                    geschossen
aus dem Erdinneren
                            wie Feuervulkane?
Oder sickerte sie aus den Ohren
                            der Erde,
        die wie seltsame Fleischblumen gepresst liegen
        zwischen den Seiten meines Notizbuchs?
        Die Vulkanlippen.
Dem Erdflüstern lauschen, ohne zu weinen,
                                    Menschentränen
        sind aus demselben Wasser gemacht
        wie das Urmeer, sagt mein Vater.

Ich laufe weg von zu Hause.
Doch obwohl ich so schnell davonflitze, wie ich kann,
                            kommt Aase mit.

«Wir lernen doch überhaupt nichts in der Bauerntrampelschule», sagt Marie.

«Wir müssen Alma überreden, dass wir auch auf die Schule in Rungsted gehen dürfen, wie Løn und Trolden», sagt Aase.

«Genau. Es ist ungerecht, dass nur die Großen etwas lernen dürfen, während wir Erde an den Kopf geschmissen und ungewaschene Kartoffeln in den Mund gestopft kriegen», sagt Marie.

«Vielleicht kann Vater mit Mutter reden?» Aase zieht eine listige Miene.

«Wir können ihnen ja versprechen, dass wir genauso hart auf dem Feld arbeiten wie jetzt.»

«Und uns die Bücher teilen.»

«Ja.»

«Aber vergiss nicht, dass es meine Idee war», sagt Aase.

«Unsere.»

Marie runzelt die Stirn.

«Nein», sagt Aase. «Meine.»

«Unsere.»

«Meine.»

«Unsere.»

1918

Und das Leben folgt dem ewigen Kreislauf, denn obwohl der Erste Weltkrieg tobt, ist ihr Alltag kaum davon betroffen, und jetzt kommt der Herbst. Niels hat eine neue Bibliothek im Wohnhaus eingerichtet und hält die Tür hermetisch verschlossen. Er bereite den Mathematikunterricht für die neuen Schüler vor und müsse sich konzentrieren, sagt er. Wieder schleppen Alma und die Mädchen die Kornähren, leeren die Scheune, pflücken die letzten Beeren und Äpfel. Ein Monat vergeht, dann noch einer und noch einer, inzwischen schläft Niels auch in der Bibliothek, er sieht keinen Grund mehr herauszukommen, aber es gebe Schlimmeres, sagt Søster und schluchzt, sie hat allen Tieren Namen gegeben, und jetzt sollen sie geschlachtet werden. Die Mädchen sind damit beschäftigt, die toten fetten Gänse zu überbrühen und anschließend zu rupfen.

«Man ist trauriger darüber, dass sie sterben, wenn sie einen Namen haben», sagt Marie.

«Genau», sagt Aase.

Marie weiß, wovon sie redet, denn auch sie tauft die Tiere, aber im Gegensatz zu Søster erzählt sie niemandem davon.

Daunen schweben über ihren Köpfen wie weiche Schneeflocken, die genoppten Gänse liegen in Zinkwannen rings um sie herum, die Fliegen sind bereits da. Eine einzelne Daune setzt sich auf Maries Wange. Aase lacht, dann leckt sie ein paar Daunen nass und klebt sie auf Maries Oberlippe, die Wangen und das Kinn. Die weißen Daunen sind ein Vollbart um Maries Mund. Die anderen kugeln sich vor Lachen, Bitten muss die Beine überkreuzen, um sich nicht in die Hose zu machen. Für einen kurzen Moment verschwindet das Lächeln von Aases Mund, und ein Ausdruck, der an Triumph erinnert, flackert in ihren Augen auf, ehe das Lächeln wieder zum Vorschein kommt. Marie zupft sich den Daunenbart vom Gesicht. Der Geruch von rohem Fleisch sticht ihr in der Nase.

1921–1926
Nivå

1921

Bitten hat ein ganzes Jahr bei einer fremden Familie gearbeitet, jetzt ist sie wieder bei ihnen. Das Jahr in dem anderen Haus habe einen Schatten in ihr hinterlassen, erklärt sie Aase und Marie. Denn obwohl sie bei einer netten Familie wohnte, war sie ein Fremdkörper, der jeden Moment abgestoßen werden konnte. Deshalb sei es gut, wieder daheim zu sein. Marie nickt, wenn Bitten erzählt, weiß aber nicht genau, was sie sagen soll. Obwohl sie ein Jahr älter ist als die Zwillinge, werden sie alle gemeinsam in der Realschule anfangen. Der Plan, den Marie, Aase und Bitten geschmiedet haben, ist aufgegangen. Aase hat ihren Vater überredet, das Schulgeld zu bezahlen, und Marie hat Alma wie ein böser Geist geplagt, bis sie widerstrebend ebenfalls eingewilligt hat.

«Solange es mich nichts kostet», lautete ihre endgültige Antwort.

Die drei Mädchen haben der Mutter geschworen, dass ihre tägliche Arbeit auf dem Feld und im Haushalt den Vorzug vor den Hausaufgaben haben werde, und ein Satz Bücher, den sie sich teilen müssen, wurde gekauft. Es ist also kein zweiköpfiges Wesen, sondern eine Dreieinigkeit, die erwartungsvoll auf dem Hof der Schule in Rungsted steht.

Marie, Aase und Bitten stehen gebeugt in den Rübenreihen. Sie blicken in die Kamera. Løn stellt Belichtung und Zeit ein und drückt den Auslöser.

Sie tragen Röcke. Die Strümpfe sind bis zur Mitte der Schienbeine hochgezogen. Hinter ihnen steht ein dunkles Pferd und schlägt mit dem Schweif. Wenn sie auf dem Feld arbeiten, sind sie immer schlecht gelaunt, doch als sich das Auge der Kamera auf sie richtet, lächeln sie.

«Wir sind entkommen», sagt Marie.

«Ja», sagt Bitten und setzt sich zwischen die Rüben.

«Auf Nimmerwiedersehen, Bauerntrampelschule», ruft Aase laut.

Sie johlen und springen umher, heben die Knie an, strecken die Arme aus und lassen sie kreisen wie Mühlenflügel. Drei Schmetterlinge fliegen auf.

«Tagpfauenaugen», sagt Marie. Sie formt die Hände zu zwei Schalen und versucht, eines der flatternden Insekten zu fangen.

«Die Flügel sind so schön», sagt Bitten.

«Das runde Muster erinnert an die Augen eines großen Tieres, das schreckt die Vögel ab», sagt Marie.

«Glaubt ihr, dass die Kinder dieser Leute uns Bauerntrampel akzeptieren werden?», fragt Aase.

«Natürlich», antwortet Marie. «Sie haben ja auch Løn und Trolden akzeptiert. Und wir haben uns. Die sollen bloß kommen.»

Das Echo ihrer Schritte, als sie den Flur entlanggehen, erzeugt einen Widerhall im Körper. Sie dachten, sie würden die Schule in Rungsted schon aus den Erzählungen der Schwestern kennen, aber jetzt, wo sie selbst hier entlanggehen, wirkt alles neu und exotisch. Die frisch gestrichenen Fenster sind noch nicht getrocknet, der Duft von Linoleum streift die Nase.

«Haltet in den nächsten Wochen die Hände von den Fenstern fern», sagt der Direktor, und die Kinder nicken, woraufhin sie sofort ihre Finger in die Farbe drücken. Die Schulpulte sind rein gescheuert, die Körper frisch gewaschen, die Haare glatt frisiert oder stramm geflochten. Aase und Bitten dürfen nebeneinandersitzen. Marie hat einen Platz neben einem Mädchen bekommen, das Helene heißt. Sie duftet anders als alle anderen Menschen, die Marie bisher getroffen hat, wie ein frischer Baum. Helene hat einen unverwandten Blick, und wenn sie lächelt, strömt Wärme aus ihren Augen. Alle in der Klasse kämpfen darum, dass sich Helenes Blick auf sie richtet, aber selbst wenn sie hüpfen und tanzen, sieht Helene nur Marie. Ihr Blick ist eine Flamme, die Glas zum Schmelzen bringt. Nach einer Woche ist Marie ein glühender Klumpen, aus dem Helene alles Mögliche formen kann. Helene hat Marie gewählt, und alle sind neidisch, Bitten nicht mehr als die anderen, Aase hingegen giftig eifersüchtig.

Marie hat vorher noch nie eine beste Freundin gehabt.

«Komm», sagt Helene, und Marie folgt ihr hinter den Schuppen auf dem Schulhof. Sie setzen sich dicht nebeneinander, Haut berührt Haut, es fühlt sich an, als hätten sie schon immer so dagesessen. Sie ähneln sich nicht äußerlich, so wie Aase und Marie, aber innerlich verschmelzen sie miteinander. Marie wäre am liebsten immer mit Helene zusammen. Gemeinsam mit Helene kann sie alles überstehen, sowohl Krieg als auch Hunger und die langen Tage auf dem Kartoffelacker. Solange es Helene gibt, gibt es auch sie selbst. Aase ist dagegen ein richtiger Quälgeist geworden.

«Mir geht es genauso», sagt Helene.

«Was meinst du?», fragt Marie.

«Aase, sie ist so negativ», sagt Helene.

Helene kann ihre Gedanken lesen. Marie lächelt vor sich hin.

«Woher wusstest du, dass ich an Aase gedacht habe?», fragt sie.

Jetzt lächelt Helene.

«Ihr seht euch ähnlich, aber ihr seid wie Tag und Nacht. Aase ist so schnell beleidigt. Du blickst nach vorn, und du bist ehrlich. Das ist es, was zählt.»

Die Worte landen sanft in Marie. Bislang hat sie andere Kinder mit ihrer direkten Art immer verschreckt.

Im Gegensatz zu allen anderen hat Helene einen weiten Horizont. Sie weiß, wovon sie spricht, ihr Vater reist um die ganze Welt und arbeitet auch in den ärmsten Ländern. Er weiß, was wichtig ist.

«Man sollte den Armen und den Reichen den gleichen Respekt entgegenbringen. Das sagt mein Vater, und ich finde das auch.»

Helene ist voller Worte, die eine trockene Stelle in Marie bewässern, von deren Existenz sie bislang gar nichts wusste. Gleichzeitig wächst in ihr auch die Furcht, das alles wieder zu verlieren.

Helene kann jeden zum Schweigen bringen, selbst die Lehrer. Doch sie ist von zarter Gesundheit, es bedarf nur eines Windstoßes oder einer Klassenkameradin, die hustet, ohne sich die Hand vor den Mund zu halten, schon wird sie krank. Selbst wenn sie im Bett liegt, hat sie etwas Gelassenes an sich, beinahe wie eine Königin. Marie zeichnet Helene mit dem Blick: Ihr Haar ist dunkelbraun, ihr Körper groß und dürr, ihre Handgelenke sind so schmal und schön, und heute duftet sie nicht nur nach frischem Baum, sondern auch nach Flieder, süß und säuerlich.

«Guck mal, was für eine ausgehungerte Katze.»
Helene deutet auf die Böschung.
«Es macht mich so traurig, wenn Tiere leiden», sagt sie.
Marie nickt, ihr geht es genauso. Sie folgen der abgemagerten Katze mit den Augen. Sie rasselt davon wie ein Skelett, dann setzt sie zum Sprung an und verschwindet in einem Zementrohr, das aus der Erde ragt. Ihr Schwanz ist das Letzte, was sie von ihr sehen.

Marie, Aase und Bitten sind zum Geburtstag der Reederstochter Anne eingeladen, die in einer herrschaftlichen Villa in Hørsholm wohnt, doch sie haben nichts, um sich zu schmücken. Zum Glück ist Alma erfinderisch und flicht Maries Haar am Vorabend zu einem langen, hellen Zopf, der feucht und stramm über ihren Rücken hängt. Als sie den Zopf am nächsten Morgen öffnet, fällt das Haar in Wellen herab. Maries einziges Kleid hängt frisch gebügelt im Schrank, weiß und weich. Anne trägt nach einer Kinderlähmung eine Schiene am Bein. Sie wird jeden Tag zu der feinen Schule gefahren. Annes Mutter ist Deutsche, und das Haus der Familie ist groß. Ein Überfluss von Himmelslicht fällt in den neu gebauten Wintergarten. In der Kaminstube liegt ein echtes Tigerfell mit Kopf und weit geöffnetem Schlund. Die Zähne stecken darin wie eine Falle, die jederzeit um den Knochen zuschnappen kann.

«Mein Opa hat ihn geschossen, als er in Asien wohnte», erklärt Anne. «Wer will Fangen spielen?»

«Du kannst doch gar nicht mitmachen», sagt Marie.

«Nein, aber ich finde es so lustig, wenn ihr um meine Ohren herumsaust.»

Es ist kein Vorschlag, sondern ein Befehl, und die Mädchen fangen sofort an zu spielen.

«Verwöhnte Göre», flüstert Aase so leise, dass nur Marie es hören kann.

Die Mädchen schlittern über die gebohnerten Böden, und im Gegensatz zu Maries Mutter schreit Annes Mutter nicht, bis sie einen roten Kopf bekommt, nein, Annes Mutter mit dem fremden Akzent sitzt im Erker und stickt. Ihr Haar ist lang und golden. Das Licht scheint schräg auf sie herab, als würde sie auf einer Theaterbühne sitzen. Sie lächelt geheimnisvoll und milde, wie eine Frau auf einem Gemälde.

«Stickt deine Mutter immer, kocht sie denn nie?», fragt Marie.

«Nein, wir haben ja Küchen-Karen», antwortet Anne.

«Hast du ein Glück ...», sagt Aase.

«Selbst wenn die Schiene abgenommen wird, werde ich nie laufen können. Ich werde immer hinken», verkündet Anne.

«Dann ist es doch gut, dass ihr euch eine Kutsche leisten könnt», sagt Marie.

«Jetzt gibt es Fleisch und *Grünzeug*», ruft Küchen-Karen auf Deutsch.

Das klingt so exotisch! Obwohl es sich bloß als gekochtes Gemüse erweist, hebt es den Zauber nicht auf, es schmeckt wundervoll, weil es Grünzeug heißt. Dieses fremde deutsche Wort, wie ein Geheimnis, das man unbedingt kennen muss, und die Mutter im Erker leuchtet wie ein Engel.

1922

Sie sitzen im Garten. Die Decke ist kariert, und die Vögel, die im Gras herumhüpfen, jagen Würmer und Insekten. Sie pellen hart gekochte Eier, schneiden sie in Scheiben und verteilen sie auf Brote. Die glatten Eischeiben richten ihre gelben Augen gen Himmel.

«Ich ziehe aus», sagt Niels.

Die Kinder spitzen die Ohren.

«Ach ja, wo ziehst du denn hin?», fragt Alma.

Ihre Stimme ist trocken wie ein Stück Knäckebrot.

«Ich habe ein Haus gekauft», sagt er, «und ziehe in einer Woche um.»

«Meinst du, dass wir in einer Woche umziehen?»

Alma sieht aus wie ein Fragezeichen.

Die Kinder sperren ihre Ohren weit auf.

«Nein, ich ziehe aus. Du und die Mädchen, ihr wohnt ja hier.»

Alma sitzt jetzt vollkommen reglos da, als wäre sie nicht lebendig. Sie blinzelt nicht mal. Die Kinder sind stumm, sie stehen in einem tiefen Grab und sehen zum Mann mit der Schaufel auf, der ruhig und bestimmt das Loch zuschüttet. Die Erde rieselt auf ihre Köpfe herab.

«Geht ins Haus, euer Vater und ich müssen miteinander reden», sagt Alma.

Marie blickt auf die Hände ihrer Mutter. Die Schwielen auf ihren Handflächen breiten sich bis auf den Handrücken aus. Ihr schäbiges Bauernkleid hängt an ihr wie eine schlotternde Haut.

Zwei Stunden später findet Marie Alma, die in der Bibliothek wütet. Sie zerrt Bücher aus den Regalen, schmettert sie an die Wand, reißt Seiten aus den Umschlägen wie Eingeweide aus einer Gans.

«Mama, hör auf damit», sagt Marie.

«Er verlässt mich», schluchzt Alma.

«Mama, hör auf, du machst die Bücher kaputt!»

Alma starrt sie an, als würde sie direkt in einen Abgrund blicken.

«Er hat in seinen wertvollen Büchern gelebt und nie auch nur einen Finger gerührt. Ich kenne ihn besser als er sich selbst, er überlebt nicht ohne mich, weil er nichts allein kann.»

Alma hat sich auf den Boden geworfen und ihr Gesicht zur Wand gedreht. Sie jault in diesem Körper, der nie wieder von einem Mann berührt werden wird. Marie spürt eine Abscheu gegenüber der Mutter in sich wachsen. Alma steht auf und sieht Marie in die Augen. Marie starrt zurück, doch sie sieht in zwei leere Höhlen, ehe plötzlich ein Feuer darin auflodert und ihr entgegenschlägt. Vor Almas innerem Auge steht Niels mitten in den Flammen, aber warum brennt er nicht?

«Ich bringe dich um», faucht sie in die Luft. Marie atmet erleichtert auf. Mit Zorn kann sie besser umgehen als mit Resignation. Alma wendet ihr das Gesicht zu.

«Verschwinde aus meinem Haus, du dummes Balg!»

Marie greift nach dem erstbesten Gegenstand, einer Kehrschaufel.

«Mama, hör jetzt auf!»

Alma stürmt auf sie zu, den Arm erhoben, die Faust geballt. Marie umklammert den Griff der Kehrschaufel. Das Metall summt, als sie den Kopf der Mutter trifft.

Unter dem Haar läuft Blut hervor, ein dünnes rotes Rinnsal sickert den Hals hinunter und saugt sich in den Ausschnitt des Kleides.

«Sieh mich an», sagt Marie.

Langsam hebt die Mutter den Blick. Als sie Maries Augen sieht, zuckt sie zusammen, und in diesem Moment wird beiden bewusst, dass sich das Kräfteverhältnis zwischen ihnen verändert hat.

«Entschuldigung», sagt Marie. «Entschuldigung.»

Alma wirkt überrascht. Dann richtet sie sich auf.

«In unserer Familie gibt es eine hohe genetische Veranlagung zur Aggression», bemerkt Alma. Das Blut, das in den Stoff ihres Kleides hineinrinnt, zeichnet jetzt einen Fleck auf ihrer Brust, ein dunkles Herz. «Ich habe den Verstand verloren! Gut, dass du mir eins übergezogen hast, ich konnte gar nicht mehr klar sehen.»

Marie streckt den Rücken durch. Sie starren sich an, sie sind genau gleich groß. Plötzlich wirkt alles so absurd, Alma beginnt zu lachen, Marie auch, an Almas Wangen kullern die Tränen herab, als Aase zur Tür hereinkommt.

«Was ist denn hier los?» Ihre Stimme ist laut und scharf, und sie japst nach Luft, als würde sie von einem ungestümen Hund davongezogen. «Du blutest?»

«Ich bin gestürzt und habe mir den Kopf an der Kehrschaufel gestoßen», antwortet Alma.

Tags darauf pflanzt die Mutter einen Efeu an der Hauswand. Schon bald schlägt er seine Wurzeln tief in den Boden und breitet sich unnatürlich schnell aus. Die grünen Blätterschichten verweben sich miteinander. Nachts sprießen die Triebe durch Ritzen ins Haus, durch Fenster und Türen, klettern weiter über die Möbel, bedecken die schlafenden Körper wie grüne Bettdecken.

Ohne Niels ist Alma eine Ruine, ein zerstörter Ort, den man zurücklässt. Ihr Haar hängt in fettigen Strähnen herab, und ihre Haut wird schlaff, während sich seltsame Flecken und Ränder auf ihrem Gesicht ausbreiten. Sie altert, sie nimmt ab, und ihr wachsen Stielaugen, damit sie alles besser verfolgen kann. Niels' Aufbruch hat einen Fluch über die Familie gebracht, jetzt ist ihr Leben ein ewiges Hacken und Stechen und Neiden, was das Mitgefühl und die Strümpfe und Ellbogen verschleißt, sie aber auch abhärtet: Sie wollen den Absturz überleben, sie wollen sich durch die Trauer arbeiten wie durch einen Rübenacker. Jeden Tag schrubben die Mädchen mit einer harten Nagelbürste ihre Nägel, ihre Hände sind rot und rau, immer diese wunde, blutende Nagelhaut. Die Liebe sickert durch die Poren der Haut wie Schweiß, die Kinder bilden einen schützenden Kreis um Alma, deren Seele immer weiter in sich zusammenfällt, ihr Körper schrumpft, bis sie ihre neue Form ausgebildet hat; hart wie Stein, unbestechlich, rein und gerecht.

«Bis dass der Tod uns scheidet, was bin ich doch dumm und naiv gewesen. Die Lüge wird nie wieder in mein Haus Einzug halten.»

Und ich werde nie für einen Mann in der Erde scharren wie ein dummes Huhn, denkt Marie. In zwei Tagen wird sie fünfzehn.

Niels zieht ins Paradiesviertel, das am Waldrand in Holte liegt. Die Kinder besuchen ihn am Wochenende. Er hat eine Frau namens Jensen eingestellt, das ihm den Haushalt führt, die kleine Frau wohnt im Keller des Hauses.

Marie weiß nicht, wie sie sich im neuen Heim des Vaters die Zeit vertreiben soll. Wenn die Mädchen und Manse bei Niels sind, sitzt Marie die meiste Zeit in der Küche und hört Frau Jensen zu, die über sich selbst, die Nachbarn und Maries Vater redet. Wenn sie von Niels spricht, wird Frau Jensens Stimme tief und langsam. Sie bringt all seinen Kindern unterschiedslos eine liebevolle Fürsorge entgegen, und obwohl sie sich weder unangemessen noch bösartig verhält, weckt sie nichtsdestotrotz einen Widerwillen in Marie. Obwohl sie Frau Jensens Schubladen und Schränke gründlich durchsucht hat, findet sie keine persönlichen Dinge, die ihr mehr darüber erzählen können, wer sie ist. Sie staunt lediglich über die riesige Menge an grauen Röcken.

Im Garten steht eine Glockenblume und nickt. Marie knickt ihr so leicht wie nichts den Kopf ab. Aus der Wurzel wird nächstes und übernächstes und überübernächstes Jahr eine neue Blume wachsen, mehrjährige Pflanzen haben unzählig viele Leben. Mehr als eine Katze. Marie geht es ein bisschen so wie den Blumen. Wenn das Frühjahr kommt und alle Winterdecken, schwer wie mit Erde gefüllt, in Kisten verpackt und auf den Dachboden gestellt wurden, schält sie ihren Winterkörper aus den dicken Lumpen. Doch in diesem Jahr erkennt sie sich kaum selbst. Die seltsam schwellenden Brüste, der langsam schwindende Platz zwischen den Oberschenkeln, ein Mädchen in einem Frauenkörper. Sie schneidet ihr Haar so kurz, wie sie kann, ohne dass die anderen sie für einen Jungen halten. Ihr Blick ist furchtlos und klar, ihre Zunge ruht in der Mundhöhle, weich und feucht, aber zum Angriff bereit.

1923

Auf dem Løvbjerggård ist die Maul- und Klauenseuche ausgebrochen. Die Kühe leiden, die Milchproduktion ist fast zum Erliegen gekommen, mehrere der rotbraunen Wesen haben entzündete Euter und fressen nichts mehr. Ihre Euter sind rot und geschwollen und müssen mehrmals am Tag geleert werden, weil keine Milch aus den Zitzen fließt, sondern wässriges Sekret. Sie müssen sauber und trocken gehalten werden, um Bakterien zu vermeiden, die Fliegen anziehen. Almas Gesicht ist von hektischen Flecken übersät. Sie steckt mitten in einer Katastrophe, aber sie weigert sich, klein beizugeben. Sie sammelt all ihre Kräfte und hält den Hof über Wasser, aber die Kinder bleiben sich selbst überlassen, und die Anarchie blüht. Ohne Alma gerät der Esstisch mittags außer Kontrolle, kleine und große Hände schieben und ziehen, Münder fauchen und höhnen.

«Haltet endlich den Mund!»

Marie schlägt mit der Faust auf den Tisch, dass die Gläser hüpfen.

«Halt doch selbst die Klappe», kläfft Manse.

Und ehe die Proteste von den anderen eifrigen Fingern aus der Luft gepflückt werden wie Hühnerfedern, ergreift Løn das Wort.

«Können wir nicht einmal in Ruhe essen?»

Bitten öffnet den Mund.

«Halt die Klappe», sagt Manse noch einmal.

«Klappe?», wiederholt Søster.

«Ruhe!», sagt Løn.

Am nächsten Tag ist Marie in der Schule mürrisch und schweigsam.

«Was ist denn bei euch zu Hause los?», fragt Helene.

«Nichts», antwortet Marie.

«Du bist leichenblass, warum?», sagt Helene.

«Die Tiere haben Maul- und Klauenseuche, der Hof steht unter Quarantäne.»

Marie lächelt mit dem Mund und weicht Helenes eindringlichem Blick aus. Doch sie entkommt ihr nicht.

«Du kannst für ein paar Wochen zu mir ziehen.»

«Aber ich möchte das Virus nicht verbreiten», sagt Marie.

«Wir haben keine Tiere mit Klauen, und Menschen werden davon nicht krank.»

«Möchtest du nicht zuerst deine Eltern fragen?»

«Doch», antwortet Helene, «aber die sagen Ja.»

Am nächsten Tag gießt es in Strömen. Marie radelt gegen den Wind zu Helenes Haus. Der Regen peitscht ihre Wangen rot, und sie lächelt und kann nicht mehr aufhören, doch als sie ganz durchnässt mit einer ebenso durchnässten Tasche in der Hand vor der Tür steht, verlässt sie beinahe der Mut.

«Komm rein, meine Eltern sind auf einem Fest, und wir haben zwei Gäste», erklärt Helene.

«Gäste?»

«Carl und Frederik, von denen ich dir schon erzählt habe, der Sohn einer Freundin meiner Mutter und sein Freund. Sie sind nett, ich glaube, ich könnte mich in Frederik verlieben. Obwohl er einundzwanzig ist, kann man so leicht mit ihm reden.»

Marie hat Helene noch nie kichern sehen.

«Ich suche ein paar trockene Klamotten für dich heraus. Du kannst dich in meinem Zimmer umziehen.»

Marie zieht ein lila Samtkleid an, das Helene ihr bereitgelegt hat. Der Stoff, weich wie ein Tierjunges, sitzt perfekt, betont die breiten Hüften und die runden Brüste, die sich unter dem Stoff heben und senken. Plötzlich sieht sie nicht mehr aus wie eine Siebzehnjährige, sondern wie eine Frau Mitte zwanzig. Marie leiht sich Helenes Parfüm, zeigt ihrem Spiegelbild ein ernstes Gesicht, holt tief Luft und öffnet die Tür zum Wohnzimmer.

«Habt ihr Zigaretten?», fragt Helene.

Sie gehen hinaus und setzen sich in den Garten, der Himmel ist mit weißen Sternen übersät, die feinen Staub auf die jungen Mädchen streuen, sodass sie aufleuchten; Carl hat weiches, lockiges braunes Haar, das ihm lustig ins Gesicht fällt. Seine Lippen sind breit, fast wie ein Froschmund, aber anziehend.

«Willst du eine?»

Carls Gesicht ist ganz nah an Maries, das Blut rauscht in ihrem Körper, in den Ohren, als würde das Herz viel zu schnell und fest schlagen.

«Ja, gern», antwortet sie.

Sie hat noch nie geraucht und eigentlich auch keine Lust dazu. Er reißt ein Streichholz an, ihre Gesichter werden erhellt. Sie tut, als würde sie rauchen, und ist froh über die Dunkelheit. Dann berührt Carl vorsichtig ihren Arm.

«Wer will sich verlieben?», fragt er.

Ihre Blicke sind nachtschwarz. Über ihnen schnurren die Sterne.

«Ich!», ruft sie.

Seine Hand lässt ihren Arm los.

«Dafür bist du noch viel zu grün», sagt Carl und lacht in der Dunkelheit.

Marie schnappt nach Luft.

«Das ist nicht lustig», sagt Helene. «Entschuldige dich bei Marie.»

«Entschuldigung», sagt Carl.

1925

Am letzten Schultag füllen sich die Wolken mit Feuchtigkeit, große, schwere, graue, überfüllte Himmelsbäuche. Dann platzen sie plötzlich, und das Wasser strömt auf Marie, Aase und Bitten herab, die geduckt in rasendem Tempo durch den Regen strampeln und triefnass in der Schule ankommen.

Die erste Stunde haben sie beim Direktor. Die Schwestern sitzen tropfend in ihren nassen weißen Kleidern da, während er die Noten der Klasse vorliest. Als er beim Nachnamen Jørgensen ankommt, müssen Aase, Marie und Bitten unter rauschendem Beifall aufstehen, denn sie haben die besten Noten von allen erreicht.

«Sie tragen immer dieselben Kleider», sagt Anne leise zu Helene, «glaubst du, sie müssen sich ins Bett legen, wenn ihre Kleider gewaschen werden?»

Helene löscht die Glut in ihren Augen, ihre Augäpfel sind Stahlkugeln, der Blick ist grau, sie betrachtet Anne, als wäre sie ein Gegenstand, dann richtet sie die Augen zum Himmel und verdreht sie. Marie sieht nicht, dass Anne ihren Blick senkt und wirkt, als wäre sie von einer geballten Faust in den Magen getroffen worden, sie sieht nur Helenes Augenrollen und denkt verunsichert, die Grimasse hätte ihr gegolten. In ihren Ohren pfeift es, die Tränen brennen, aber sie weigert sich zu weinen. Sie heftet ihren Blick auf Aase und Bitten, die einfach nur strahlen und lächeln, in ihren tropfenden Kleidern. Die Aufmerksamkeit ist wie ein warmer Schal um die nassen Schultern, denkt sie.

«Lauritz, komm mal her.»

Die Stimme des Direktors ist freundlich, aber bestimmt. Er flüstert Lauritz etwas ins Ohr und schickt ihn zur Tür hinaus. Kurze Zeit später kehrt er mit heißem Tee auf einem Tablett zurück.

«Ihr seht so durchgefroren aus», erklärt der Direktor.

«Das ist dermaßen demütigend», flüstert Marie Aase zu.

«Ach, komm schon», flüstert Aase zurück, «wir haben hart gearbeitet, und jetzt ernten wir die Früchte.»

Als die Schulglocke schrillt, verschwindet Marie in den Hof, hinter den Schuppen. Ihr Rücken schrammt an den Brettern entlang, als sie in die Hocke sinkt. Sie blickt zu dem Zementrohr hinüber, das aus einer Böschung ragt. Ein dunkles Loch wie ein waagerechter Brunnen, zwei kleine stecknadelgroße Lichter blitzen darin auf, und eine schwarze Katze springt heraus. Marie bekommt Lust, sich vor das Loch zu knien, den Kopf hinein-zustecken und sich die Demütigung von der Seele zu schreien, doch stattdessen beißt sie sich in die Hand, der salzige Geschmack von Blut wird von den fünftausend Geschmacksknospen ihrer Zunge aufgefangen. Süß, sauer, bitter, fad, salzig, streng, fettig, adstringierend, klebrig, wässrig, ekelerregend. Alle Geschmacksrichtun-gen, die Carl von Linné beschrieben hat, sammeln sich zu einem einzigen Geschmack: Metall.

«Ich habe dich gesucht», sagt Helene. «Warum bist du so schnell verschwunden?»

«Warum hast du dich zu Anne umgedreht und mich dann so kalt angeguckt?», fragt Marie wütend.

«Ich habe über sie die Augen verdreht, nicht über dich.»

«Also habe ich es missverstanden?», fragt Marie. Die Wut steckt in ihr wie ein Splitter.

«Sie ist ein dummes Kalb», antwortet Helene und geht in die Hocke.

«Was glaubst du, wo das Zementrohr endet?»

«Am anderen Ende ist Licht.»

Marie krabbelt Helene hinterher. Sie steuern auf das Licht am Ende des Rohrs zu. Es dauert lange, aber plötzlich sind sie auf der anderen Seite, als hätte jemand mit den Fingern geschnipst und sie so direkt vom einen Ort an den anderen versetzt. Sie blinzeln, das Licht ist grell. Der Ort, an dem sie stehen, erinnert an den, von dem sie gekommen sind. Nur dass der Schuppen durch Bäume ersetzt wurde, und dort sitzt die Katze und leckt sich das Fell. Hinter ihr steht ein junger Mann. Sein helles Haar hat einen besonderen Glanz, als würden Silber- und Goldfäden zwischen den blonden Strähnen wachsen, sein Blick ist intensiv, die Augen sind hellblau und klar und das Gesicht kantig, seine Haut wirkt zart. Er lächelt mit außergewöhnlich weißen Zähnen, die Unterlippe ist größer und voller als die Oberlippe. Das Erschreckende und Faszinierende aber ist seine Nacktheit. Marie ist wie hypnotisiert. Sein Geschlecht hängt schwer zwischen den Beinen. Sie kann sich nicht zurückhalten, sie muss ihn einfach berühren. Sie geht einen Schritt auf ihn zu, aber Helene ruft sie zurück.

«Marie?»

«Ja?»

Marie hält inne und dreht sich zu Helene um.

«Was ist denn mit dir?»

«Wie meinst du das?» Ihr Kopf wird heiß.

«Du stehst ja völlig neben dir.»

Marie weiß nicht, ob sie die Gefühle, die in ihr summen, abstreiten oder zu ihnen stehen soll.

«Er ist hübsch», sagt sie.

«Die Katze?»

«Nein», antwortet Marie lachend, «der Blonde, der hinter der Katze steht.»

Sie dreht sich wieder um. Der Blonde ist weg.

«Aber er stand da drüben, und er war vollkommen nackt.»

«Komm jetzt», sagt Helene. «Wir müssen zurück.»

«Er war wirklich da.»

«Warum konnte ich ihn dann nicht sehen?»

«Das kann ich mir auch nicht erklären.»

Helene grinst. Marie schüttelt den Kopf, sie versucht, das Bild abzuschütteln. Aber es hat sich in ihr festgesetzt.

«Vielleicht bin ich verrückt geworden», murmelt sie.

Maries Notizbuch, 1925

Der schwedische Botaniker, Arzt und Zoologe Carl von Linné wurde 1707 geboren und starb 1778. Er wurde für seine Nomenklatur bekannt, mit der die Pflanzen und Tiere geordnet werden.
Carl von Linnés Vater war ein außergewöhnlich griesgrämiger Mann mit botanischem Interesse. Angeblich sagte Linné über seinen Vater: «Sobald man ihm eine Blume in die Hand gab, war er wieder er selbst.»

Aase hat einen Job und ein Zimmer in Kopenhagen gefunden. Sie hat auf ein neues dunkelblaues Kleid gespart, das lässig fällt. Sie sieht exotisch darin aus. Marie wünschte, sie hätte den Mut, in einen Laden zu gehen und ein solches Kleid anzuprobieren. Aber es erscheint ihr unaufrichtig, sich so anzuziehen, wenn man sich in Wirklichkeit kaum etwas zu essen leisten kann und sich fühlt wie ein Bauerntrampel. Schönheit ist verlockend, hat aber keinen Eigenwert. Sie will sich nicht mit geliehenen Federn schmücken wie eine dumme Gans, sie will studieren, genau wie Bitten.

Bitten hat eine Dachwohnung in der Viktoriagade gefunden. Auch wenn sie klein ist und durch die schrägen Wände noch kleiner wirkt, hat sie nichtsdestotrotz zwei Zimmer.

«Wir können zusammen dort wohnen und uns die Miete teilen», schlägt Bitten vor.

«Nichts lieber als das», antwortet Marie.

Eigentlich würde sie gern allein wohnen, aber wenn es die begrenzten Finanzen nicht zulassen, lässt es sich mit Bitten verhältnismäßig unkompliziert zusammenleben.

«Wartet erst mal ab, ob ihr überhaupt an der Universität angenommen werdet», sagt Alma. Sie ist gealtert. Ihre Augenlider hängen, die Brüste sind eine Etage tiefer gesackt, die groben Hände sind rau wie der Kalk an der Fassade des Wohnhauses. Die Tiere, die Nutzpflanzen, die Bäume und das Gras um sie herum wachsen, sie hat genug zu tun und keine Zeit, zu Besuch nach Kopenhagen zu kommen.

Nach einigen Wochen kommt eine Antwort von der Universität. ‹An Fräulein Signe Marie Jørgensen›, steht in zierlicher schwarzer Handschrift auf dem Umschlag. Marie reißt ihn mit dem Finger auf und liest den Brief mit einem zusammengekniffenen Auge. Dann wirft sie ihn in die Luft und galoppiert durch das Zimmer, während sie johlt wie ein Kind, das auf einer Weidenrute durch den Garten reitet, ein Indianer auf einem Pferd, Alma ruft und schlägt gegen die Rohre. Marie lässt sich der Länge nach aufs Bett fallen, wo ihre schwere rote Decke sie aufnimmt. Ich, Signe Marie Jørgensen, wurde für das Studium der Biologie an der Universität zugelassen!

Ihr Traum ist Wirklichkeit geworden, endlich kommt sie von zu Hause weg.

1926–1931
Kopenhagen

An einem der heißesten Sommertage kommt Marie mit ihrer schweren, unverpackten Bettdecke unter dem Arm und einem geliehenen Koffer in der Hand in Kopenhagen an. Bitten, die Landschaftsarchitektur studieren wird, hat sich die Familienkamera unter den Nagel gerissen. Meistens fotografiert sie Pflanzen, heute aber will sie Marie verewigen, die geduldig in Pullover und dunklem Rock auf dem Bett sitzt. Eine rauchfarbene Glaslampe hängt von der Decke. Links vor ihr steht ein Regal voller Bücher. Auf dem Boden liegt ein Lammfell, der Tiergeruch setzt sich in der Nase fest.

Eine Ameise ist unter Maries Pullover gekrochen, sie spürt ein Brennen unter der Haut und rutscht unruhig auf dem Bett hin und her.

«Halt doch still», mahnt Bitten.

Marie dehnt ihre Geduld wie ein Gummiband, während Bitten die Kamera einstellt, die auf einem Stativ steht, eine kleine Zeitmaschine. Was würde passieren, wenn sie losließe?

«Ist es nicht faszinierend, dass man die Zeit anhalten und einen einzelnen Augenblick speichern und Zeit und Raum für immer aufbewahren kann?», fragt Bitten.

Marie lächelt liebreizend.

Bitten und Marie leben von den Kartoffeln vom Hof. Während der ganzen Zeit, die sie in der Viktoriagade wohnen, heizen sie kein einziges Mal den Kachelofen ein. Wenn sie im Winter zu Hause lernen, hüllen sie sich in ihre Federdecken, doch meistens arbeiten sie in den geheizten Lesesälen der Bibliothek.

«Meine Füße sind Eisklumpen», sagt Bitten.

«Es ist wirklich kalt, aber ich habe mich noch nie so frei gefühlt wie jetzt», erwidert Marie.

1927

Marie ist eine von drei Frauen, die Biologie studieren. Die übrigen Kommilitonen sind Männer. Schon am ersten Tag freundet sie sich mit Ida an, die zunächst scheu und unfreundlich wirkt, aber, wie sich bald herausstellt, einen soliden Charakter und ein Elefantengedächtnis hat.

Sie entdeckt ihn nach zwei Tagen. Ida und sie gehen gerade auf den Eingang der Universität zu, und da sitzt er auf der Treppe. Sie hat keinen Zweifel: Das ist der Mann, den sie an jenem Tag sah, als sie der Katze durch das Rohr gefolgt waren!

«Hallo», sagt er lächelnd.

«Hallo», erwidert sie.

Erkennt er sie gar nicht? Sie stellt ihm innerlich eine Frage: Bist du es wirklich?

«Ja», sagt er. Seine Augen weichen nicht aus, er blickt neugierig zurück.

«Ja?»

Sie ist vollkommen überrumpelt von der Antwort.

«Ich bin wirklich ich», sagt er. «Ich heiße Thorssen.»

«Warum bist du so blass?», fragt Ida.

«Was meinst du? Er ist doch nicht blass», sagt Marie.

«Du, Marie», sagt Ida.

Ida lacht. Aber Marie ist in einem Gedankenschwarm abgetaucht, der wie Gewitterfliegen in ihrem Schädel herumschwirrt. Sie bläst gegen eine Stirnfranse, die sich aus der Haarspange gelöst hat und vor ihren Augen hängt, und versucht, die Fliegen abzuschütteln. Die Haarspange ist aufgegangen, typisch.

«Ich meine, sind wir uns schon einmal begegnet?», fragt sie Thorssen.

«Das glaube ich nicht», sagt er. «Aber ich wünschte, es wäre so.»

Seine Pupillen weiten sich, er macht ihr schöne Augen. Er erkennt sie nicht wieder. In Gedanken ist sie schon dabei, ihn auszuziehen.

Maries Notizbuch, 1927

Das Haar mit den Silber- und Goldfäden.
Die Augen sind blau und seine Gesichtszüge kantig,
die Haut sieht zart aus.
Die Unterlippe ist größer und voller als die Oberlippe.
Aber ist er mehr als ein Traum?

Marie verschlingt den Unterricht, wie manche Tiere andere Tiere verschlingen, am Stück und ohne zu kauen. In den ersten Monaten erhalten sie Lektionen in Chemie, Physik und Botanik, dann beginnen sie endlich damit, pflanzliches Gewebe in zehntausendstel Millimeter dünne Scheiben zu schneiden. Sie färben sie ein und zeichnen sie ab, um die Funktionen der unterschiedlichen Gewebe zu verstehen. Marie liebt es, die Dinge unter dem Mikroskop zu studieren. Es ist, als würden die unsichtbaren Welten der Natur enthüllt. Durch die Okulare sieht sie Dinge, die sonst niemand sieht. Diese riesige offene Landschaft, als die sich die Welt plötzlich zeigt. Dass diese wunderbare Welt existiert, versetzt sie in einen Rausch. Nach ein paar Monaten sezieren sie Tiere aus verschiedenen Tiergruppen, um ihre Organe zu vergleichen. Sie unternehmen Exkursionen zu Seen und Mooren und finden sichtbare und unsichtbare Kleinstlebewesen in symbiotischen kleinen Lebensräumen. Thorssen ist immer in ihrer Nähe, selbst wenn er mehrere Meter entfernt steht, spürt sie ihn, als könnten sie einander berühren, indem sie unsichtbare Wellen aussenden.

Idas und Maries Freundschaft ist enger geworden, und Marie weiß es zu schätzen, dass Ida genau wie sie selbst nicht auf Äußerlichkeiten bedacht ist. Sie finden schnell eine Nähe, jedoch nicht so sehr wie Marie und Helene. Ida vertritt keine starken Meinungen, aber sie ist lustig. Als der Sommer die Jacken von allen nackten Schultern zieht, machen sie eine Exkursion nach Læsø. Marie hat die Familienkamera dabei. Ein Kommilitone macht ein Gruppenfoto. Auf dem Bild halten alle gemeinsam ein

Fischernetz und tragen kurze Hosen und Kleider. Sie lächeln in die Kamera. Als sie später das Foto sieht, kann sie sich den Schauer vergegenwärtigen, der ihren Körper durchzuckte, nur weil Thorssen direkt hinter ihr stand. Auf einer anderen Aufnahme liegen sie im hohen Gras, eine Gruppe junger, leuchtender Menschen mit Holzfällerhemden, Pullundern, weißen Stoffhüten, Strickröcken, hochgekrempelten Ärmeln und zurückgekämmtem Haar. Sie reden, ruhen sich aus, lachen; so wie sie dort liegen, könnten sie zu einem einzigen großen goldenen Wesen verschmelzen. Das Bild vereint sie für immer, denkt Marie und studiert aufmerksam ein weiteres Foto. Im Vordergrund steht ein Tisch mit einer bestickten weißen Decke, in der Mitte ein Blumenstrauß. Die Wand ist mit Brettern verkleidet, an der einen Längsseite verläuft eine schwarze Tischplatte, auf der Mikroskope, Probengläser, Tiegel und zugekorkte Flaschen stehen. Ihr geblümtes Kleid hat einen Faltenrock. Sie trägt eine Baskenmütze.

Die Tage auf Læsø vergehen damit, alles vom Meeresboden zu sammeln, was es gibt. Fasziniert studieren sie Tang und Steine, irisierende Nereiden, Seemäuse, rote Seeanemonen, dunkle Seegurken und Trauben von weißen und blauen Muscheln. Marie hat noch nie so viele blaue Seesterne auf einer Stelle gesehen. Sie liegen eng gedrängt auf einem Bett aus Seegras, ihre kleinen Stacheln sitzen dicht an dicht an den Armen.

Maries Notizbuch, 1927

Die Muschel hat ein Scharnier aus kleinen Zähnen, die ineinandergreifen, ihre Schalen werden von starken Muskeln zusammengehalten. Wenn sie sich entspannt, öffnet sie sich und nimmt Nahrung auf, indem sie das Meerwasser filtert. Die meisten Arten sind getrenntgeschlechtlich, sie stoßen die Eier und Samen direkt ins Wasser aus; einige wenige sind jedoch Hermaphroditen und befruchten sich selbst.

Obwohl die Sonne jetzt tiefer am Himmel steht, will der Sommer nicht enden. Kopenhagen glitzert noch immer. Wenn sie genug Zeit finden, treffen sich Helene und Marie und spazieren um die künstlichen Seen. Marie war noch nie umworben, aber seit sie studiert, hat sich das geändert. Ihr Körperbau ist harmonisch. In den letzten Jahren ist sie etwas fülliger geworden und streckt die Brust weiter vor. Die kleinen Verschiebungen ändern alles, denn obwohl sie sich immer noch schlicht kleidet, zieht sie die Männer an. Manchmal ist die Luft wie elektrisch geladen, wenn sie den Saal durchquert.

Erst ignoriert Marie die Aufmerksamkeit, dann fühlt sie geschmeichelt, aber nach ein paar Monaten wird es zu viel.

«Das ist ganz natürlich», erklärt sie Helene. «Wir sind ja nur drei Frauen im ganzen Studiengang. Sie benehmen sich wie Nachtfalter, die blind in eine lodernde Flamme fliegen, um zu verbrennen.»

«Es bleibt ein Rätsel, warum sie das tun», sagt Helene.

«Suchen sie die Lichtquelle, weil sie wissen, dass darunter Kräuter und Blumen wachsen, in die sie ihre Eier ablegen und von deren Nektar sie trinken können?», fragt Marie.

«Oder lassen sie sich blenden und steuern direkt in den Tod?», fragt Helene zurück.

«Ich bin verliebt», bricht es aus Marie hervor. «Er ist groß und blond, und wir sind genau gleich alt. Er heißt Thorssen, er sagt, er liebt mich mit schutzloser Seele. Wir sind mehrere Monate umeinander herumgeschlichen, und jetzt sind wir endlich zusammen.»

«Mit schutzloser Seele?», fragt Helene. «Das klingt schön.»

«Er hat es aus einem Roman, in dem es um die Herkunft geht, und so fühlt er auch, sagt er.»

«Und du?»

«Ich hätte Lust, mich auf ihn zu stürzen. Wenn wir uns treffen, stelle ich mir die ganze Zeit vor, wie es wäre, wenn wir richtig zusammen wären, ob es sanft und zärtlich wäre oder hart und brutal, ich verliere mich in Fantasien. Ich fasse es nicht, wie er sich zurückhalten kann.»

«Ja, das ist merkwürdig.»

«Was soll ich bloß tun, mein Begehren wird immer stärker. Ich glaube, ich werde wahnsinnig.»

«Marie, du bist ganz normal. Es ist normal zu begehren. Das sexuelle Empfinden der Frauen ist nicht schwächer ausgeprägt als das der Männer, das ist nur ein Gerücht, um uns auf unserem Platz zu halten.»

«Ich wünschte, ich wäre genauso willensstark wie er. Manchmal muss er mich ja beinahe von sich abschälen, als wäre ich ein Pflaster, das auf seiner Haut klebt.»

«Aber er flirtet schon, sagst du? Küsst er dich?»

«Ja, die ganze Zeit, und er sendet mir kleine Briefe und Blicke, drückt mich eng an sich, macht mir Komplimente und sieht mich mit diesem Blick an, der etwas tief in mir entfacht. Wirklich tief.»

«Vielleicht ist er impotent.»

«Nein, ist er nicht, das spüre ich deutlich, wenn wir eng beieinanderstehen.»

Helene lacht laut. Dann legt sie den Arm um Maries Schultern, und sie setzen ihren Spaziergang im selben Takt fort, Arm in Arm.

«Findest du, ich bin klug?» Marie sieht Thorssen an.

«Ja», antwortet er.

«Das war eine schlaue Antwort», sagt sie lächelnd. «Mich wundert, dass du als religiöser Mensch so intelligent bist.»

Er sieht sie fragend an.

«Ich meine, die meisten Gläubigen sind so naiv. Stehen nur mit ihren großen, blanken Kuhaugen vor einer Tür an, auf der Paradies steht. Und warten. Wenn sie sich umdrehen würden, könnten sie eine einzigartige unentdeckte Welt sehen.»

«Du täuschst dich. Der Glaube an Gott umfasst alles. Die Zeit, den Raum, die Geschichte, alles, was wir sehen können, lebend und tot, aber auch das, was wir nicht sehen können, den Geist und alle, die noch nicht geboren sind.»

«Das klingt hochtrabend. Ich denke eher so wie meine Mutter. Sie hat immer gesagt, die religiösen Leute sollten endlich etwas Nützliches tun, anstatt den ganzen Tag zu beten.»

«Katholisch bedeutet nur ‹gewöhnlich› oder ‹universell›, das ist das genaue Gegenteil», sagt Thorssen.

Er streckt sich nach ihr. Liebkost ihre eine Brust unter der Bluse, die Brustwarze ist empfänglich, die Lust schießt in ihr hoch, all die kleinen Blitze zucken hinter ihren Augenlidern. Sie verschwindet in sich selbst.

«Marie», sagt er.

«Ja», murmelt sie.

«Du tauchst ab.»

Sie lächelt. «Berühr mich noch einmal.»

«Hier?»

«Ja, genau da.»

Warum er in sie verliebt ist, versteht sie nicht. Sie sind so unterschiedlich. Mit Sicherheit weiß sie nur, dass sie ihren Körper, diese Hülle, die Thorssen das Haus des Heiligen Geistes nennt, auf eine ganz neue Weise spürt; ihr bleibt fast die Luft weg.

Aase ist bei Bitten und Marie zu Besuch. Als Marie von ihrem Studium erzählt, strahlt sie so sehr, dass Aase auch versucht ist und den Gedanken äußert, sich ebenfalls zu bewerben.

«Hast du dich beworben?», fragt Marie später.

«Ja», antwortet Aase.

«Aber wurdest du auch aufgenommen?», fragt Marie.

«Ja», antwortet Aase, «und jetzt musst du mir helfen, damit ich so schnell wie möglich so gut werde wie du.»

«Das schaffst du schon allein.»

Marie wünschte, Aase und sie könnten sich umeinander bewegen wie Planeten im Sonnensystem, in ihrer jeweiligen Umlaufbahn, anstatt die ganze Zeit zusammenzustoßen. Zwei Magneten. Die Chinesen beschreiben Magneten als ‹Steine, die Eisen auflecken›, die Seeleute haben sie ‹Leitsteine› genannt. Wenn diese Kraft Marie und Aase aneinanderbindet und eine von ihnen stirbt, wird sich die andere dann endlich lösen und frei werden? Oder wird die Zurückgestoßene zugrunde gehen?

«Glaubst du, er kann einen Unterschied sehen?», fragt Aase. «Thorssen, meine ich. Vielleicht verliebt er sich stattdessen in mich.»

«Ich werde mich dir nicht in den Weg stellen.»

Marie spricht mit beherrschter Stimme, doch an ihrem Hals breiten sich rote Flecken aus.

«Keine Sorge, er ist gar nicht mein Typ», sagt Aase und macht einen Kussmund. «Thorssen», spottet sie. «Küss mich!» Marie würde ihr am liebsten mit der Faust ins

Gesicht schlagen. Stattdessen beherrscht sie sich und boxt sie auf die Brust.

«Hör auf, Marie!»

«Was meinst du?»

Und ehe Marie bis eins zählen kann, hat Aase sie in die Kniekehle getreten und ihr den Arm auf den Rücken gedreht. Marie tobt, reißt sich los, wirft Aase zu Boden und setzt sich rittlings auf sie.

«Entschuldige dich!»

«Nee», sagt Aase.

«Dann bist du selber schuld.»

Marie schlägt die Zähne in Aases rechten Arm.

Aase ballt die Faust. Der Schlag kommt unerwartet und trifft Marie mitten in den Bauch. Ihr bleibt die Luft weg, und sie sackt auf den Boden und krümmt sich zusammen wie eine dumme Kellerassel. Aase lächelt herablassend, dann läuft sie in Bittens Zimmer und knallt die Tür hinter sich zu. Im selben Moment öffnet sich die Haustür. Bitten ist nach Hause gekommen. Marie liegt noch immer in Embryonalstellung auf dem Boden und presst sich die Hände auf den Bauch.

«Was ist denn hier los?»

Bitten drückt die Türklinke ihres Zimmers herunter, doch Aase stemmt sich von innen dagegen.

«Mach die Tür auf!» Bitten klingt wütend. «Ihr beide», sagt sie und reicht Marie die Hand, um sie hochzuziehen, «ihr müsst euch endlich mal in Ruhe lassen. Ihr seid doch keine Kinder mehr.»

Aase öffnet die Tür einen Spalt weit und steckt den Kopf heraus.

«Ich vermisse dich doch nur», sagt sie.

«Du vermisst mich?», fragt Marie.

«Ja», sagt Aase.

«Aber ich bin doch hier.»

1927

Dreißig Zoologen, Insektenforscher und Biologiestudenten sind in der Naturhistorischen Vereinigung erschienen. Professor Trägårdh, ein schwedischer Forstzoologe, der über Raubmilben forscht, die auf Insekten schmarotzen, hält eine Vorlesung. Er erzählt begeistert von einer parasitären Milbe, die sich von allen anderen unterscheidet, indem ein einziges ihrer Haare an einer etwas anderen Stelle auf ihrer Bauchplatte sitzt. Marie langweilt sich. Zwischendurch schläft sie mehrmals fast ein.

Der Himmel ist schwarz, der Mond hängt über ihnen wie eine Laterne. Sie schieben ihre Fahrräder durch die Stadt nach Hause.

«Er ist Professor, schön und gut, aber ganz im Ernst, er hat ja stundenlang von diesem einzelnen Haar gesprochen, das auf einem kleinen, gleichgültigen Tier sitzt», sagt Marie. «Ein Haar – dieser Mann hat die Zeit aller Anwesenden für ein einziges Haar in Anspruch genommen! Das verstehe ich einfach nicht. Wie kann man denn sein ganzes Leben mit solchen Petitessen verschwenden, wenn man einen Einblick in die üppige Welt der Natur erhalten hat?»

«Vielleicht haben wir auch zu hohe Erwartungen. Es war natürlich schwer für ihn nach Professor Mortensens wunderbarer Vorlesung über die fantasievollen Wesen in den Korallenriffen und diesen ganzen großen, bunten Kosmos.»

«Ich wäre am liebsten aufgesprungen und hätte gerufen: ‹Meinen Sie nicht, dass es uns herzlich wenig kümmert, wenn Sie nachts nicht schlafen können, weil Sie

nicht wissen, welchen Namen Sie diesem kleinen, unbedeutenden Tier geben sollen?›» Maries Stimme ist laut
und schrill.

«Ganz so uninteressant fand ich es nun auch wieder
nicht», erwidert Aase. «Aber ich gebe dir recht, dass er
ein langweiliger Erzähler war.»

«Ach, geh mir fort!», sagt Marie und schubst sie.

Aase verliert das Gleichgewicht, sie fällt über ihr Fahrrad. Es sieht komisch und zugleich hilflos aus.

«Entschuldigung», sagt Marie.

Sie versucht, ihr Lachen zu unterdrücken, aber dann
sprudelt es über, und sie kugeln sich beide. Das Lachen
kommt aus einem großen Mund.

Maries Notizbuch, 1928

In der finnischen Schöpfungsgeschichte entsteht die
Erde so:
Ein Vogel fliegt über das endlose Meer und sucht einen
Ort, um sich auszuruhen. Da beugt die Wassermutter
ihr Bein, sodass ihr Knie aus der Meeresoberfläche ragt.
Das Knie ist eine Insel im Meer.

1928

Thorssen steht so nah bei Marie, dass sie das Kohlendioxid, das er ausstößt, aufnehmen kann wie eine Pflanze.

«Atme tief und langsam», sagt er.

Seine Hände ruhen leicht auf ihrem Brustkorb, direkt über den Brüsten. Beim Gedanken, dass er sie gleich berühren wird, werden ihre empfindsamen Brustwarzen zu Glas. Sie kennen einander seit zwei Jahren, aber er kann immer noch einen solchen Schwindel in ihr auslösen, dass sie glaubt, sie würde zu nichts – oder zu allem. Sie möchte nicht, dass jemand sein Bein beugt, damit eine Insel entsteht, auf der sie sicher landen kann. Sie möchte einfach nur in rauschender Geschwindigkeit über das unendliche Meer fliegen und nach Luft japsen, bis sie vor Erschöpfung vom Himmel fällt und wie ein großer Stein glücklich auf den Meeresboden sinkt.

«Wenn du das Gefühl hast, du würdest jetzt ertrinken, musst du tiefer tauchen», flüstert er.

Ihr Mund ist voller Wasser, ihr Körper beginnt, sich zu wehren, aber sie tut, was er sagt, sie taucht.

«Hörst du mir zu?», fragt Thorssen. Sie durchbricht die Wasseroberfläche und ringt nach Luft.

«Was?»

«Ich habe gesagt, dass es mich fasziniert, wie sich die Luftströme um die Erde bewegen. Die Luft, die man jetzt einatmet, hat sich vor fünf Tagen noch auf der anderen Seite der Erde befunden. Den Sauerstoff, den eine afrikanische Pflanze gestern ausgeatmet hat, atmest du heute ein, er wird von deinem Blut aufgenommen, und auf diese Weise lebt die Pflanze in dir weiter», sagt er. «Allein, indem man beschreibt, was wirklich pas-

siert, begreift man, dass alles miteinander zusammen-
hängt.»

Marie muss ihre ganze mentale Stärke aufbringen, um
sich zurückzuhalten und sich nicht auf ihn zu stürzen.

«Ja», sagt sie. Ihr Mund nähert sich seinem. Er ist so
nah, dass er vor ihren Augen verschwimmt.

«Jeden Tag nehmen wir durchschnittlich ein Kilo
Nahrung auf», sagt er, «und zweieinhalb Kilo Wasser
und etwa ein Kilo Luft. Das sind ungefähr sieben Prozent unseres gesamten Körpergewichts. Unser Körper
setzt so viel um, als würde jeden Tag ein ganzer Arm
ausgetauscht. Im Laufe eines Jahres werden 85 Prozent
aller Atome in uns erneuert. Wir entstehen die ganze Zeit
neu.»

«Küss mich», sagt sie.

Endlich umfasst er ihr Gesicht sanft mit den Händen
und lässt seine Lippen mit ihren verschmelzen.

1929

Der Wind heult durch die Ritzen zwischen Mauer und Fenster. Marie und Thorssen hocken angezogen in Maries Bett, die schwere rote Decke über den Beinen. Aase, die sich eine Tasse Holundersaft aufgewärmt hat, sitzt am Tisch und streckt sich nach einem Blatt, auf dem ein Mann im Eisbärfell abgebildet ist. Sein Blick ist so klar, dass er fast leuchtet.

«Was hältst du von Wegeners Theorie?», fragt Marie.

«Wovon redest du?», fragt Aase.

«Wegener. Dieser deutsche Geophysiker, der mit auf der Danmark-Expedition war», sagt Thorssen. «Eine ziemlich anregende Vorlesung, die er da heute gehalten hat. Er reist gerade in ganz Europa von Universität zu Universität und verbreitet mit unerschrockenem Mut seine Theorie, aber es gibt nicht viele Kollegen, die ihn ernst nehmen.»

«Welche Theorie vertritt er denn?», fragt Aase.

«Er meint, dass die Erdteile vor Hunderten Millionen Jahren in einem großen Kontinent vereint waren. In einem Land», antwortet Marie.

«Und wie sollen sie sich geteilt haben?»

«Wie wenn sich eine Eisscholle löst. Er sagte: *Die Kontinente schwimmen wie leichte Eisberge im Basaltmeer der Ozeane. Sie pflügen sich ihren Weg durch die basaltischen Gesteinsarten des Meeresgrunds.*» Marie ahmt Wegeners Stimme nach.

«Die Behauptung, Afrika und Südamerika seien eins gewesen, nur weil die Formen ihrer Küsten zusammenpassen, entbehrt doch jeder sachlichen Grundlage», sagt Aase.

«Kann sein, aber es gibt tatsächlich mehrere Forscher,

die eine Übereinstimmung zwischen Tier- und Pflanzen-
arten auf völlig verschiedenen Kontinenten gefunden
haben», sagt Thorssen. «Das stützt seine Theorie.»

«Das ist aber noch kein Beweis. Manche Paläontologen
meinen, er habe recht, aber unter den Geologen stößt er
auf massive Kritik. Sie sind davon überzeugt, dass sich
die Kontinente kein Stück bewegen», erwidert Marie.

«Noch kann wohl keiner irgendetwas beweisen, aber
wenn er recht hat, wäre das so wie die Entdeckung, dass
die Erde keine Scheibe ist», sagt Thorssen.

«Und was glaubst du?», fragt Aase ihre Schwester.

«Ich finde, es ist eine sehr vage Theorie, die aber auf
irgendeine merkwürdige Weise Sinn ergibt.»

«Sie untermauert Darwins Beobachtungen in Chile. In
den Anden hat er genau dieselben Muscheln und fossilen
Bäume gefunden wie an den chilenischen Sandstränden.
Darwin hatte die Vorstellung, dass sich das Land hob
und die Inseln sich senkten und die Landmasse sich
bewegte», sagt Thorssen.

«Wie sollten die Muscheln sonst in die Berge gekommen sein? Das Ganze muss wirklich so zusammenhän-
gen», sagt Marie.

Die Theorie der Kontinentaldrift fasziniert Marie, denn
obwohl sie noch nicht wissenschaftlich belegt ist, glüht
etwas hinter dem Begriff. Wahrheit.

«Statt in ihren Kämmerchen zu sitzen und nachzuden-
ken, sollten sich diese ganzen Kritiker lieber selber auf
Expedition begeben wie Wegener, Freuchen, Mylius-
Erichsen und Knud Rasmussen, dann würde sich die
Forschung vielleicht auch radikaler weiterentwickeln»,
sagt Marie.

«Ja, wenn die Forschung nur von Büroangestellten betrieben würde, die keinerlei eigene Beobachtungen anstellen, hingen wir immer noch in der Steinzeit fest», sagt Aase.

«Eines Tages möchte ich auch auf eine Expedition nach Grönland mitkommen», sagt Marie.

«Auf den dänischen Expeditionen war noch nie eine Frau dabei», wendet Thorssen ein.

«Abgesehen von Knud Rasmussens Sekretärin», sagt Marie.

«Die ist aber keine Wissenschaftlerin», erwidert er.

«Seht euch nur mal dieses Bild an», schwärmt Aase. «Wegener sieht so gut aus in diesem Eisbärenanorak.»

«Er ist neununddreißig und viel zu alt für dich», sagt Marie.

«Siebzehn Jahre Altersunterschied sind doch gar nichts», protestiert Aase.

«Die Frauen ballen sich in einer Wolke um ihn zusammen wie die Thysanoptera vor einem Gewitter», sagt Thorssen, «du kannst dich schon mal anstellen.»

«Thysanoptera?», fragt Aase.

«Gewitterfliegen», erklärt Thorssen, «auch Thripse oder Fransenflügler genannt, weil sie Haarfransen an den Flügelrändern haben. Andere nennen sie Blasenfüße …»

«Schon gut, ich hab's verstanden», sagt Aase.

«Wo wir gerade von Insekten sprechen. Bornebusch hat vor Kurzem eine Abhandlung über das Tierleben im Waldboden veröffentlicht, von den Maulwürfen bis hin zu den kleinsten mikroskopischen Insekten. Er beschreibt darin auch die fast unbekannten Moosmilben», sagt Marie.

«Moosmilben?», fragt Aase.

«Auch Panzermilben oder Hornmilben genannt; es gibt verschiedene Bezeichnungen für diese mikroskopisch kleinen, flügellosen Wesen, die überall im Waldboden vorkommen. Für das bloße Auge sind sie nicht erkennbar und bisher auch nicht beschrieben worden. Wie sich herausgestellt hat, leben in einem gewöhnlichen Wald davon mehrere tausend pro Quadratmeter.»

«Sie ähneln Staubmilben. Aber was haben sie für einen Nutzen?», fragt Aase.

«Keine Ahnung, aber wollen wir nicht ins Moor hinausfahren und versuchen, sie zu sammeln, wie früher, als wir klein waren?»

«Warum das denn?»

«Weil es noch niemand vor uns getan hat!»

«Nein danke», sagt Aase. «Ich finde es kein bisschen verlockend, auf dem feuchten Waldboden zu hocken und in der Erde zu wühlen. Warum interessierst du dich plötzlich so für diese kleinen Viecher?»

«Das tue ich gar nicht unbedingt, aber mich fasziniert, dass noch kein anderer sie gesehen hat.»

1930

Im großen Saal der Universität mit den blinden und stummen Säulen herrscht Stimmengesumm. Marie, Aase und Ida sitzen ganz hinten und plaudern, als Bornebusch das kleine Podium besteigt. Steif steht er in einem braunen Anzug mit etwas zu kurzen Ärmeln hinter dem Rednerpult.

«Der Anlass dieser Vorlesung ist meine Abhandlung über die Tierwelt des Waldbodens.»

Er räuspert sich. «Das Tierleben ist ein Teil des Waldes. In der Vergangenheit haben sich die Menschen besonders für die großen Exemplare interessiert, die sie jagen können. Später erforschte man die Schädlinge, die alles zerstörten. Mit dem Studium selbiger ging die Entdeckung anderer Tiere einher: Vögel, räuberische Insekten, Schlupfwespen und Raupenfliegen. Doch jene Fauna im Boden, die seit jeher die größte Bedeutung für das Leben des Waldes hat, stößt bislang nur auf äußerst geringes Interesse.»

Er hustet leise und trinkt einen Schluck Wasser. «Der erste Bericht darüber, wie das Tierleben dem Boden und den Pflanzen nützt, stammt von Gilbert White, der in einem Brief vom 20. Mai 1770 den Nutzen des Regenwurms erläutert. Der Regenwurm trage zum übrigen Leben des Waldes bei, indem er die Erde auflockere, so das Eindringen von Wasser erleichtere und zudem zur Entstehung von Humus beitrage, weil er seine Extremente an der Oberfläche ablege, schrieb White, doch seine Beobachtung blieb jahrelang unbeachtet. Erst 1837, nachdem Charles Darwin eine Vorlesung in der Geological Society in England gehalten hatte, wurde das Leben des Regenwurms eingehender untersucht. Darwins letztes Buch vor seinem Tod handelte von der Bedeutung des Regenwurms für die Entstehung von fruchtbarer Muttererde. Dieses Buch war eine Pionierarbeit innerhalb der quantitativen Ökologie.»

Bornebusch macht eine Kunstpause, ehe er fortfährt: «In der dänischen Meeresbodenforschung wurden 1896 eine Reihe genauer Zählungen der dort lebenden Tierarten vorgenommen, indem man Bodenproben nahm und sie analysierte. Ich beschloss, auf dieselbe Art und Weise Proben vom Waldboden zu nehmen, sie nach Hause zu transportieren und auszuwerten. Dabei erwies es sich als Schwierigkeit, dass die Tiere des Waldbodens so klein sind und man sie deshalb nur schwer oder gar nicht in den Proben erkennen kann, man braucht ein Mikroskop, um sie sichtbar zu machen. Würmer, Schnecken, allerlei Gliederfüßer und Insekten wie Springschwänze, Milben und Tausendfüßer können durch das Ausstechen von Erdproben gesammelt werden, die in Leinenbeutel gelegt und nach Hause transportiert werden. Die Probe wird auf ein kleines Metallnetz gelegt, das einen Trichter abdeckt. Wenn die Probe austrocknet, streben die Tiere nach der Feuchtigkeit weiter unten, fallen hinab und landen in einem Glas mit Alkohol. Dann werden sie gesammelt und gezählt. Man sollte den Baumbestand, die Bodenflora und den Erdboden jedes Fundortes sorgfältig beschreiben. Also beispielsweise: Tannenwald, die Flora besteht aus Moos und Preiselbeersträuchern, der Boden ist Torf. Die Zahl der Waldbodentiere variiert von Fundstelle zu Fundstelle, die Jahreszeit hat hingegen kaum Einfluss, weil die meisten Tiere das ganze Jahr über dort existieren. In der kalten Jahreszeit liegen die Kleinstlebewesen in der obersten Schicht im Winterschlaf, steif gefroren, aber nicht tot. Mikroskopische Milben sind faszinierende und vollkommen fremdartige Wesen. Sie scheinen einen unschätzbaren Wert für den Naturkreislauf zu haben, weil sie eine ähnliche Funktion besitzen wie der Regenwurm. Meine Hypothese lautet daher, dass die Milben aufgrund ihrer großen Verbreitung eine bedeutende Rolle für den Bodenstoffwechsel darstellen.»

Aase sitzt auf Maries Bett und liest Zeitung. Marie liegt da und starrt an die Decke.

«Gestern ist ein Flugzeug im Bermudadreieck verschollen», sagt Aase. «Ohne Vorwarnung kam ein heftiges Unwetter auf, dreißig Meter hohe Wellen, die Schiffe umwarfen und alles zertrümmerten.»

«Das Makabre hat dich schon immer fasziniert.» Marie knibbelt zerstreut an einer kleinen Wunde auf ihrem Handrücken, sie hat sich am Herd verbrannt.

«Mysterien sind wie Kompassnadeln, sie drehen sich im Kreis. Fasziniert dich das denn gar nicht?», fragt Aase.

«Ich interessiere mich mehr für richtige Expeditionen und die Errungenschaften der Polarforscher», antwortet Marie.

«Du bist von Knud Rasmussen verblendet.»

«Er ist anders.»

«Inwiefern?»

«Seine Großmutter kommt von dort, und er ist in der Diskobucht aufgewachsen, das Blut der Grönländer strömt durch seine Adern, er spricht ihre Sprache fließend.»

«Er ist doch genauso von seinem Eroberungsdrang getrieben wie Peary und alle anderen.»

«Nein, ich glaube nicht, dass Knud Rasmussen ein Held sein will. Auf seiner ersten Grönlandexpedition entlang der Westküste hat er in allen Siedlungen Geschichten gesammelt und fünf Bände mit grönländischen Mythen herausgegeben. Er wollte, dass die Geschichten der Grönländer eine Gültigkeit besitzen.»

«Ist es das, was du gerade liest?»

«Ja.»

«Liest du mir eine vor?»

Marie verspeist Mythen wie reiche Menschen Pralinen, eine nach der anderen. Sie öffnet den Mund, legt das kleine, dunkle Viereck auf ihre Zunge, schließt die Augen und lässt es schmelzen. Jetzt zerteilt sie die Praline und reicht Aase die eine Hälfte.

Vor langer, langer Zeit lebten die Menschen im Himmel und waren unsterblich. Da aber stürzte ein Mann hinab und zeugte eine Tochter mit der Erde. Ihre Nachkommenschaft war so zahlreich, dass sie bald die Erde übervölkerte. Da kam ein großes Erdbeben, das die Länder spaltete, und viele Menschen stürzten in die Risse hinab; von ihnen stammen die Unterirdischen, die Ingerssuit, die großen Feuerbewohner ab. Ihr Land ist rätselhaft und wunderbar, und nur Menschen, die sich auf verborgene Dinge verstehen, können dorthin gelangen.

Aase schwimmt in die Geschichte hinein, und Marie wird innerlich sonnenwarm. Sie können so vieles miteinander teilen, solange sie vergessen, sich gegenseitig zu bekriegen.

Marie steht vor der Sonne auf. Sie packt eine Tasche und begibt sich auf die siebzig Kilometer lange Radtour nach Hundested, wo Knud Rasmussen wohnt. Als sie Kopenhagen hinter sich lässt, setzt Regen ein. Zum Glück ist es nur ein kurzer Schauer, die Sonne kehrt zurück, aber das Wetter bleibt unbeständig. Als sie endlich das Lynæs Kro erreicht, das in der letzten Kurve vor dem Meer liegt, tut ihr der Hintern weh. Sie mietet im Gasthof ein Einzelzimmer und legt sich auf das Bett, um ein kurzes Nickerchen zu machen, fällt jedoch in einen tiefen Schlaf. Erst als die Sonne auf den Horizont herabsinkt, radelt sie in Richtung Leuchtturm, um einen Blick auf ihn zu erhaschen. Sie folgt einem schmalen Kiesweg und hält nur einen Steinwurf entfernt vom reetgedeckten Haus des Polarfahrers, das auf der höchsten Düne der Gegend liegt, mit Aussicht auf das Meer. Ihr Herz pocht wie eine kleine Faust hinter der Brust, als die Tür aufgeht und Knud Rasmussen hinaustritt. Er stellt eine leere Flasche am Fuß der Treppe ab und will sich gerade wieder umdrehen, als er sie erblickt. Sie steht vollkommen versteinert da, denn obwohl sie den ganzen weiten Weg hierher geradelt ist, um ihn zu sehen, hatte sie sich nicht vorstellen können, dass es wirklich geschehen würde. Knud Rasmussen kneift die Augen leicht zusammen und betrachtet sie forschend, als wollte er ergründen, ob er sie kennt. Dann lächelt er und nickt ihr zu. Sie hebt die Hand zu einem Gruß, doch noch ehe sie winken kann, ist er wieder im Haus verschwunden.

Das Labor der Universität hat keine Fenster. Marie sitzt gebeugt da und sortiert die eingesammelten Kleinstlebewesen, sie hat sie aus einer Scheibe Erde extrahiert, die sie heute Morgen aus dem Waldboden geschnitten hat. Die Scheibe hat den Durchmesser einer Tasse, und mehrere der Tierchen sind so klein, dass man sie nur unter dem Mikroskop erkennen kann. Anfangs ist sie überrascht vom kolossalen Gewimmel der Moosmilben und Springschwänze, eifrig sammelt sie alle Tierchen aus der Erde. Die Springschwänze besitzen großen Unterhaltungswert, sie sind sichtbar und können, wie ihr Name schon sagt, springen. Mehrere andere Wissenschaftler beschäftigen sich bereits mit ihnen, weshalb Marie sich besonders für die Moosmilben interessiert, die nur 0,2–1 Millimeter lang sind. Bei einem Blick durchs Mikroskop vergrößern sich die winzigen Punkte auf dem Glas und werden zu Lebewesen.

«Es ist vollkommen unglaublich», sagt Marie.

«Was denn?», fragt Aase.

«So viele kleine Geschöpfe, und wie unterschiedlich sie sind.»

«Ja?»

«Aase, guck mal, diese hier erinnert an jene, die Bornebusch in seiner Abhandlung erwähnt. Und trotzdem sind sie anders, ihre Körperform ist anders.»

«Du hast recht!»

«Reich mir mal ein Stück Papier.»

Maries Hand zittert.

«Bitte schön.»

«Und einen Bleistift, bitte.»

Marie beginnt zu zeichnen. Die Moosmilbe hat acht Beine und keine Flügel. Die Bleistiftspitze fliegt über das Papier, und langsam kommt eine zierliche Form zum Vorschein. Die Moosmilbe, die es noch vor wenigen Minuten nicht gab, existiert jetzt. Sie hat sie kraft ihrer Hand für das Auge sichtbar gemacht. Marie ist frisch verliebt, ihr Körper vibriert.

Maries Notizbuch, 1930

*Vor zwei Milliarden Jahren bevölkerten vor allem
einzellige Organismen die Erdoberfläche, zwischendurch geriet die Atmosphäre aus dem Gleichgewicht.*

*Es gab Eiszeiten, aber auch Vulkanausbrüche, die die
Temperatur wieder ansteigen ließen.*

*Das Inlandeis ist ein Gefrierschrank, der die Vor-
geschichte aufbewahrt, Filmrollen von Expeditionen,
leere Dosen, Hundehaare, menschliche Überreste,
Beinkleider und Handschuhe. Mammute und winzige
Organismen. Tief unter dem Eis rauschen reißende
Flüsse.*

Marie hat das Messer und die kleinen Leinensäcke in den Fahrradkorb gelegt und fährt in Richtung Rude Skov. Die meiste Zeit hat sie die Straße für sich allein. Sie hat eine Route geplant, um an einem Tag in mehreren Wäldern Proben sammeln zu können.

Sie lehnt das Fahrrad an einen Baum und betritt den Wald. Am Rande einer kleinen Lichtung geht sie in die Hocke, berührt das feine Moos mit den Fingerspitzen und beginnt dann, eine Probe aus der Vegetation auszuschneiden. Sie achtet darauf, die Wurzeln und den obersten Teil der Erdschicht mitzunehmen, legt die Probe in einen kleinen Leinenbeutel und verschließt ihn mit einer Schnur. Sie geht tiefer in den Wald hinein, wiederholt die Probenentnahme mehrmals, bis sie einen kleinen Stapel von Beuteln beisammenhat. Dann legt sie sich neben ein Moor ins Gras. Sie studiert die kleinen, gallertartigen Tropfen, die an einigen Schilfhalmen kleben. Sie enthalten Hunderte von weichen Köcherfliegenlarven, die sich, wenn sie ausgewachsen sind, nicht mehr so leicht versetzen lassen, weil sie kräftige Klauen am Hinterteil haben, mit denen sie sich festklammern. Sie atmen mit Kiemen. Bald werden sie Röhren bauen und deren Eingänge mit einer Art Spinnennetz bedecken, sodass sich die Insekten, die mit dem Strom treiben, hilflos darin festsetzen, eine einfache Art der Nahrungsbeschaffung. Die geschlüpften Fliegen haben Fühler, die an Fäden erinnern. Ihre Beine sind lang und die Flügel sehr dicht, wie bei einem Schmetterling.

Marie schließt die Augen und schläft ein. Wollgras tanzt um sie herum, sie träumt von einem Tal, das so voller

Schmetterlinge ist, dass sie in dicken Schichten auf allen Oberflächen sitzen und überall in der Luft hängen. Kleine dunkle Flügel schlagen gegeneinander. Marie atmet vorsichtig durch die Nase ein. Wenn sie den Mund öffnet, fliegen die Schmetterlinge hinein.

Als sie aufwacht, ist es kühler geworden. Sie muss nach Hause, ehe es dunkel wird. Etwas raschelt im Gebüsch, sie sieht auf, ein kreideweißer Hase hoppelt herbei, bleibt sitzen und wittert mit der Nase in der Luft.

«Wo kommst du denn her?», fragt sie laut.

Der Hase starrt sie an, sie hält vollkommen still, blinzelt, und weg ist er.

«Merkwürdig, er war doch gerade noch hier», sagt sie.

Marie geht zu der Stelle, wo der Hase noch vor einem Augenblick saß, doch kurz bevor sie dort ankommt, knickt sie um, stolpert und fällt auf ein seltsames Geflecht aus Ästen. Das Ganze geht blitzschnell. Sie hört ein Sausen und spürt einen Schmerz in Arm und Hüfte, als sie wie ein schwerer Sack in einem tiefen Loch landet. Ein ausgewachsener Mann hätte sich vielleicht hochziehen können, aber mit ihren 156 Zentimetern ist das für sie aussichtslos, sie ist in eine Tierfalle gestürzt und kommt nicht wieder hinaus.

«Ist das ein Albtraum?», fragt sie laut und kneift sich in den Arm.

Sie sieht sich um. Bei ihrem Sturz hat sie ein paar dicke, lange Zweige mit ins Loch gerissen. Vielleicht können sie für irgendetwas nützlich sein? Sie steht auf, hat einige Hautabschürfungen an den Armen, kann sich aber problemlos uneingeschränkt bewegen. Sie greift die dicksten Äste und schiebt sie sich wie Stelzen unter die Achseln. Das Loch hat einen Durchmesser von höchstens zwei

Metern. Wenn sie die Stöcke schräg aufsetzt, kann sie sich mit dem Rücken hochstemmen und mit den Füßen an der Seite hinaufwandern. Sie hängt sich den Rucksack auf den Bauch, damit der Rücken frei nach oben gleiten kann. Es geht langsam voran, aber schließlich gelangt sie mit dem Kopf über den Rand des Lochs und sieht eine Frau, die auf einem nicht weit entfernten Pfad mit einem Hund spazieren geht.

«Hallo!», ruft Marie.

Der Hund spitzt die Ohren. Marie ruft erneut, lauter. Jetzt hat er ihre Fährte aufgenommen, er stürmt direkt auf sie zu. Die Frau folgt ihm auf den Fersen und bleibt am Loch stehen. Als sie hinuntersieht, zuckt Marie zusammen, das kann doch nicht sein, ist das wirklich Ida?

«Marie?»

«Bist du denn nicht auf Samsø?»

«Wir sind gestern wiedergekommen.»

«Was um alles in der Welt machst du hier?»

«Das könnte ich auch dich fragen. Das Haus meiner Eltern grenzt an diesen Wald, aber jetzt komm erst mal aus diesem Loch, Marie, reich mir deine Hand.»

Als Marie wieder aufrecht zwischen den Bäumen steht, müssen sie lachen, das Ganze ist so absurd. Eine ausgestreckte Hand, mehr braucht es nicht, damit Marie wieder durch den Wald gehen kann, zu ihrem Fahrrad, das sie nach Hause bringt.

Helene ist zu Besuch. Sie treffen sich nur selten, aber es ist jedes Mal so, als hätten sie sich erst gestern gesehen.

Jetzt sitzen sie in Maries Bett und trinken Tee.

«Darf ich die Tiere mal sehen, die es dir so angetan haben?», fragt Helene. Marie steht auf, geht zum Tisch und holt eine Mappe mit Zeichnungen, die sie vor Helene hinlegt.

«Sie sehen aus wie Käfer», stellt Helene fest, «warum gerade die?»

«Durch das Mikroskop sehe ich einen fantastischen Mikrokosmos. Da passiert wirklich viel mit diesen Organismen, die so anders sind und ganz unterschiedlich aussehen. Eines der Tierchen, die ich im Moos gefunden habe, ist noch nie beschrieben worden. Ich bin gewissermaßen seine Mutter. Aber ich werde ganz nervös beim Gedanken, dass ich für die ganze Welt den Namen dieser Milbe auswählen soll.»

Wenn Helene Marie ansieht, entsteht ein seltsames Gefühl in ihr: dass sie einen besonderen Platz auf der Welt hat. Es ist nur eine Frage der Zeit, ehe sie herausfindet, worin dieser Platz besteht.

«Kannst du dem Tier denn einfach irgendeinen Namen geben?»

«Ich muss den Regeln folgen, wie man ein Tier wissenschaftlich benennt. Aber man hat relativ große Freiheiten.»

«Regeln?»

«Ja, beispielsweise ist die Walderdbeere eine Art der Gattung der *Fragaria*. Die Walderdbeere heißt auf Lateinisch *Fragaria vesca*. *Vesca* ist das, was man Epitheton nennt und was etwas über die Merkmale der Pflanze erzählt, beispielsweise, welche Farbe sie hat, wofür sie verwendet werden kann, wo sie wächst. Zusammengesetzt ergibt *Fragaria vesca* den eigentlichen Artnamen. Das dritte Wort benennt denjenigen, der die Pflanze gefunden und registriert hat, in diesem Fall Linné. Die Walderdbeere gehört dann wiederum zu einer Großfamilie, der Rosenfamilie *Rosaceae. Aceae* heißt Familie auf Lateinisch. Es ist ein sehr langwieriger Prozess, erst wenn das neue Tier in einer wissenschaftlichen Zeitschrift beschrieben wurde, ist es registriert und als etwas anderes anerkannt als ein bloßes Produkt meiner Fantasie.»

«Sie sieht ziemlich lebendig aus, so wie du sie gezeichnet hast.»

«Ich habe die Milbe gefunden, aber erst als ich angefangen habe, sie zu zeichnen, habe ich sie wirklich gesehen.»

«Seltsam, dass man etwas sehen kann, ohne es wirklich zu sehen.»

«Ab und zu kommt mir der Gedanke: Was wäre, wenn nicht ich die Milben finde, sondern sie mich?»

Maries Notizbuch, 1931

*Die Mehrzeller entwickelten sich nach der letzten
großen Eiszeit vor 600 Millionen Jahren.*

*Vor 530–500 Millionen Jahren entstanden verschie-
dene Tiergruppen, aus denen sich die Arten entwickel-
ten, die wir heute kennen.*
*Wann verlässt das erste Tier den Ozean? Die ältesten
Funde zeugen davon, dass vor 450 Millionen Jahren
Gliederfüßer an Land lebten.*

Fische entstanden vor 400 Millionen Jahren.

Die ersten Blütenpflanzen sind 150 Millionen Jahre alt.

*Vor 65 Millionen Jahren wurden die Dinosaurier aus-
gerottet.*

*Vor 1,8 Millionen Jahren baute eine Art der mensch-
lichen Vorväter, der* Homo erectus, *Höhlen. Er nutzte
als erstes Lebewesen das Feuer, aber es ist unklar, ob er
auch sprechen konnte.*

Die Neandertaler sind bis zu 500 000 Jahre alt.

*Erst vor 200 000 Jahren entstand unser heutiger
Menschentyp.*

1931

Die Dunkelheit hat einen Sack über die Stadt gezogen, und die Laternen sind ausgeschaltet. Marie und Aase lesen, die blonden Köpfe über die Seiten gebeugt, sie blättern synchron. Das ärgert Marie grenzenlos. Sie versucht, absichtlich aus dem Takt zu kommen.

«Hast du den Nachruf auf Professor Alfred Wegener gelesen?», fragt Aase.

«Er ist doch schon vor einem Jahr gestorben», sagt Marie.

«Ja, aber die Geografische Zeitschrift musste ja erst einmal gesetzt werden, ehe er gedruckt werden konnte.» Aase lacht und fährt fort: «Wegener wurde am 1. November 1880 geboren und starb am 1. November 1930. Er wurde genau fünfzig Jahre alt.»

«Wer schreibt das?»

«Knud Rasmussen.»

«Kannst du alles vorlesen?»

«Unsere Gesellschaft beklagt mit großer Trauer den Verlust ihres Ehrenmitglieds, Professor Alfred Wegener, der auf dem Inlandeis unweit seines Hauptquartieres beim Kamarajukgletscher im Distrikt Umanak ums Leben kam. Für uns Dänen war Professor Wegener ein guter Bekannter, nicht allein als herausragendes Mitglied auf Mylius-Erichsens Danmark-Expedition von 1906–1908, sondern auch bei I. P. Kochs Überwinterung auf dem Inlandeis und der Überquerung desselbigen 1912–1913. Seine letzte große Expedition hatte zum Ausgangspunkt, in einer Linie vom Distrikt Umanak an der Westküste hinüber nach Scoresby Sund an der Ostküste Forschungsstationen auf dem Inlandeis anzulegen. Ziel dieser Stationen war es, meteorologische, geophysische und geodätische Messungen durchzuführen. Nicht allein die

Wetterverhältnisse sollten gründlich erforscht werden, sondern mithilfe besonders konstruierter seismischer Messgeräte auch die Dicke des Eises festgestellt.

Das letzte Telegramm, das man von Wegener persönlich empfangen hat, stammt von Oktober, und er teilt darin mit, er sei gemeinsam mit dreizehn Grönländern aufgebrochen, um mit zusätzlichem Proviant und weiterer Ausrüstung zur Zentralstation zu reisen. Unterwegs wurden sie von anhaltenden Schneestürmen überrascht, und die Grönländer erklären, unter diesen Umständen sei es gleichbedeutend mit dem sicheren Tod, die Reise fortzusetzen. Wegener hielt es jedoch für seine Pflicht, der Zentralstation einen Besuch abzustatten, teils um seine Anweisungen zu erneuern, teils um die dortigen Vorräte aufzustocken.

Bisher gibt es keinerlei Bericht darüber, was genau diese Katastrophe verursacht hat. Mit Sicherheit weiß man aus den Telegrammen nur, dass Wegeners Leiche 189 Kilometer entfernt von seinem Ausgangsort an der Westküste gefunden wurde. Seine Leiche war von seinem grönländischen Begleiter Rasmus sorgfältig bedeckt, in zwei Decken eingenäht und im lockeren Schnee begraben worden. Seine Kleidung, insbesondere die Fußbekleidung, war in einwandfreiem Zustand. Er muss im Zelt gestorben sein und nicht erfroren. Seine Tagebücher und anderen Aufzeichnungen wurden von Rasmus mitgenommen, der die Reise fortsetzte, seine Spur lässt sich weitere 150 Kilometer nachverfolgen. Alle weiter entfernten Depots blieben unangetastet.

Mit Professor Alfred Wegener verliert die Welt einen Forscher von außergewöhnlichem Format; denn er war nicht allein ein Wissenschaftler mit einer soliden und gründlichen Ausbildung, sondern auch ein selbstständiger Denker und Urheber genialer wissenschaftlicher Arbeiten, wie beispiels-

weise über die Theorie der Festlandverschiebungen, die ihn
auf einen Schlag weltberühmt machten.
    Hundested, 26. Mai 1931.»

Aase liest das meiste vor, springt allerdings ein wenig im
Text. Als sie die Zeitschrift beiseitelegt, schließt sie die
Augen und stellt sich einen Schneehaufen vor, so lang wie
ein Mann. Ihre Hände entfernen behutsam den Schnee,
langsam entblößt sie sein Gesicht. Wegener. Seine Nase
kommt zuerst zum Vorschein. Ein Mann, der die Vorstellung von Kontinenten in Bewegung in sich trug.

«Ich kann Wegener sehen, wenn ich die Augen schließe»,
sagt Marie.
    «Ich auch», erwidert Aase.
    «Lass uns eine Kerze für ihn anzünden», schlägt Marie
vor.
    «Ja», sagt Aase.

1931

Das Geld brennt wie ein Goldklumpen in der Tasche. Marie und Aase haben beide ein Stipendium über 1000 Kronen bekommen, um nach Island zu reisen.

«Knud Rasmussens allererste Reise führte ihn auch nach Island. Wir werden natürlich keine Expedition über das Inlandeis unternehmen, aber es ist trotzdem so, als würden wir in seine Fußstapfen treten», sagt Marie.

Sie blickt aus dem Fenster, stellt sich vor, sie würde auf die Wolken zufliegen, über ein Feld, dort landen, die Füße in eine Pflugfurche setzen; der Duft von Erde. Sie beginnt zu gehen. Um die Welt. Allein. Es kribbelt so sehr in den Beinen.

«Sitz still», sagt Aase. «Deine Beine hüpfen auf und ab.» Marie blickt auf ihre ruhelosen Beine. All die Energie, sie weiß nicht immer, wohin damit.

«Ich habe nach guten Reisebeschreibungen gesucht», sagt Aase. «Es gibt keine.»

«Wir sollten aus unserer Islandreise ein Buch machen», schlägt Marie vor.

«Ja», sagt Aase. «Das habe ich auch gedacht!»

«Ich meine es ernst.»

«Ich auch. Sollen wir dann nicht im Juli fahren, wenn wir sowieso Ferien haben?»

«Ja, nur dann können wir reisen, ohne den Unterricht zu verpassen», sagt Marie. «Das machen wir.» In Gedanken klebt der Boden unter ihren Füßen, sie geht immer noch allein umher. Das ist das Einzige, was sie will. Allein reisen.

«Ich freue mich», sagt Aase.

«Wir könnten ja auch zusammen hinfahren, aber jede reist für sich?», schlägt Marie vor.

Aases Gesicht verschließt sich für einen Moment. Marie kann sehen, wie enttäuscht sie ist, und fürchtet das Schlimmste, doch kurz darauf ändert Aase den Kurs.

«Dann sind wir uns ja ausnahmsweise mal einig», sagt Aase.

«Wir können trotzdem ein Buch zusammen schreiben. Jede macht sich Notizen, und dann sammeln wir sie, wenn wir wieder da sind.»

Marie betrachtet Aase. Ist sie wirklich nicht wütender darüber, abgewiesen worden zu sein?

«Ja, natürlich», sagt Aase.

Marie geht und geht, sie spürt keine Müdigkeit. Sie betritt ein ganz neues Land, niemand hat vor ihr die Bodentiere auf Island gesammelt, die Moosmilben der Insel sind vollkommen unbeschrieben.

Marie liest *Neue Menschen*, das von Knud Rasmussens erster Grönlandexpedition handelt, ein wildes Buch, das Reisebeschreibungen, Sagen, Tagebuchaufzeichnungen, eine Rentierfantasie und eine Erläuterung der Lebens- anschauung und Lebensformen der Bevölkerung enthält. Die große Mischung, die das Leben ist, denkt Marie.

Die Natur des Haustiers ist dir nie ins Blut übergegangen.
 Die Welt ist groß, damit der Mensch sie besitze.
 Du musst auf Reisen leben, weil es dich verdrießt, jeden Abend in denselben Pferch zurückkehren zu müssen.
 Du bist mit einem Trieb geboren, der dich nicht ruhen lässt.

Genauso geht es ihr auch. Nur der Gedanke, dass sie von Thorssen getrennt sein wird, nagt wie ein Wurm in ihrem Magen.

«Schneller, als du blinzeln kannst, sind wir wieder zusammen», sagt Thorssen.

Seine weichen Lippen bewegen sich vor ihr. Dieser Mund.

«Möchtest du nicht mitkommen?»

«Nein, ich muss die Wohnung meiner Mutter strei- chen.»

«Kannst du nicht jemand anderen damit beauftra- gen?»

«Nein, Marie, sie ist ganz allein. Sie hat niemanden außer mir.»

Thorssens Vater ist tot, und seine Mutter lehnt es ab, Marie kennenzulernen. Sie ist eine gläubige Katholikin, Marie sei keine geeignete Partie für ihren Sohn, sagt sie. Und das, obwohl Maries Vater einen Doktortitel hat und

Direktor der staatlichen Rentenversicherung ist. Aber Maries Eltern sind geschieden, und Maries Mutter ist nur eine einfache, gottlose Bäuerin.

Es fällt Marie nach wie vor schwer, ihre Impulse zu kontrollieren, wenn Thorssen in der Nähe ist, sein Duft erregt sie heftig. Sie fühlt sich wie ein voller Honigkrug, in den jemand immer mehr Honig hineingießt, bis er über den Rand quillt, an den Seiten hinab, über die Tischkante, an den Beinen entlang, bis er in die Kleidung sickert, in die Schuhe dringt, zwischen die Zehen, unter die Nägel, bis alles von dem süßen, klebrigen Zeug getränkt ist; sie versucht, sich nichts anmerken zu lassen, aber das fällt ihr schwer, weil es so klebt, und sie muss sich immer weiter die Lippen lecken.

«Wir küssen und berühren uns, aber wir behalten immer unsere Sachen an», sagt Marie zu Thorssen. «Es ist schrecklich.»

Er zieht sie an sich. Die Hände auf ihrer Hüfte. Oh, diese Lippen, die Welt dreht sich und dreht sich.

«Wenn ich deine Mutter kennengelernt habe, können wir dann anfangen, beieinander zu übernachten?»

«Ja, das verspreche ich.»

«Glaubst du wirklich, sie wird ihre Meinung über mich ändern?»

«Du bist der intelligenteste und redlichste Mensch, der mir je begegnet bist, und wer dem nicht sofort erliegt, ist dumm», antwortet er.

Maries Notizbuch, 1931

Charles Robert Darwin (1809–1882). Englischer Naturforscher und Geologe. Darwin unternahm in den Jahren 1831–1836 eine Reise um die Welt, bei der er Pflanzen- und Tierarten studierte. Indem er zusätzlich Informationen über Nutztiere aus verschiedenen Ländern einbezog, kam er schließlich zu dem Schluss, dass sich alle Arten inklusive des Menschen aus gemeinsamen Vorvätern entwickelt haben. 1858 werden sowohl von Darwin wie auch von Alfred Russel Wallace zwei übereinstimmende Evolutionstheorien veröffentlicht: Alle Arten sind durch graduelle Veränderungen aus einer Stammform entstanden. Die kleinen Änderungen werden durch eine natürliche Selektion verursacht, bei der die anpassungsfähigsten Individuen die meisten Nachfahren zeugen. Wer sich am besten anpasst, überlebt also. Doch erst als Darwins Über die Entstehung der Arten im Thier- und Pflanzen-Reich durch natürliche Züchtung, oder Erhaltung der vervollkommneten Rassen im Kampfe um's Daseyn *erscheint, auch vereinfacht unter dem Namen* Die Entstehung der Arten *bekannt, entbrennt eine hitzige Debatte außerhalb eines engen Kreises von Fachleuten. Seine Theorie stößt auf großen Widerstand, weil sie die Schöpfungsgeschichte der Bibel verwirft und den Menschen als simple Tierart sieht, die den gleichen Gesetzen unterliegt wie andere lebende Wesen.*

Wie in Darwins Fall glaubt man oft, hinter allem würde ein einzelner Mann stehen, dabei entstehen neue Gedanken immer aus unserer gemeinsamen

Geschichte und unserem gemeinsamen Wissen: Wer am lautesten schreit und seiner Botschaft Gehör verschafft, erntet am Ende meistens auch die Lorbeeren.

Das werde ich mir merken.

1931–1932
Island und Kopenhagen

Marie sitzt in der Kajüte und drückt einen kühlen feuchten Lappen an Aases Stirn. In der anderen Hand hält sie einen Emailletopf, in den Aase sich erbricht. Zwischendurch klatschen aufgepeitschte, salzige Wellen an das Kuhauge und verschmieren es, sodass man unmöglich hindurchsehen kann. Obwohl Marie eine unbehagliche Übelkeit spürt und nur wenig isst, hält sie sich auf den Beinen. Die Sonne steht hoch am Sommernachthimmel.

Schon tags darauf ist die Seekrankheit vergessen. Marie saugt die Landschaften in sich auf wie Papier die Tinte: Die weißen Gletscher erzeugen einen wunderbaren Kontrast zu den schwarzen Basaltbergen und Lavafeldern. Morgens steht sie vor den anderen auf und spaziert umher, als würde sie ein Landschaftsgemälde durchstreifen. Sie bewegt sich mit angehaltenem Atem voran, vorsichtig, um keine störenden Abdrücke zu hinterlassen, und fängt mit ihrer Kamera kleine Glanzlichter aus dieser ganzen Fülle ein.

Almannagjá ist ein Riss in der Erde. Die vulkanische Aktivität presst die beiden Hälften der Insel auseinander. Auf dem Weg zur Schlucht kommen sie an niedrigen Wäldern aus verkrüppelten Birken vorbei. Marie wundert sich über ihr Aussehen und erfährt, dass dieser Baum ein Hybrid aus einer Moorbirke und einer Zwergbirke ist, doch er gleicht eher einem Strauch als einem Baum.

Schon am zweiten Tag reiten die Schwestern auf schwarzen Pferden über den Fluss davon. Es rauscht unter den Bäuchen der Tiere. Zusammen mit zwei isländischen Reiseführern passieren sie Inseln, die von silbrig schimmerndem Wasser umgeben sind. Der Gesang der Goldregenpfeifer und Regenbrachvögel vermischt sich mit dem Kreischen von Raben und Raubmöwen. Beim Reiten pfeift ihnen der Wind ins Ohr, der Anflug eines brausenden Schmerzes im Gehörgang, die Augen laufen über, das Urmeer rinnt wie Tränen, zeichnet poröse Linien aus Salz auf die roten Wangen. Gegen Mittag trennen sie sich. Aase und der eine Führer schlagen einen Bogen und reiten Richtung Süden, um am Hornafjörður, einem kleinen Fjord im Südosten von Island, Pflanzen zu sammeln und zu trocknen. Marie setzt ihren Weg mit dem anderen fort, einem kleinen freundlichen Mann mit einem außergewöhnlich runden Kopf und ebenso kugelrunden Augen, ihr Ziel sind die grünen Gebiete um den See Lagarfljót.

An einem Steinhaus machen sie halt.

«Hast du Hunger?», fragt der Kulleräugige.

«Ich könnte ein ganzes Schaf essen», antwortet Marie.

Nach dem Frühstück packt Marie ihre Ausrüstung aus. Sie platziert den Extraktionsapparat auf einem Tisch, verteilt die Trichter in den Vertiefungen der Holzrahmen, legt das runde Drahtnetz darauf und stellt die mit Alkohol gefüllten Gläser darunter. Dann geht sie mit ihrem Messer und den kleinen Leinenbeuteln in einem

Netz über dem Arm zum See, begleitet vom Kulleräugigen, der aus einer Mischung aus Isländisch und Dänisch drauflosredet. Seine Stimme ist sanft und tief, der Inhalt seiner Worte langweilig oberflächlich. Sie kniet sich auf den Boden, schneidet die ersten kleinen Kreise aus dem Moos und der übrigen Vegetation aus, steckt sie in die Leinenbeutel, verschnürt sie und kehrt nach einigen Stunden zur Hütte zurück, um die Moosproben auf den Drahtnetzen zu verteilen.

Jetzt braucht sie nur zu warten.

«Heyrðu, wie lange bleibst du eigentlich, junge Frau?», fragt der Kulleräugige.

«Das Austrocknen dauert vier bis fünf Tage, je nachdem, wie feucht die Erde und die Luft sind», antwortet Marie.

In den folgenden Tagen streben Landasseln, Springschwänze, Tausendfüßer, kleine Würmer, Spinnen, Schnecken und Tausende Moosmilben auf der Suche nach Feuchtigkeit hinab, das Netz siebt die größten Tiere aus, und die kleineren fallen durch die dünnen Hälse der Trichter und landen im durchsichtigen Alkohol.

«Sie ertränken sich im Schnaps», bemerkt der Kulleräugige.

«Ja», sagt Marie lachend.

Die Wartezeit ermöglicht es ihr, die Flora und Fauna und die wenigen Menschen kennenzulernen, die am See wohnen. Sie bewegt sich in den isländischen Häusern ein und aus, überall werden die Türen geöffnet, wenn sie vorbeigeht, die Neugier und die Freundlichkeit kennen keine Grenzen, sie fühlt sich überaus willkommen und nippt an dem Überfluss von Essen, das man ihr anbietet.

«Du bist hübsch», sagt der Kulleräugige.

«Das sagt man nicht zu einem Menschen, den man nicht kennt», erwidert Marie schnell.

«Doch, man soll seiner Frau Komplimente machen», sagt er.

«Ich bin aber nicht deine Frau.»

«Nein.» Er lacht. «Entschuldige, ich habe die Sprache nicht so gut im Griff.»

«Die Sprache?»

«Ja, die Sprache.»

Marie träumt. Sie läuft in einem hellblauen Baumwollkleid durch einen Wald aus Krüppelbirken, die Äste reißen kleine Löcher in den Stoff, doch das ist ihr egal, sie läuft einfach weiter und direkt auf eine Lichtung zu, wo sie stehen bleibt. Sie legt sich ins Gras und ist gerade dabei einzudösen, als sie spürt, dass jemand sie betrachtet, der Kulleräugige legt sich zu ihr, es fühlt sich natürlich an, als er sie berührt, die Träger ihres Kleids von den Schultern gleiten lässt, ein großer Pinsel streicht über ihren Körper, die Erde bebt, als das Herz hämmert wie Knöchel, die an eine Tür klopfen. Die kleinen Stöße schlagen gegen ihr Trommelfell.

«Hallo?»

Die Stimme dringt ins Haus, in den Traum, Marie setzt sich auf, verwirrt und mit heißem Körper, sie legt sich die Bettdecke über die Schultern und taumelt zur Tür, um sie zu öffnen. Draußen steht der Kulleräugige. Mit seinem kugelrunden Kopf ist er ungeheuer weit entfernt von allem, was sie in Wirklichkeit begehren würde. Warum träumt sie dann von ihm? Sie schämt sich und meidet es, ihm in die Augen zu sehen.

«Du hast verschlafen», sagt er. «Die Pferde sind gesattelt. Wir müssen los.»

«Ich komme», antwortet sie und versucht, wach auszusehen.

«Dir ist heiß», sagt er.

«Nein, ist mir nicht», antwortet sie.

«Deine Wangen glühen wie Feuer.»

«So sehe ich immer aus», antwortet sie und knallt die Tür zu.

Idiot, denkt sie, ich bin ein Idiot. Sie bindet ihren schweren Rock um, zieht sich den Pullover über den Kopf, packt ihre Kleidung und Ausrüstung zusammen und schließt die beiden Satteltaschen, die mit Gläsern gefüllt sind. Kleine und unsichtbare Tiere schwappen tot und weich in dem klaren Alkohol.

Maries Notizbuch, 1931

*Kontinent. Die ersten Landflächen auf der Erde
bestanden aus Lava und Asche, sie waren so empfindlich, dass sie schnell von der Erosion zersetzt wurden.
Alles, was die Erosion loslöst, landet als Ablagerungen
in den Ozeanen. Die eigentlichen Kontinente entstanden wahrscheinlich erst vor 260 Millionen Jahren.*

*Die heutigen Landflächen unserer Erde verändern
sich ständig. Wellen, Gezeiten und Meeresströmungen
nagen an den Kontinenten. Flüsse und Wasserläufe
graben sich durch Moos, Gras und Torf, bis in die Täler
hinab. Die Gletscher weiten bereits bestehende Niede-
rungen zu tiefen Rinnentälern aus.*

Und der Wind legt die Klippen frei.

1932

Thorssen stürmt zur Tür herein, die Arme voller langstieliger roter Rosen. Er legt sie auf den Küchentisch und küsst Marie, der Rest der Welt schmilzt. Marie würde auf alles verzichten, um mit ihm zusammen zu sein. Auf alles. Sie hat auf ihn gewartet, seit sie ihn dort stehen sah; nackt auf der anderen Seite des Zementrohres. Sie wurde mit einer Sehnsucht nach etwas in ihrem Körper geboren, und als sie ihn in dieser seltsamen traumgleichen Szene sah, gab es keinen Zweifel mehr. Zusammen mit ihm fühlt sie sich so leicht, als könnte sie jeden Moment abheben und einfach fliegen. Einen Hauch von dieser Leichtigkeit hat sie bisher nur mit einem einzigen anderen Menschen gespürt: Helene.

Der Kaffee tropft durch den Filter, und ohne weiter darüber nachzudenken, schneidet Marie das untere Ende der Rosenstängel ab und stellt eine Blume nach der anderen in die Vase. Thorssen erzählt von einem Nachbarn, der mit seinen Liebhaberinnen solchen Lärm veranstaltet, dass sich die anderen im Haus beschweren.

«Heute Nacht hat sogar jemand gedacht, es wäre ein Mord begangen worden.»

Sie lachen.

«Ich werde deine Mutter nie kennenlernen, oder?»

Thorssen entzieht sich ihr und verschwindet in sich selbst zurück. Sein Gesicht ist nicht zu lesen.

«Du weißt, dass ich dich mehr liebe als mich selbst. Aber ich kann sie nicht zwingen, sie ist lungenkrank und steht völlig neben sich.»

Er klingt aufrichtig, doch seine Stimme hat ein kleines Loch, aus dem der Klang hinaussickert. Obwohl dieses

Leck unsichtbar ist, spürt Marie, dass etwas nicht stimmt, ohne dass sie herausfinden kann, was, denn Thorssen versucht, seine Mutter tatsächlich zu überreden, er nutzt alle Kniffe, zeigt ihr die kalte Schulter, spottet und bettelt und erzählt ihr immerzu von Maries Vorzügen, ihrem scharfen Verstand, ihrer Reise nach Island. Seine Mutter sei so schwer zu erweichen wie eine rohe Kartoffel, sagt er. Thorssen gibt die Gespräche mit ihr so lebendig wieder, dass es Marie vorkommt, als wäre sie selbst dabei gewesen. Mehr als deine Mutter liebst du mich aber nicht, würde sie am liebsten entgegnen, hält sich jedoch zurück.

«Ich habe dir gesagt, dass ich dich heirate, egal was sie denkt, denn ich liebe dich.»

Er liebt sie! Ihr Herz wächst.

«Aber meine Mutter sagt, der Apfel falle nicht weit vom Stamm. Sie ändert nie ihre Meinung und will unserer Hochzeit nicht zustimmen, solange deine Eltern geschieden sind.»

Er sieht unglücklich aus.

«Sollte sie als Christin denn nicht ihre Nächstenliebe zeigen? Ich habe gehört, in der Hölle soll es verdammt heiß sein», sagt Marie.

Sie versucht, ruhig zu bleiben, wird jedoch wütend und abweisend. Sie zwingt sich zuzuhören, als Thorssen beschreibt, wie die Unterlippe der Mutter leicht zittert, wenn sie antwortet, ein Sohn sei durch nichts zu ersetzen. Dass sie nur ihn habe und ohne ihn nichts. Lass dich nie von einer Frau quälen wie von einem Albtraum, habe die Mutter gesagt.

«Ich möchte in dein Herz einziehen, damit wir dort für immer zusammen wohnen können», sagt Thorssen.

«Wenn du einziehst, lass ich dich nie wieder hinaus.»

«Das will ich auch gar nicht.»

Sie weiß nicht, wo die Worte herkommen, aber sie merkt, dass sie sich formen wie überreife Beeren, die jeden Moment platzen können.

«Wenn du in meinem Herzen lebst, wirst du immer im Verborgenen leben. Ich dagegen kann gehen, wohin ich will. Ist es das, was du willst?»

«Ja, ich werde nie eine andere lieben.»

«Dann sag, dass du mich heiratest.»

«Das kann ich nicht.»

«In dem Fall bist du selbst schuld.»

Ein Schatten spaltet sich in zwei Hälften. Die eine legt sich wie ein Halbmond unter Thorssens Auge, der andere breitet sich über Maries Schulter wie ein Mantel, der erstarrt und zu Stein wird. Eine harte Hülle, die sie beschützt. Sie könnte von Steinen leben, wenn sie mit ihm zusammenleben dürfte. Sie würde alles aus dem Stein hauen: ihr Haus, ihre Türen, Stühle, Tische, Gerätschaften, Kleidung und Lebensmittel. Sie würde langsam ihre Form verändern, ihre Ohren würden zu Stein werden, genau wie ihr Gesicht, ihr Bauch, ihre Hüften und ihr Unterleib, ein Steinkind würde in ihrem Schoß wachsen. Sie würde es wie einen Stein gebären und anschließend noch eins, und Thorssen würde das eine Steinkind bei der Hand nehmen, während sie das andere an ihre Steinbrust legte. So würden sie wie zwei Skulpturen im Garten vor dem Haus stehen, bis die letzte lebende Zelle verschwände.

«Ich kann dich nicht verlassen», sagt Thorssen. «Meine Beine wollen sich nicht bewegen, meine Füße sind wie Steine.»

«Ich zähle bis drei, dann drehst du dich um und gehst.»

«Nein, Marie, das will ich nicht.» Thorssens Stimme bricht, er legt die Arme um sie, das Meer steigt in seine himmelblauen Augen, merkwürdige gallertartige Tiefseetiere schwimmen hinauf, verschleiern den Blick, bald rieselt das Wasser aus den Augen, tropft von der Nase. Seine weichen Lippen zittern, als hätte er sich selbst gebissen.

«Lass mich frei», sagt sie leise. «Du musst jetzt gehen.»

Dann räuspert sie sich und beginnt zu zählen.

«Jetzt», sagt sie, und er dreht sich um und geht zur Tür. Jeder Schritt trennt sie mehr voneinander. Ein Fingernagel, der langsam einen Strohhalm aufschlitzt.

Maries linke Seite schmerzt ebenso wie seine rechte.

Wenn du dich umdrehst, werden wir wieder zusammen sein, denkt sie.

«Dreh dich um», flüstert sie.

Er öffnet die Tür, und bevor sie ihn zurückrufen kann, schließt er sie hinter sich.

Marie träumt. Sie läuft nackt in Thorssens Wohnung herum. Sie hat ein Messer in der Hand und schneidet eine tiefe Kerbe in den Mahagonitisch, von dem sie weiß, dass er das Ein und Alles seiner Mutter ist. *Almannanagjá ist ein Riss in der Erde. Die vulkanische Aktivität presst die beiden Hälften der Insel auseinander.* Dann geht sie den Flur entlang in Thorssens Zimmer, er schläft tief und fest. Sie ist der Alb, der aus dem Mund der Mutter entsprungen ist, ein übernatürliches Traumwesen, das

Tiere und Menschen plagt, wenn sie schlafen. Und sie quält ihn, setzt sich auf seine Brust, bis er keine Luft mehr bekommt, und steckt die Finger in seinen Mund, um seine Zähne zu zählen. Wenn es ihr gelingt, alle zu zählen, wird er sterben.

Marie stürzt sich auf ihre Bücher und flieht hinaus in die Natur. Sie speichert alles mit noch größerer Ausdauer und Systematik als vorher, und je mehr sie studiert, desto größer erscheint ihr die Freiheit, denn die Natur ist alles, und Marie ist Natur, nichts ist wichtiger als das, und als sie weiß, dass die Familie wie ein Baum zwischen allen anderen Bäumen der Welt steht, kann sie sich darauf konzentrieren, neue Triebe zu bilden, sich den Mund zu füllen und ihr Wissen zu einem Zuckermeer wachsen zu lassen.

Wie ein Planet hat Marie in gehörigem Abstand ihre Bahnen um Aase gezogen, aber jetzt, wo Bitten auszieht, dreht sie den Magneten um, und Aase zieht bei Marie ein.

In der Wohnung in der Ravnsborggade schreiben sie an ihrem Buch über Island. Obwohl sie getrennt gereist sind, ergänzen sich ihre Erlebnisse und Beobachtungen. Wenn sie ihre Notizbücher nebeneinanderlegen, können sie ihre Texte ineinanderschieben wie zwei Holzstücke mit Feder und Nut. Ihre Beobachtungen bestehen zu gleichen Teilen aus Widersprüchen und Verbindungen, und das sorgt für eine natürliche Spannung und Triebkraft im Text, als würden sie mit einer Stimme schreiben; ihrer gemeinsamen.

«Es ist, als drehten sich die Texte umeinander», sagt Marie.

«Wie eine Girlande», sagt Aase.

«Genau», sagt Marie und denkt, dass alles leicht ist, wenn sie sich nicht gegenseitig bekriegen, dass es immer so sein müsste. «Ich habe dich vermisst», sagt sie. Aase lächelt.

«Gemeinsam können wir alles», sagt sie. «Möchtest du heute mit tanzen gehen?»

Aase kämmt ihr langes Haar zurück und sammelt es mit einer funkelnden Silberspange im Nacken. Marie schüttelt ihren Pagenkopf gerade.

«Nein danke», sagt Marie. «Ich muss arbeiten.»

«Nimm dir doch frei, heute ist Samstag.»

«Ich muss Tiere zeichnen.»

«Hast du Angst davor, Thorssen zu begegnen?»

«Nein, über den bin ich längst hinweg», lügt Marie.

An anderen Angeboten von Männern mangelt es ihr nicht, ihr Körper ist immer noch schlank und biegsam wie ein Zweig, doch mit den Jahren wird er sich ausdehnen und die Form eines Kartoffelsacks annehmen, und das Gedrungene, Bäuerliche, das ein Zug ihrer Familie ist, kommt zum Vorschein. Seit Generationen laufen die Frauen in ihrer Familie in tristen Röcken durchs Leben, die fast unmerklich ausgewechselt werden.

Aase probiert verschiedene Kleider, Marie hat nur eins, und das ist in der Wäsche, sie will es nicht riskieren, Thorssen zu begegnen, denn ihre Gefühle für ihn tosen so heftig, dass andere es auch hören müssen, wenn sie darauf lauschen. Die Wildheit und Eigenheit der Frauen machen den meisten Männern Angst, denkt Marie.

Marie und Aase schließen nie ihre Tür ab. Sie wohnen ganz oben, und es gibt nichts zu stehlen. Doch als Trolden plötzlich bei ihnen im Flur steht, ohne vorher zu klingeln, sind sie trotzdem ein wenig überrascht.

«Wie geht es meinen kleinen Zwillingen, arbeiten sie wie fleißige Ameisen an ihrem Reisebuch?», fragt Trolden.

«Genau, und du?», fragt Marie zurück.

«Schön, dass ihr genug zu tun habt, das Thema ist ausgezeichnet. Naturbeschreibungen sind eine glänzende Unterhaltung für die breite Bevölkerung.»

«Wie meinst du das?»

«Die Leute lassen sich gern mit Erlebnissen aus fremden Regionen unterhalten.»

«Unsere Naturbeobachtungen sind aber keine Unterhaltung, genauso wenig, wie ein Gesetzestext dem Amüsement von Juristen dient.»

«Sei doch nicht so empfindlich, ich versuche ja nur, mich in eure Gedanken hineinzuversetzen.»

«Wenn das so ist, brauchst du es nicht noch mal zu versuchen.»

«Immerhin erkundige ich mich danach, was ihr macht. Umgekehrt merke ich dagegen keinerlei Interesse. Aber eigentlich bin ich vorbeigekommen, um euch zu erzählen, dass unsere Mutter uns am Wochenende zum Mittagessen einlädt, und jetzt wisst ihr es also. Danke gleichfalls!»

Trolden ist wieder zur Tür hinaus, ehe sie sich verabschieden können. Doch Marie lässt sich nicht aus der Fassung bringen. Zum ersten Mal seit dem Bruch mit Thorssen geht es ihr blendend. Sie hat ihre Examensarbeit abgegeben, und ihr Liebeskummer beginnt, sich aufzulösen.

Marie radelt zur Universitätsbibliothek und stellt ihr Rad in einen Ständer neben dem Eingang. Sie steigt die Treppe hinauf, um einen großen Bücherstapel zurückzugeben.

Vor der Schranke steht Bornebusch, der über das Leben im Waldboden schrieb, zusammen mit ihrem Zoologie-Professor.

«Natürlich sind unsere Studentinnen im Prinzip genauso gut wie ihre männlichen Kommilitonen», sagt Bornebusch.

Marie spitzt die Ohren.

«Ich habe nur eine einzige Studentin, und sie ist die erste, die ohne Umwege auf das Examen zusteuert», sagt Maries Professor. «Ich bin wirklich beeindruckt von ihrem Niveau.»

«Das mag ja alles sein», erwidert Bornebusch, «aber unter uns gesagt hat keine einzige Frau, die in unserem Bereich ausgebildet wurde, irgendwelche bahnbrechenden Forschungsleistungen erbracht. Einige haben vielleicht eine Anstellung gefunden, aber die meisten vergeuden ihr Studium, indem sie anschließend Kinder hüten und kochen. Man sollte nur die Frauen ausbilden, die mit Sicherheit etwas zu unserem Gebiet beitragen können, und das bedeutet letztendlich, dass man keine ausbilden sollte.»

«Da mögen Sie durchaus recht haben, aber bisher wurden ja nur eine Handvoll Frauen in den Naturwissenschaften ausgebildet, und das reicht für keine Statistik, man müsste viel mehr Frauen den Abschluss ermöglichen, ehe man ernsthaft eine Aussage über ihre Fähigkeiten treffen kann, und bis wir so weit sind, dauert es wohl noch ein paar Jahre.»

«Gott sei Dank!»

Marie kann sich nicht länger zurückhalten und tritt einen Schritt vor.

Ihr Professor wirkt überrascht. «Haben Sie uns etwa belauscht?»

«Nein, ich bringe meine Bücher zurück», antwortet Marie, «aber Sie sprechen so laut, dass ich nur schwer überhören konnte, worüber Sie sich unterhalten. Vielleicht kann ich etwas zur Diskussion beitragen.» Sie wartet gar nicht erst auf eine Antwort. «Nicht alle Türen öffnen sich, nur weil man Ambitionen hat. Mit meinem künftigen Universitätsabschluss hat man mir bisher lediglich die Möglichkeit geboten, den Alkohol in den Gläsern mit den schleimigen Würmern im Zoologischen Museum auszuwechseln.»

«Wenn Sie jetzt schon eine Stelle bekommen haben, dürfen Sie sich zufrieden schätzen», sagt Bornebusch. «Ein solches Glück wird nicht allen zuteil.»

«Diese Stelle wird meinen Ansprüchen aber keinesfalls gerecht», entgegnet Marie.

«Irgendwo muss man anfangen», sagt ihr Professor. «Unsere Marie Jørgensen interessiert sich übrigens besonders für die ‹unsichtbaren Tiere›», erklärt er Bornebusch.

«Wenn Sie damit meinen, dass ich mich für etwas anderes interessiere als das, was man an der Oberfläche sieht, dann ja», sagt sie.

Der Professor sieht sie verblüfft an, sein Gesicht erinnert an eine zusammengeknäulte Socke.

Die Unterhaltung hört nicht auf, Marie zu quälen. Sie hat die ganze Zeit gedacht, wenn sie nur gut genug wäre, könnte sie eine Forscherkarriere anstreben. War sie wirklich so naiv gewesen zu glauben, dass ihr das Lob der Professoren und Dozenten eine Zukunft weisen würde?

Marie steht in ihrer kleinen Küche und trägt zwei Röcke, Wollstrümpfe, einen Pullover und eine selbst gehäkelte Wolljacke. Es ist eiskalt, aber die Gasflamme unter dem Topf mit den Kartoffeln wärmt den Raum schnell auf. Sie beginnt zu schwitzen und schält sich aus der Wolljacke.

«Wie sollen wir uns behaupten, wenn wir von vornherein zum Scheitern verurteilt sind?»

«Denk doch lieber daran, dass dein Professor deine Fähigkeiten überdurchschnittlich fand, er hat sogar gesagt, er sei beeindruckt», erwidert Aase.

«Es ist erniedrigend, wenn so über einen geredet wird.»

«Jedenfalls ist es eine schlechte Idee, ihnen zu widersprechen, denn du willst bestimmt nicht als schwierig abgestempelt werden, so groß ist die dänische Forschergemeinschaft schließlich nicht.»

«Dann muss ich einfach so gut werden, dass meine Meinung etwas zählt. Und ich habe ihnen ja längst widersprochen, du hättest mal sein Gesicht sehen sollen, als ich indirekt angedeutet habe, seine Forschung sei oberflächlich. Das war vielleicht lustig.»

In den darauffolgenden Monaten braucht Marie all ihren Tatendrang, denn neben der Arbeit mit den Würmern sammelt sie weiter die Tierchen des Erdbodens. Sie möchte ihr eigenes Forschungsprojekt aufbauen, und die Milben sind ein Gebiet, das sie ganz für sich allein hat.

Maries Notizbuch, 1932

Meine Funde im Wald:

Eichenwald.
Flora: Bingelkraut.
Erdboden: Lehm.
*Ich habe Proben in einem schönen Eichenbestand mit
vereinzelten Dornenbüschen genommen. Der Boden ist
mit Bingelkraut, Himbeersträuchern und hohem Gras
bedeckt und im Frühjahr mit einem üppigen Wald-
anemonenflor. Der Boden besteht aus trockenem Lehm
und in der Tiefe aus kohlensaurem Kalk. Pro Quadratmeter existieren hier knapp 3000 Tiere, darunter
500 Springschwänze und 1000 Milben. Das Tierleben
wird auch vom Regenwurm geprägt. 250 Stück pro
Quadratmeter.*

Buchenwald.
Flora: Waldanemonen und Waldmeister.
Erdboden: Lehm.
*Ich habe Proben in einem Wald gesammelt, der aus
neunzigjährigen Buchen, gemischt mit schönen, noch
älteren Lärchen, besteht. Zum südlichen Teil des
Waldes hin fällt der Boden leicht ab, dort wächst eine
üppige Flora aus Anemonen. Unter dem Laubteppich
befindet sich ein acht Zentimeter dicker, spröder Lehm-
boden über einem 60 Zentimeter tiefen, schlammigen
Grund. Darunter liegt eine Schicht sandiger Lehm,
der in einer Tiefe von 110 Zentimetern kalkreich ist.
Im Oberboden wimmelt es von Regenwürmern, 177
pro Quadratmeter. Außerdem fand ich 140 Tausend-*

füßer, 30 *Exemplare der grauen Nacktschnecke* Arion subfuscus, 70 *kleine Schnecken mit Haus,* 232 *Zwei-flüglerlarven, insbesondere Schnaken,* 500 *kleine weiße Würmer,* 70 *lange gelbe Erdläufer, die zu den Hundertfüßern gehören,* 1200 *Springschwänze und* 3200 *Milben.*

Buchenwald.
Flora: Schönes Frauenhaarmoos.
Erde: Podsol.
Ich stehe am Rande eines älteren Buchenbestands, der Sonne und Wind ausgesetzt ist. Ein karger Boden, arm an Muttererde, mit einer dünnen Moränenschicht bedeckt und mit welligen Schmielen und Frauenhaar-moos, Besenmoos und anderen Moosarten. Die Morä-nen sind von dichten Graswurzeln und Moosrhizoiden durchwachsen und die oberen zwei Zentimeter zu Bleichsand verändert. Die oberen 125 Zentimeter des Erdbodens bestehen aus Sand und Lehm. Ich finde 29 Regenwürmer, 2400 Milben und 5000 Spring-schwänze, die kleinsten Tierformen scheinen hier eine viel größere Rolle zu spielen als im guten Mutterboden.

Marie und Helene treffen sich am Bahnhof, sie steigen in den Zug nach Rold Skov, wo Marie einige Bodenproben nimmt. Sie gehen am See entlang. Wasserläufer und andere Insekten schwirren umher.

«Kannst du deine Rechnungen bezahlen?» Helene sieht bekümmert aus.

«Wie die meisten frisch Examinierten halte ich mich mit kürzeren Anstellungen über Wasser. Und meine eigene Forschung muss ich nebenbei betreiben.»

«Was machst du zurzeit?»

«Gerade bin ich bei Dr. Lieberkind angestellt, der an seiner Habilitation arbeitet, deshalb habe ich drei Abende lang Kaulquappen aufgeschnitten, um ihre Haftorgane zu untersuchen. Tagsüber stelle ich für einen anderen Wissenschaftler Präparate aus Pflanzengewebe her und kapsle Kleinsttiere in Gießharz ein, und wenn diese Stelle ausläuft, werde ich für einen Professor Literaturlisten aus zoologischen Werken erstellen und Vorlesungstafeln zeichnen. Und dann wurde mir noch ein kleiner Job angeboten, bei dem ich die verschiedenen Haartypen von Schafen untersuchen soll, um herauszufinden, von welcher Schafsrasse die Wolle stammt, aus der der Rock des Mädchens von Egtved hergestellt wurde. Zusätzlich sortiere ich auch noch Schnecken und Muscheln von Lauge Kochs Expeditionen nach Ostgrönland.»

«Mir bleibt schon vom Zuhören die Luft weg», stellt Helene fest. «Wie schaffst du so viele unterschiedliche Sachen gleichzeitig?»

Marie blickt auf ihre Füße. Ihre Turnschuhe fallen allmählich auseinander.

«Das ist doch fantastisch. Trotzdem wirkst du bedrückt?», fragt Helene.

«Die Zeitungen sind voller Berichte über Expeditionen und Weltenbummler, das dringt in meine Gedanken ein und verwirrt mich», antwortet Marie.

«Aber warum?»

«Weil es das ist, was ich auch will. Ich habe eine panische Angst davor, dass ich im Labor hängen bleibe, während das Leben an mir vorbeizieht.»

Obwohl Marie froh über ihren Job an der Agrarhochschule ist, denkt sie jeden Tag, dass sie nicht das tut, wofür sie auf dieser Welt ist. Sie weiß noch nicht, was ihre eigentliche Bestimmung sein könnte, aber es ist etwas anderes, das spürt sie genau. Dieses unbestimmbare Etwas erfüllt sie immer mehr. Trotzdem geht sie jeden Tag zur Arbeit und tut ihre Pflicht. Irgendwie muss sie sich auch die Zeit vertreiben, während sie darauf wartet, dass sich ihr das Etwas deutlicher offenbart.

«Der Professor möchte mit Ihnen sprechen. Er hat gefragt, ob Sie morgen Zeit hätten», sagt die Sekretärin, als Marie das Büro betritt.

Hat er etwas an meiner Arbeit auszusetzen?, hätte Marie fast gefragt, hält sich jedoch zurück.

«Worum geht es denn?», fragt sie stattdessen.

«Das soll Ihnen der Professor lieber selbst erklären, aber eine schlechte Nachricht ist es jedenfalls nicht.»

Den ganzen Tag schwirren die Fragen in ihrem Gehirn umher wie Fruchtfliegen um ein Stück süßes, vergorenes Obst. Marie kann sich nicht konzentrieren, immer wieder verfällt sie ins Grübeln und muss sich irgendwann zur Arbeit zwingen, um alles zu schaffen. Als die Sekretärin längst gegangen und Marie allein im Büro ist, klingelt das Telefon. Sie weiß nicht, ob sie abnehmen sollte, und zögert. Dann greift sie doch nach dem Hörer.

«Am Apparat von Professor Mathias Thomsen, mit wem spreche ich?»

«Guten Tag, mein Name ist Ole Hammer, ich rufe an, um den Termin für das Vorstellungsgespräch als wissenschaftlicher Mitarbeiter zu bestätigen.»

«Da kann ich Ihnen leider nicht weiterhelfen, ich bin nicht die Sekretärin.»

«Ich rufe wohl auch ein bisschen spät an. Darf ich fragen, mit wem ich spreche?»

«Marie Jørgensen. Ich arbeite hier.»

In der Leitung wird es still.

«Dann haben wir zusammen studiert.»

«Ja?», fragt sie. «Wie heißen Sie noch, Hammer? Der Name kommt mir bekannt vor, aber ich habe gerade kein Gesicht vor Augen.»

Er lacht. «So ist das, wenn man zu den Mauerblümchen gehört. Ich war ein paar Jahrgänge unter Ihnen. Sollten wir eines Tages zusammenarbeiten, werde ich mich bemühen, einen nachhaltigeren Eindruck zu hinterlassen.»

Nachdem sie das Telefonat beendet hat, ist ihr Handrücken gefleckt und die Handfläche feucht. Soll sie etwa durch diesen Ole Hammer ersetzt werden? Nein, die Sekretärin hatte gesagt, es seien keine schlechten Nachrichten.

Als sie am nächsten Tag vor dem Büro des Professors steht, ist ihr übel.

«Sie werden doch wohl nicht krank werden?»

«Nein, das glaube ich nicht.»

«Schön, denn ich habe eine gute Nachricht.»

Marie versucht sich an einem Lächeln, doch es gerät zu einer seltsamen Grimasse.

«Uns wurde gerade eine umfassende Studie über die Bekämpfung der Stubenfliege bewilligt», sagt Mathias Thomsen. «Deshalb kann ich Ihnen einen dreijährigen

Vertrag anbieten. Den Vorschriften gemäß darf ich Ihnen die Stelle nicht einfach geben, deshalb habe ich einen weiteren qualifizierten Bewerber eingeladen, aber da Sie schon eine Zeit lang hier gearbeitet haben, wären Sie natürlich meine erste Priorität.»

«Das ist wirklich nett von Ihnen.»

«Sie sind die beste und gründlichste wissenschaftliche Mitarbeiterin, die ich in den letzten Jahren hatte.»

«Ich bin Ihnen zutiefst dankbar, aber leider muss ich das Angebot ausschlagen.»

Die Worte kommen plötzlich aus ihr heraus, sie weiß selbst nicht genau, was sie da sagt.

«Was meinen Sie? Haben Sie eine andere Stelle gefunden?»

«Nein.»

«Sind Sie schwanger?»

«Nein, ich fahre nach Grönland!»

«Hat man Ihnen angeboten, mit auf Knud Rasmussens Expedition zu gehen?», fragt er verblüfft.

Der Professor sieht aus, als hätte man ihn geohrfeigt. Sein Kopf ist ein wenig zur Seite geneigt, die eine Wange feuerrot. Er räuspert sich, richtet sich dann schnell wieder auf seinem Stuhl auf und faltet die Hände, die auf dem Schreibtisch liegen.

«Nein, nicht richtig.»

«Aber wie um alles in der Welt wollen Sie dann dort hinkommen?»

«Das weiß ich nicht», sagt sie. «Noch nicht.»

«Tja, dann hoffe ich für Sie, dass die alte Redewendung in Ihrem Fall zutrifft und der Glaube wirklich Bäume versetzen kann.»

Zwei Tage später muss Marie ganz am Institut aufhören. Die Stelle, die sie ausgeschlagen hat, wird mit dem jungen Ole Hammer besetzt. Es sei im Interesse aller, dass sie schnell weiterkomme, sagt der Professor.

«Ich stelle nur Mitarbeiter ein, die mit Herzblut bei der Sache sind, aber unsere Tür steht Ihnen offen, wenn Sie Mikroskope oder andere Geräte brauchen, um Ihre Studien der Erdtierchen fortzusetzen, die Sie so verlockend finden.» Seine Großzügigkeit wirkt aufrichtig, und Marie bedankt sich mehrmals. Dann steht sie auf, geht zu ihrem Platz und packt ihre Sachen, die in eine Tasche passen. Als sie durch die Eingangstür hinaustritt, kommt Ole Hammer herein. Sie hat ihn doch schon einmal gesehen, seine Augen sind klein und lebendig und außergewöhnlich wach, er ist anziehend, aber auf eine etwas unaufdringlichere Weise als Thorssen. Irgendetwas an seinen Bewegungen spricht sie an. Marie nickt ihm zu. Er geht zu ihr und nimmt ihre Hand. Für einige Sekunden stehen sie ganz nah beieinander, fast spürt Marie seinen Atem. Er hat eine jungenhafte Ausstrahlung. Obwohl er um einiges jünger sein muss als sie, hat er eine direkte Art. Er lächelt mit Mund und Augen und tritt ein wenig zurück.

«Darf ich Ihnen eine private Frage stellen?», sagt er.

«Ja, natürlich.»

«Wie ist es, an der Agrarhochschule zu arbeiten?»

«Der Professor ist wirklich gut», antwortet Marie. «Sie können sich darauf freuen, es ist ein angenehmer Arbeitsplatz.»

«Er war wohl erst einunddreißig, als er Professor wurde», sagt Ole und lächelt.

«Das wusste ich nicht», antwortete sie. «Sie haben ein sehr anziehendes Lächeln.»

Das Kompliment rutscht ihr einfach heraus. Sein Lächeln berührt etwas in ihr.

«Ich muss gestehen, dass ich seit Jahren von Ihnen träume», sagt er.

«Aber so alt sind Sie doch noch gar nicht», erwidert sie.

«Ich bin einundzwanzig, werde aber bald zweiundzwanzig. Ich bin früh in die Schule gekommen. Wie alt sind Sie? Fünfundzwanzig?»

«Ja, ganz genau.»

«Heute Abend findet an der Universität ein Fest für die ehemaligen Studenten statt, vielleicht haben Sie Lust mitzukommen?»

«Vielleicht.»

«Dann bis später.»

«Mal sehen.»

Maries Notizbuch, 1932

Grönland!

Dieser junge Kerl, Ole Hammer, ist ein Fluss, in den ich geradewegs hineinspringen könnte, aber ich werde mich nie wieder verlieben.

Ich richte meine Sehnsucht auf Grönland.

Ole hat mir ein kleines Stück Kryolith geschickt. Ich weiß nicht genau, wo er es herhat, aber er schreibt, es sei nicht gestohlen. Darauf vertraue ich. Er wirkt nicht wie ein Lügner. Das Kryolith-Stückchen stammt aus dem Arsukfjord in Grönland. Es ist eine weiße, halb durchsichtige, schwere Gesteinsart. Kryos *bedeutet Eis oder Kälte,* Lithos *Stein. Der merkwürdige weiße Mineralstein wurde 1795 zum ersten Mal nach Kopenhagen gebracht. Julius Thomsen fand heraus, dass dieses Mineral in Tonerde und Soda umgewandelt werden kann.*

Ich trage Kryolith in meiner Tasche.

Die Töne schwingen und wogen im Raum. Kondenswasser bildet sich an der Decke und läuft die Wände herab, die Fenster beschlagen, die Körper bewegen sich zur Musik. Ole wirbelt Marie auf der Tanzfläche herum, sie geraten ständig aus dem Takt und lachen lauthals. Die Musik wird langsamer, und sie setzen sich auf eine Bank, um zu verschnaufen.

«Wollen wir uns nicht duzen?», fragt sie.

«Doch. Unbedingt. Für eine alte Frau hast du übrigens eine unglaubliche Kondition», erwidert er atemlos.

«Das werte ich als Kompliment, kleiner Knirps.»

«Dass ich jünger bin als du, heißt noch lange nicht, dass ich klein bin. Du musst ja auf Zehenspitzen gehen, um überhaupt bis zu meinem Hals zu kommen.» Er streckt den Rücken.

Sie lacht.

«Ich komme gleich wieder. Bleib, wo du bist.»

Kaum ist Ole nach draußen verschwunden, steht Milthers vor ihr.

«Marie», sagt er und macht einen ulkigen feierlichen Diener vor ihr.

«Es ist mir eine Ehre», antwortet sie und steht auf.

Sie verneigt sich ebenso tief, und sie lachen beide, dann umfasst er ihre Hüfte.

«Was hast du jetzt vor, Marie?», ruft er in einem Versuch, die schallende Musik zu übertönen. «Hast du einen Job?»

Als er sie herumwirbelt, spürt sie das Bier in sich rauschen, die kleinen Schaumblasen platzen und kribbeln in ihren Wangen.

«Nein, aber ich will mit Knud Rasmussen nach Grönland, so wie du. Ich denke an nichts anderes.»

Marie versucht, ihre Beine zu lenken, sie winden sich wie Aale, sie gibt es auf und lässt sie zappeln. Unbändige Fische.

«Ich dachte, du würdest die ganze Zeit an mich denken.»

«Nein, tue ich nicht, darauf kannst du Gift nehmen.»

«Damit du an meiner Stelle nach Grönland fahren darfst?»

«Sehr witzig», antwortet sie. «Ich meine es ernst. Wie hast du einen Platz bei der Siebten Thule-Expedition bekommen?»

«Ich kartografiere doch Gletscher nach Luftfotografien, Knud Rasmussen verfolgt meine Arbeit. Er brauchte noch einen Expeditionsfotografen, und da bin ich eingesprungen.»

«Wer nimmt sonst alles teil?»

«Die üblichen Geologen, Meteorologen, Pflanzen- und Tierliebhaber, und außerdem ist es Knud Rasmussen auch wichtig, der Kunst einen Platz zu geben, der Zeichner Ernst Hansen kommt auch mit.»

«Ich will einfach nur dabei sein.»

«Auf seinen Expeditionen waren noch nie weibliche Forscherinnen. Das setzt ja auch eine gute Physis voraus. Allein die Segeltour dorthin ist eine Strapaze. Mehrere Tage auf dem offenen Meer, haushohe Wellen, mit vierzig anderen Idioten eingesperrt zu sein, ohne auch nur einen Hauch von Land zu sehen. Warum fährst du nicht einfach wieder nach Island, das ist genauso schön, aber leichter zugänglich.»

«Weil ich schon dort war, außerdem bin ich in glänzender Form. Im Gegensatz zu den meisten anderen Wissenschaftlern bin ich schwere körperliche Arbeit gewohnt, ich habe schon als Kind auf dem Feld gearbeitet.»

«Dann schreib Knud Rasmussen doch und erzähl ihm von deinem Projekt. Er hat einen Riecher für Talente.»

«Einfach so? Sehr geehrter weltweit führender Expeditionsleiter. Darf ich mit Ihnen nach Grönland fahren?»

«Er ist sehr unkonventionell und kein bisschen eingebildet. Überzeuge ihn, ich bin mir sicher, dass du das kannst. Was hast du schon zu verlieren – außer deinem Gesicht?»

Mein Traum, denkt Marie. Wenn ich ihn verliere, was bleibt mir dann? Als Ole zurückkehrt, sitzt sie allein da und starrt mit leerem Blick in die Luft.

«Woran denkst du?», fragt Ole.

«An alles Mögliche.»

Er ist sehr anziehend, aber eindeutig viel zu jung für sie.

«Also dann, ich muss jetzt gehen», sagt sie.

«Soll ich dich nach Hause bringen?»

«Nein danke, ich kenne den Weg.»

Marie besucht Helene etwas außerhalb der Stadt.

«Ich bin so froh, dass du hier bist.» Helenes Stimme ist hell.

«Ich denke jeden Tag an dich», sagt Marie. «Ich vermisse dich. Wie läuft dein Lehramtsstudium?»

«Gut, aber anstrengend. Ich denke auch viel an dich und deine merkwürdigen kleinen Insekten. Es ist so schön. Ich habe das Gefühl, wir würden jedes Mal das unendlich lange Gespräch wieder aufnehmen, was wir angefangen haben, als wir uns kennenlernten, wir verschwenden nie Zeit damit, uns erst aufzuwärmen. Erzähl mir, was ich verpasst habe.»

«Ich habe jemanden kennengelernt. Er heißt Ole, aber er ist viel zu jung.»

«Er wird doch älter.»

«Ja, das stimmt wohl. Aber momentan sind andere Dinge wichtiger. Gestern habe ich auf einem Fest mit meinem alten Studienfreund Milthers gesprochen, der mit auf Knud Rasmussens siebte Thule-Expedition fährt. Ich wollte schon immer nach Grönland, und mir ist herausgerutscht, dass ich gern mitkommen würde. Er hat mir vorgeschlagen, Knud Rasmussen einfach zu kontaktieren und ihn zu überzeugen. Es wäre mein größter Traum, aber ich bin seltsam gelähmt.»

«Was ist das Schlimmste, was passieren kann?»

«Dass er Nein sagt.»

«Du hast mir mal erzählt, wie du als Kind zusammen mit Aase im Gras am Moor gelegen und das Tuten des Zuges gehört hast. Du hast dich so sehr nach dem Tag gesehnt, an dem du frei bist. Als ich dich gefragt habe, was du mit deiner Freiheit anfangen wolltest, hast du gesagt: in die Welt hinausreisen.»

«Das habe ich dir erzählt?»

«Der Zug kommt jetzt. Das Einzige, was du tun musst, um noch aufzuspringen, ist, den Arm zu heben.»

«Also muss ich es versuchen?»

«Ja.»

«Danke.»

«Gern geschehen.»

«Was würde ich nur ohne dich tun?»

«Weiterleben. Du bist der aufrichtigste und stärkste Mensch, den ich kenne, du weißt, dass ich das denke.»

Dann verstummt Helene.

«Ich muss dir etwas erzählen», sagt sie nach einer Pause.

«Ja?», fragt Marie.

«Ich bin krank.»

«Was fehlt dir denn?»

«Ich kann wieder gesund werden.»

«Kann? Was bedeutet das, was hast du?»

«Darüber sollst du dir keine Sorgen machen. Konzentrier dich darauf, Knud Rasmussen zu schreiben, und denk daran, dass du als Erstes mir Bescheid sagen musst, wenn er dir antwortet.»

«Ich mache mir aber Sorgen. Du bist meine einzige Freundin.»

«Ich möchte nicht darüber sprechen. Entschuldige, ich weiß, dass es feige ist, aber es macht mir so schlechte Laune.»

«Aber ...»

«Marie ...»

Helenes Worte flattern in Maries Körper umher wie unruhige Fledermäuse. Sie kann sie einfach nicht auf sich beruhen lassen, sie steht auf und schreibt der Freundin einen Brief. Zwei Wochen später kommt eine Antwort von Helenes Mutter.

Es tue ihr sehr leid: Helene würde gerne antworten, brauche jedoch Ruhe. Sie freue sich aber über Maries Fürsorge.

Wie krank ist sie denn nur?, würde Marie gern fragen, wenn sie könnte. Helene ist der einzige Mensch, der immer zu Marie steht, was auch passiert. Sie darf nicht krank sein, ohne sie ist Marie verloren. Wie ein Mensch, der seinen Schatten verloren hat, läuft sie in ihrem kleinen Zimmer im Kreis. Dann setzt sie sich hin, und ohne weiter darüber nachzudenken, verfasst sie einen Brief an Knud Rasmussen. Sie schreibt mit ihrem besten Stift auf einem Blatt naturweißen Papiers. Sie erklärt, dass sie sich schon seit mehreren Jahren auf eine Begegnung mit den Menschen und der Natur Grönlands vorbereitet. *Ich bin fünfundzwanzig, aber widerstandsfähig und praktisch veranlagt. Ich bin auf einem Bauernhof groß geworden, den meine Mutter allein bewirtschaftet hat, und habe schon von Kindesbeinen an auf dem Feld gearbeitet. Ich habe bereits meine erste Forschungsreise nach Island zum Sammeln von Bodenproben unternommen. Mein Fachgebiet ist die Fauna des Erdbodens, ein unbekanntes, unsichtbares Land, das bisher wenig beleuchtet wurde, das sich aber in den nächsten Jahren entfalten wird. Ich sammle vor allem Springschwänze und Moosmilben und möchte meine künftigen Funde mit jenen vergleichen, die ich in Island und Dänemark gemacht habe. Bisher hat noch niemand Moosmilben auf Grönland gesammelt. Die Milben dieser Welt leben seit Millionen*

Jahren unbeachtet, weil bislang immer die sichtbaren Tiere im Fokus standen, aber es ist an der Zeit, dass wir auch die unsichtbaren in den Blick nehmen. Das Mikroskop wurde ja schon erfunden. Als sie fertig ist, legt sie den Brief in einen weißen Umschlag.

Bereits zehn Tage, nachdem Marie die Rückseite der Briefmarke mit der Zunge angefeuchtet und den Brief eingeworfen hat, erhält sie eine Antwort.

> ... zusammenfassend ist meine Einschätzung, dass die Reise nach Kangerlussuaq bei schlechtem Wetter sehr anstrengend sein kann und der Platz auf dem Schiff so beengt, dass es immer beschwerlicher sein wird, ein Frl. anstelle eines Hr. zu sein. Ich möchte mich aber nicht grundsätzlich gegen Ihre Teilnahme aussprechen, sofern Richard Bøgvad, der Chefgeologe der Kryolithgesellschaft Øresund, die dortigen Verhältnisse nach seiner Lufterkundung für so vertretbar hält, dass er die Verantwortung für Ihre Teilnahme übernehmen würde ...

Marie jubelt, das ist keine Absage. Plötzlich ist sie so schwindelerregend nah daran, ihren Traum zu verwirklichen, dass sie fast das Schiff unter sich spüren kann.

Marie läuft zu Aase, die auf dem Bett liegt und liest.

«Das ist keine Absage, oder?»

«Die Wahrscheinlichkeit, dass du mitfahren darfst, ist aber immer noch nicht groß», antwortet Aase und sieht skeptisch zu Marie hinüber, die fast auf Zehenspitzen tänzelt und deren Augen funkeln wie Diamanten.

«Jetzt komm mal wieder auf den Boden der Tatsachen

zurück», sagt Aase. «Sonst verpasse ich dir einen Dämpfer.»

Marie wirft ihr einen hitzigen Blick zu. «Halte deine böse Zunge im Zaum», sagt sie. «Freu dich doch mal für mich.»

«Ich würde mich ja freuen, Marie, wenn es wirklich Anlass zur Freude gäbe. Und jetzt raus aus meinem Zimmer.»

Tags darauf erhält Marie ein Telegramm, sie wird zu einem Treffen in Knud Rasmussens Büro bestellt. Drei Tage später erscheint sie in ihrem feinsten Rock und einer Hemdbluse. Sie spürt die Anspannung im ganzen Körper, ihr ist nicht übel, aber ihre Beine sind wie Pudding, und ihre Gedanken kreisen wie Fliegen um eine Stuckrosette.

«Sind wir uns nicht schon mal begegnet?», fragt Knud Rasmussen.

«Ich glaube nicht», antwortet sie.

Er erhebt sich, und sie stehen sich einen kurzen Moment gegenüber. Innerhalb weniger Sekunden wechseln sie eine Reihe von Informationen aus, ohne ein Wort zu sagen, und schon da trifft Knud Rasmussen seinen Entschluss.

Er lächelt, sie lässt die Schultern sinken, sodass ihr Hals länger aussieht als vorher.

«Jetzt weiß ich, wo ich Sie gesehen habe», sagt er.

«Ja?», fragt sie.

«Sie standen im Sommer mit Ihrem Fahrrad vor meinem Haus.»

Zwei Feuerwerksraketen schießen in Marie empor, und als sie ihre Wangen erreichen, explodieren sie und entfalten sich als festliche, puterrote Rosetten. Dann gewinnt sie die Fassung wieder. Mit ruhiger Stimme antwortet sie: «Wie konnte ich das vergessen! Stimmt, ich habe eine Radtour nach Hundested gemacht. Ich beobachte so gern die Seehunde, wie sie an der Meeresoberfläche auf- und abtauchen.»

«Haben Sie sie gesehen?»

«Ja.»

«Das ist seltsam. Mir ist es noch nie gelungen, auch nur

einen einzigen Seehund in Dänemark zu sehen, obwohl ich direkt am Meer lebe, aber in der grönländischen See sehe ich sie immer sofort.»

Er macht eine Pause.

«Ich habe beschlossen, Ihnen einen Platz anzubieten. Ihr Forschungsgebiet ist auf jeden Fall interessant.»

«Hat Bøgvad Ihnen bereits geantwortet?»

«Ich treffe meine eigenen Entscheidungen.»

Marie kann es nicht fassen. Der Rest ihres Lebens steht fest: Es wird ein Abenteuer! Sie ist ein Planet, der sich endlich auf seiner Bahn bewegen wird.

«Ich weiß gar nicht, wie ich Ihnen danken soll.»

«Fräulein Jørgensen, von jetzt an duzen wir uns. Auf einer Expedition sind wir alle gleichgestellt, die Formalitäten lassen sich sowieso nicht aufrechterhalten», sagt er und fährt fort: «Ich kann dir genau wie den anderen Expeditionsteilnehmern Kost und Logis anbieten, aber du darfst keine Sonderbehandlung und auch keinen Lohn erwarten. Du musst dich darauf einstellen, zwischen deinen männlichen Kollegen auf dem Schiff zu schlafen, und du bist selbst für deine Ausrüstung verantwortlich. Die Mittel, die ich besitze, sind schon verteilt. Aber ich werde dort oben einen Film drehen, und wenn er ein Erfolg wird, kann ich dir später vielleicht eine angemessene Vergütung anbieten.»

«Natürlich. Ein Film, wovon wird er handeln?»

«Eine junge grönländische Frau führt den Haushalt für ihre drei Brüder, doch eines Tages richtet sie ihre Aufmerksamkeit auf zwei andere Männer. Ihr Brüder geraten außer sich, sie fürchten, sie könnte sie verlassen», erklärt Knud Rasmussen. «Der Film soll den Kampf der

Grönländer ums Überleben zeigen und ihr Leben vor der Kolonialisierung durch den weißen Mann.»

«Ich kenne mich mit diesem Metier überhaupt nicht aus, aber das klingt interessant.»

«Ich bin überzeugt, dass man mit bewegten Bildern eine breitere Öffentlichkeit erreicht als mit Büchern. Filme mit einer erfundenen Handlung haben einen tieferen Einfluss auf das Denken der Menschen.»

«Kommen die Schauspieler mit dorthin?»

«Ich werde dieselbe Methode anwenden wie Robert J. Flaherty in *Nanook of the North*, der mit großem Erfolg die Einheimischen selbst spielen ließ. Aber wenn du so neugierig veranlagt bist, kann ich dir auch das Drehbuch schicken.»

«Danke», sagt Marie. «Das würde ich mir wirklich gern ansehen.»

Als sie bereits halb aus der Tür ist, dreht sie sich um.

«Ich hoffe wirklich, Sie werden mit mir zufrieden sein.»

«Wir sind per Du.»

«Ich hoffe wirklich, du wirst mit mir zufrieden sein.»

«Ich weiß, dass ich es sein werde.» Er sieht ihr direkt in die Augen, seine Seele berührt die ihre. Er meint es ernst. Dieser Mann. Ihr Held, der leibhaftig vor ihr steht, glaubt an ihre Fähigkeiten.

Ich weiß, dass ich es sein werde!

Hunderte von weißen Sternen wurden am Himmel verstreut. Ich weiß, dass ich es sein werde! Die Worte schrauben sich tief in sie hinein. Sie kann es nicht anders erklären.

Marie schiebt ihr Fahrrad den ganzen Weg bis nach Hause.

«Ich weiß, dass ich es sein werde.»

Die Stimme begleitet sie. Die Wörter springen und funkeln, fallen zu Boden und liegen dort wie winzige Rubine, die sie einsammelt und in ihre Rocktasche steckt, glitzernde rote Kostbarkeiten, die sie mit in die Zukunft trägt, und jetzt geht sie hier am Rinnstein der Stadt entlang, ein Mann spuckt ihr auf die Schuhe, die gelben Augen der Katzen blitzen in der Dunkelheit, die streunenden Hunde laufen umher, aber sie fühlt sich geborgen, leicht und glücklich. Am liebsten würde sie laut rufen: «Ich weiß, dass ich es sein werde!»

Marie erhält weder Ausrüstung noch Honorar, aber sie bekommt Kost und Logis gestellt, und den Rest kann sie sich leihen. Deshalb ist es ihr völlig gleichgültig, dass die anderen Teilnehmer ihre pelzgefütterten Stiefel, Jacken, Kameras und Geräte bezahlt bekommen. Sie kann es kaum erwarten, Helene die Neuigkeit zu verkünden.

Knud Rasmussens Sekretärin hat Marie sein Drehbuch zur Ansicht geschickt.

Aase ist hässlich vor Neid, aber Marie kann sich nicht zurückhalten. «Es macht solchen Spaß, das zu lesen», sagt sie.

«Aha.»

«Der Film beginnt so:

In der Siedlung Naja lebt eine Handvoll glücklicher Grönländer auf einer üppigen Grasfläche zwischen grünem Weiden- und Birkengestrüpp. Sie haben ihre bunten Sommerzelte aus Seehundfell aufgeschlagen. Die vielen Frauen und Kinder laufen zwischen den Feuerstellen umher, Fische trocknen an der Luft, Seehunde werden ausgenommen. Die Schlittenhunde versammeln sich um die Frauen, die sich lebhaft unterhalten und ihnen hin und wieder einen Brocken Fleisch zuwerfen. Weiter draußen auf der Ebene spielen die Kinder traditionelle Spiele. Am frühen Morgen fahren die Männer in ihren Kajaks hinaus, liegen im Packeis zwischen riesigen kristallen glitzernden Eisschollen und warten auf den Zug der Seehunde.»

«Das klingt ziemlich dämlich, wenn du mich fragst», sagt Aase und gähnt.

«Dich fragt aber niemand.»

«Wie gemein du bist.»

«Und was ist mit dir?»

Kurz vor der Abreise bekommt Marie einen größeren Umschlag mit Knud Rasmussens Signatur zugesandt. Er enthält einen Plan für die gesamte Expedition. Sie wird in zwei Etappen aufgeteilt werden, denn Knud Rasmussen ist gezwungen, nach Haag zu fahren, um bei der Klage Dänemarks gegen Norwegen auszusagen, welches die Auffassung vertritt, Grönland gehöre niemandem und könne deshalb im Prinzip allen gehören – auch den Norwegern, schreibt Knud. Der zweite Teil der Expedition wird aus zwei Schiffen mit einundvierzig Dänen und fünfzehn Grönländern bestehen, insgesamt sechsundsechzig Mann. Das Mutterschiff ist mit einem Flugzeug, drei großen Motorbooten und drei Motorjollen bestückt. Wegen des enormen Umfangs findet der Transport nach Grönland auf unterschiedliche Weise statt, erst an der Ostküste des Landes treffen sämtliche Expeditionsteilnehmer aufeinander. Die *Nordstjernen* ist das Mutter- und Expeditionsschiff. Das andere Schiff, der Kutter *Kivioq*, legt allein ab und fährt von Kopenhagen direkt nach Umivik, von dort weiter nach Ammassalik und schließlich nach Kangerlussuaq. Die Aufgaben sind dieselben wie im ersten Teil der Expedition, es werden geologische Untersuchungen und Untersuchungen zur Fischerei vorgenommen. Gletscher und Landflächen werden mithilfe von Milthers' Luftaufnahmen kartografiert. Die Kultur, die religiösen Vorstellungen und die Folklore der Einheimischen werden gesammelt und registriert.

Ole hat ihr geschrieben, aber sie hat ihm nicht geantwortet.

«Marie, wach auf.»

Aases Stimme kribbelt in ihren Ohren wie Ameisen.

«Geh weg, ich schlafe», murmelt Marie.

«Nein, tust du nicht.»

«Doch, tu ich.»

«Setz dich auf», drängt Aase.

Marie öffnet die Augen einen Spalt weit und blickt direkt in ihre eigenen Augen. Aases Gesicht hängt über ihr, ihr stinkender Nachtatem weht Marie in die Nase. Derart nah wirkt Aases Mund viel zu groß, als würde die Öffnung gar nicht in ihr Gesicht passen.

«Verzieh dich! Du erdrückst mich noch», ruft Marie.

«Marie, es ist wichtig.»

Aase sieht vollkommen wahnsinnig aus, sie packt Maries Gesicht mit beiden Händen, hält es fest und bohrt ihren Blick in sie hinein.

«Heute Nacht», sagt sie und holt tief Luft. «Heute Nacht ist Helene von uns gegangen.»

«Was sagst du da, von uns gegangen? Wohin?» Maries Hinterkopf wird von einem schrillen Ton erfüllt.

«Sie ist tot, Marie», antwortet Aase. «Helene ist tot.»

Faustgroße Wörter werden aus Aases Mund gepresst und treffen Marie mitten ins Gesicht. Sie hält schützend die Hände vor sich, fasst sich an die Nase. Sie fühlt sich gebrochen an, können Wörter so brutal sein? Nein, sie träumt, und bald wird sie aufwachen. Jetzt. Marie presst ihre Hände gegen die Augen, doch nichts passiert. Aase ist nach wie vor da. Sie beißt sich auf die Zunge, sie möchte nicht weinen, doch als der Blutgeschmack ihre Geschmacksknospen erreicht, haben die Tränen bereits kleine Pfützen gebildet.

«Du musst dich verhört haben.»

«Ich habe es nicht gehört, wir haben ein Telegramm bekommen. Helene ist tot», wiederholt Aase langsam.

«Aber ich reise morgen ab. Ich kann nicht abreisen, wenn Helene beerdigt wird.»

«Sie hätte sich gewünscht, dass du fährst, das weißt du.»

«Ich muss mich verabschieden.»

«Du kannst Knud Rasmussen bestimmt dazu bewegen, die Expedition zu verschieben», sagt Aase sarkastisch.

Marie bricht zusammen, genau dort, vor Aase, die ihre Arme ausstreckt und sie auffängt.

1932–1933

Grönland

1932

Das Schiff läuft aus dem Hafen aus und nimmt Kurs auf Island. Es herrscht fast Flaute, aber die Sicht ist so schlecht, als würden sie durch eine riesige Wolkenmasse fahren. Marie liegt in ihrer Koje, obwohl es mitten am Tag ist. Heute wird Helene begraben, und Marie ist auf dem Meer gefangen, ohne Abschied nehmen zu können. Die Trauer ist eine klebrige, undurchdringbare schwarze Masse. Sie liegt in ihrer Koje, schließt die Augen und stellt sich Helenes Beerdigung vor. Sie weiß, dass sie jetzt stattfindet, nicht weit vom Meer. Ein plötzlicher kalter Wind fährt über das Schiff, dringt durch die Ritzen und unter die Decke zu ihrem Körper, der schmerzt wie nach tagelanger Feldarbeit. Der Schlaf sickert in sie hinein wie Rauch, und jetzt steht sie plötzlich neben Helenes Mutter, deren Schluchzen allen Anwesenden die Tränen in die Augen treibt. Die Mutter hat sich die Augen schwarz umrahmt, und Marie sieht in einen finsteren Tunnel ohne Licht am Ende. Wenn sie weiter in die Dunkelheit hineingeht, wird sie irgendwann sich selbst begegnen.

Helenes Haar ist zu einem mit Blumen verzierten Kranz geflochten.

Ein Blumenkranz wird auf den Sarg gelegt.

Das Gesicht von Helenes Vater ist eine unbewegliche Maske. Gemeinsam mit seinen Brüdern senkt er den Sarg in das tiefe Loch hinab, dorthin, wo nichts wächst. Als der Vater sich vorbeugt, um eine Handvoll Erde zu nehmen, verliert er die Maske. Er lässt die Erde auf den Sarg fallen und stößt einen langen Klagelaut aus, der allen Trauergästen in den Magen fährt. Dann dreht er sich plötzlich um, läuft den Weg hinab und verschwindet in einer tannengrünen Dunkelheit. Helenes Mutter richtet sich auf. Sie steht, als würde ihr Körper von einem unter der Kleidung verborgenen Stock aufrecht gehalten. Sie dreht sich zum Pfarrer um, der vorsichtig ihre Hand ergreift. Nach einigen Minuten versucht er, seine Hand zurückzuziehen, doch die Mutter hält sie fest. Der Pfarrer und die Mutter stehen Hand in Hand vor dem Grab. Plötzlich kommt ein Sturm auf. Der Leichenschmaus wird abgesagt, die Trauergäste fliehen wie Blätter vor dem Wind vom Friedhof. Marie geht zum Meer, um zu sehen, wie die Wellen an den Strand tosen. Es gibt keine Gerechtigkeit. Es gibt keinen Gott. Sie legt sich in den kalten Sand, das Meer schäumt gegen ihr Trommelfell. Die Wellen werfen sich auf ihre Füße und Beine. Das kalte Wasser zieht in die Strümpfe und das Kleid, den Bauch hinauf.

«Dann komm doch und nimm mich mit», ruft sie in den Himmel. «Bring mich um!»

Aber Wasser und Wetter können Marie nichts anhaben, und schon gar nicht die Kälte, die ihren Körper schüttelt wie ein Hund einen Fleischknochen. Sie schließt die Augen, aber das Einzige, was sie sieht, ist Gott. Nicht als Gestalt, sondern als kreisförmiges Licht, das so kräftig strahlt, dass ihr Herz anschwillt. Liebe strömt herein. Sie, die sonst nie eine Träne vergießt, weint.

Maries Notizbuch, 1932

Helenes Haut löst sich, ändert die Farbe, grünlich,
irgendeine Algenart?

Die Leiche bläht sich auf wie ein Ballon, übel riechende
Gase entstehen.

Angeblich können Fliegen verwestes Fleisch finden,
selbst wenn es mehrere Meter unter der Erdoberfläche
vergraben wurde.

Bakterien, Fliegen und Larven fressen vom Körper, das
Wasser verdampft, nach drei Wochen verschwinden
die Eingeweide und Muskeln, und drei bis vier Monate
darauf bleibt nur noch das Skelett übrig, und Helene
ist Knochen und Gebeine.

In kalkhaltiger Erde überdauern die Knochen bis zu
mehreren Tausend Jahren.

Nichts kann Trauer lindern.

Der Stuhl, auf dem Helene saß, ist weg, zertrümmert,
und niemand kann ihren Platz einnehmen.

Der weiße Schaum des Meeres, die Wolken chassieren
in meinem Inneren.

Marie folgt dem Weg den Hang hinab zum Hafen in Reykjavík, um an Bord der *Nordstjernen* zu gehen. Das Sommerwetter ist bescheiden, auf dem Schiff drängen sich die Menschen, überall herrscht Stimmengewirr. Das Deck glänzt wie angebranntes Karamell, und inmitten von alledem steht Knud Rasmussen in einem weißen Anorak. Er nickt ihr zu, als er sie sieht.

«Marie!»

Milthers' Stimme erreicht sie durch den Lärm, sie dreht sich um.

«Bleib stehen, ich mache ein Foto von dir.»

Marie lehnt mit dem Ellbogen auf der Reling. Ihr Gesicht strahlt wie ein Stern, der nicht erlöschen will. Sie lächelt in die Kamera, aber in der Sekunde, als Milthers auf den Auslöser drückt, wendet sie den Blick ab. Ihr blondes Haar ist kurz geschnitten und reicht nur knapp bis über die Ohrläppchen, aber ihr Stirnhaar ist immer noch lang genug, dass sie einen Seitenscheitel ziehen und die breite Seite in einem feinen Bogen über die Stirn fallen lassen und mit einer kleinen Spange hinter dem Ohr befestigen kann.

«Hast du Ernst Hansen, den Zeichner, schon kennengelernt?», fragt Milthers und winkt Ernst herbei.

«Ernst, das ist meine Kollegin Jørgensen, sie interessiert sich für die unsichtbaren Tiere.»

«Die Fauna und Flora des Erdreichs sind gar nicht unsichtbar, aber so klein, dass man sie nur unter dem Mikroskop studieren kann», sagt Marie.

«Wie war deine Anreise, Ernst? Unsere war ein einziger Übelkeit erregender Wellengang, die Horizonte haben uns gerettet, die waren wirklich ein toller Anblick, blau und grau mit Wolken, die sich als Schafe verkleidet haben, und das Meer, das sich unter uns hob und senkte, breitete sich in alle Richtungen. Dieser unendliche Horizont! Ich kann gar nicht genug vom großen Ozean bekommen. Selbst bei grauem und blassem Himmel ist es fabelhaft, in alle Horizonte gleichzeitig zu blicken.»

Während Milthers redet, gehen Maries Augen auf Entdeckungsreise. Ernst Hansens Gesicht ist rund, seine Nase gleicht einer Kartoffel, mit seinem gedrungenen Körper könnte er Boxer sein. Er hat eine harmonische Ausstrahlung, ruhig, fast unerschütterlich, sie fühlt sich wohl in seiner Nähe.

«Ist das nicht Marinekapitän A. H. Vedel?», fragt Marie.

«Kennst du ihn?», fragt Milthers.

«Nein, nicht persönlich, aber ich habe von ihm gehört.»

«Komm», sagt Ernst zu Milthers, «lass uns in die Messe gehen, Knud lädt auf ein Getränk ein.»

«Willst du nicht mitkommen, Marie?», fragt Milthers.

«Doch, aber ich will das alles hier noch ein bisschen auf mich wirken lassen. Ich komme gleich nach.»

Milthers und Ernst verschwinden unter Deck. Marie würde sich am liebsten in die Hand beißen, um sich zu vergewissern, dass sie nicht träumt. Vedel nähert sich und bleibt vor ihr stehen, groß und dünn, er erinnert an eine Fahnenstange oder einen Engländer. Er muss um die vierzig sein. Sein Gesicht ist schmal, mit abstehenden Ohren.

«Wir haben uns noch nicht vorgestellt», sagt Vedel und streckt Marie die Hand entgegen. Sein Händedruck ist fest und warm, und trotz seiner eng stehenden Augen sieht er freundlich aus.

«Åge Vedel. Beim Militär sprechen wir die Leute mit Nachnamen an, also nenn mich einfach Vedel.»

«Ich weiß, wer Sie sind.»

«Hier auf dem Schiff duzen wir uns, aber das weißt du sicher.» Seine Mundwinkel bewegen sich nach oben, und sein Gesicht wandelt sich. Hinter der steifen Fassade tritt etwas Mildes zutage.

Marie lächelt. Vedel ebenfalls. Marie findet ihn nicht attraktiv, er ist viel zu alt, aber vielleicht fühlt er sich zu ihr hingezogen? Sie weicht ein Stück zurück, betrachtet ihn prüfend, zieht die Schultern ein wenig hoch.

Er nimmt ihr Zögern wahr. «Du musst eines der jüngsten Besatzungsmitglieder überhaupt sein. Wenn du in Schwierigkeiten gerätst – ich bin der Kapitän. Du kannst dich auf mich verlassen.»

«Ich bin fünfundzwanzig, aber viele halten mich für jünger, das liegt sicher an meiner Größe und meiner bescheidenen Kleidung.» Sie lächelt. «Ich habe das Gefühl, in meiner Brust säße ein Vogel.»

Marie versucht, sich selbst mit seinen Augen zu betrachten: Sie trägt eine hellbraune Kniebundhose, die sie sich von Aase geliehen hat, und einen Pullover von Trolden. An den Füßen hat sie weiße Tennisschuhe, das einzige praktische Schuhwerk, das sie besitzt. Sie spürt, wie der Vogel in ihrer Brust flattert, sie muss den Mund geschlossen halten, damit er nicht hinausfliegt.

«Wenn ich es richtig verstanden habe, erforschst du Kleinstlebewesen?»

«Ja, insbesondere Moosmilben.»

«Was ist denn so interessant an diesen Tieren?»

«Sie können uns möglicherweise etwas darüber erzählen, wie fruchtbar die Erde ist. Vor allem aber sind sie ein Mysterium, dessen eigentliche Bedeutung niemand kennt, und es gibt Zigtausende von ihnen auf der ganzen Welt.»

Vedel wirkt aufrichtig interessiert. Plötzlich taucht eine Möwe zwischen ihnen hinab, setzt sich auf die Reling und starrt sie an, als hätte sie noch nie einen Menschen gesehen.

«Es ist lustig mit den Möwen», sagt Vedel. «Sie sind unglaublich beharrlich.»

«Man stelle sich vor, sie wären durch unsichtbare Fäden mit allem verbunden, was wir sehen, und würden in Wirklichkeit sämtliche Bewegungen auf der Erde lenken.»

«Eine amüsante Betrachtung.»

«Nein, bloß ein alberner Einfall.»

«Es gilt doch nicht für alles eine Beweispflicht, die Fantasie ist davon ausgenommen.»

«Was ist das für ein Geräusch?», fragt Marie. «Das klingt genau wie Schweine.»

«Es sind Schweine.»

«Wirklich?»

«Wir brauchen ja etwas zu essen, sie versorgen uns mit frischem Fleisch, weil es unterwegs keine Möglichkeit gibt, neuen Proviant zu beschaffen, wir müssen alles selbst mitbringen.»

«Ja, natürlich, wie dumm von mir.»

Sie lacht. Milthers steckt den Kopf aus einer Decksluke.

«Kommt runter, Knud hat den Champagner geöffnet.»

«Wir sind schon unterwegs», sagt Vedel.

Der Nordatlantik. Eine pechschwarze Nacht, der Mond hängt versteckt unter einer Wolkendecke. Die Offiziersmesse ist menschenleer. Marie liegt ausgestreckt unter dem Tisch. Die Matratze schützt vor Kälte, ist aber sehr dünn, und ihre Glieder schlafen ein, weil der Druck das Blut daran hindert, frei zu strömen. Der Tisch, unter dem sie liegt, duftet seltsamerweise nach frischem Holz. Er erinnert sie an die Höhlen, die sie als Kind mit ihren Schwestern baute. Marie kann nicht einschlafen, weil die Luke zum Deck weit offen steht und das Geräusch der Wellen vom Wind hereingetragen wird, und so unwahrscheinlich es auch sein mag, dass sich ein Eisbär an Bord verirren würde, wird sie dennoch die Vorstellung nicht los, sie wäre sein erstes Opfer. Das Risiko ist minimal, das Schiff fährt auf dem offenen Meer, und es werden noch mehrere Tage vergehen, ehe Grönland in Sicht ist. Wenn man stirbt, lässt sich daran sowieso nichts ändern, denkt Marie. Es nützt nichts, seinen Gedanken hinterherzuwatscheln wie eine dumme Gans, und jetzt, da sie sowieso hellwach ist, kann sie genauso gut aufstehen. Sie legt die Decke über die Schultern wie einen großen Schal und steigt an Deck. Ein rauer, kalter Wind bläst. Die meisten anderen liegen in ihren Kajüten und schlafen.

«Ist dir schlecht?»

Sie dreht sich zu Vedel um, der direkt hinter ihr steht, sie hat ihn nicht kommen hören.

«Nein, ich bin wirklich seefest», antwortet sie.

«Deine Nase zeigt aber nach unten», sagt er. «Deine Stimmung vielleicht auch?»

«Ich komme in der Offiziersmesse ein bisschen schwer zur Ruhe.»

«Ich wusste gar nicht, dass da jemand schläft.»

«Ich schlafe da, unter dem Tisch.»

Ein Schatten zieht über sein Gesicht.

«Das hat mir niemand erzählt.»

«An dem Ort gibt es nichts auszusetzen», sagt sie und holt ein Lächeln hervor. «Es ist wirklich kein Problem.»

«Aber er ist doch immer sperrangelweit offen. Ich habe einen Vorschlag. Ich habe fast immer Nachtschicht, du bist herzlich eingeladen, meinen Schlafplatz zu benutzen.»

«Danke, das ist nett von dir, aber für mich ist die Messe wirklich in Ordnung.»

«Ich bestehe darauf, meine Kajüte steht sowieso leer.»

Noch ehe Marie protestieren kann, sagt er: «Also abgemacht, komm, ich zeige dir die Kajüte.»

«Das kann ich nicht annehmen.»

«Aber natürlich, alles andere wäre vollkommen unlogisch.»

«Wenn das so ist, bedanke ich mich», erwidert Marie. «Danke vielmals.»

Das Gerücht, dass sie mit Vedel das Bett teilt, macht die Runde, aber sie ignorieren beide die Andeutungen. Vedel ist die Integrität in Person, er muss nur die Augenbraue heben, schon legt sich das Gerede wie ein wohlerzogener Hund. Wenn Vedel den Schlafplatz ein seltenes Mal selbst benötigt, schläft sie auf einer Pritsche am Ausgang seiner Kajüte.

«Das stört mich nicht die Bohne», sagt er zu Knud Rasmussens Sekretärin, als sie versucht, Marie aus dem Zimmer zu verscheuchen wie eine Stubenfliege.

Der Duft von Kaffee weckt Marie. Vedel bekommt sein Essen in der Kajüte serviert, seltsamerweise isst er wie ein Vögelchen. Jetzt sitzt er mit dem Rücken zu ihr am Tisch neben dem Bullauge, schlürft aus seiner Tasse und blättert in einem Buch. Marie schlüpft unter der Decke hastig in ihren Islandpullover und ihre Hose, dann steckt sie die Füße in ihre weißen Turnschuhe und verschwindet aus der Kajüte.

«Hast du Hunger?», fragt er, kurz bevor sie die Tür hinter sich zuzieht. «Ich bin satt, und es ist noch Brot übrig.»

«Ja, gern, ich bin gleich wieder da.»

Innerhalb kürzester Zeit haben sie ein vertrautes Verhältnis entwickelt. Marie spürt eine innere Ruhe, sobald er in der Nähe ist. Vedel erweist sich als einzigartiger Gesprächspartner, philosophisch und lebendig, sie können über alles sprechen, das Marie liebt: Botanik, Geologie und Zoologie.

Marie geht zur Toilette, sie passiert ein Bierfass mit einer aufgemalten Zielscheibe, und ihr fällt ein, dass Ernst, Milthers und sie heute mit einer Pistole schießen üben wollen. Knud hat gesagt, niemand dürfe von Bord gehen, ehe er nicht aus fünfundzwanzig Metern Entfernung ein Bierfass treffen könne.

Marie und Milthers stehen an Deck neben dem Fass. Milthers erteilt lauthals Anweisungen, Maries Hände schließen sich langsam um die Pistole. Das Magazin rastet mit einem Knall ein. Milthers bemerkt anerkennend, sie habe ihre Hand gut unter Kontrolle. Sie sammelt sich, richtet all ihre Sinne auf den bevorstehenden Schuss. Sie will auf keinen Fall nicht an Land gehen dürfen.

«Für Knud ist es wichtig, dass wir uns selbst verteidigen können, wenn wir auf lange Touren gehen und im Zelt übernachten. Er fühlt sich für unsere Sicherheit verantwortlich, obwohl wir auf eigenes Risiko hier sind», erklärt Milthers.

Marie nickt.

Knud lässt sich nicht oft blicken. Er hält sich die meiste Zeit in der großen Kajüte auf, wo er die Filmaufnahmen zu *Palos Brautfahrt* plant. Vedel ist der Einzige, der bei ihm ein und aus geht.

«Der Arm, der die Pistole hält, muss ausgestreckt sein», erklärt Milthers.

Marie nickt.

«Bereit?», fragt er. «Entspann dich. Geh in dich und konzentrier dich.»

Marie kneift das linke Auge zu, mit dem rechten zielt sie am besten, das sei ihr Meisterauge, erklärt Milthers. Sie richtet die Pistole auf das Fass. Ein Ruck geht durch ihren Körper, als sie einen Schuss abfeuert.

«Sehr schön!», ruft Knud. «Volltreffer. Du bist ein Naturtalent.»

Konzentriert, wie sie waren, hat keiner von ihnen bemerkt, dass er sich an die Reling gestellt hat und sich köstlich über ihre Anstrengungen amüsiert.

Marie richtet sich auf, eine Sonne öffnet sich in ihrer Brust und entfaltet sich wie eine Blume.

«Die anderen hatten Bedenken. Als sie hörten, dass wir eine Forscherin mitnehmen würden, gab es einige Einwände», sagt Knud. «Aber jetzt haben wir den Beweis, dass du besser schießt als die meisten anderen.»

Nachts liegt Marie mit ihrer 9-mm-Pistole neben sich im Bett. Obwohl sie sich so sicher fühlt wie schon lange nicht mehr, wälzt sie sich mit unruhigen Gedanken hin und her. Doch Knud Rasmussens Bemerkung hat sich in ihrem Gehirn festgesetzt wie eine Maus in einer Speisekammer. Sie möchte gar nicht wieder hinaus.

«Ich bin einfach ein Naturtalent», flüstert sie, und mit diesem Gedanken kann sie schließlich einschlafen.

Alle haben sich in der Offiziersmesse versammelt. Knud steht zwischen ihnen, so nah an Marie, dass sich ihre Schultern fast berühren. Er erhebt die Stimme.

«Ich möchte euch auf die Kultur vorbereiten, der ihr begegnen werdet. Die mehrere Tausend Jahre alte Steinzeitkultur der Grönländer ist immer noch intakt. Aus den Hörnern der Rene und den Knochen der Meerestiere können sie Bögen, Lanzen und Rümpfe für ihre Kajaks herstellen, und ihre Frauen fertigen mühelos warme und weiche Unterwäsche aus Vogelleder und Federn. Kleidung und Schuhe werden aus Bären-, Robben- oder Fuchspelzen gefertigt, genäht mit Tiersehnen, die zu Garn gespalten wurden. Aus dem Fell der Bartrobbe stellen sie Harpunenleinen, Hundegeschirr und Packriemen her. Sie können Feuer machen, indem sie Eisen- und Feuersteine gegeneinanderschlagen. Sie haben ein gutes Leben ohne jeden Kontakt mit der sogenannten Zivilisation, und wenn wir ihnen zuhören, können sie uns etwas aus den Kindertagen der Menschheit erzählen.»

Nach der Vorlesung beginnt eine lebhafte Unterhaltung.

Milthers lenkt das Gespräch auf den Film.

«Es ist doch lustig, dass ich 1907 geboren wurde, im selben Jahr, in dem Viggo Larsen seine beiden besten Filme für die Nordisk Films Kompagni machte, *Die Löwenjagd* und *Die weiße Sklavin.*»

«Ich geh mal kurz Luft schnappen», sagt Ernst.

Marie folgt ihm.

«Warum müssen Filme immer so extrem sein?», fragt Marie.

«Der Mensch fühlte sich schon immer von gefährlichen Tieren und Erlebnissen angezogen», sagt Ernst und stellt sich allzu dicht neben sie.

Marie tritt gegen seinen Schuh. «Du findest das hier also anziehend», sagt sie und hebt die Hand, um ihn zurückzuschieben.

Er packt ihr Handgelenk.

«Ich habe keine Angst vor dir», faucht Marie, und sie starren einander an. Dann müssen sie beide lachen.

«Ich habe *Die Löwenjagd* nie gesehen», sagt Ernst. «Wovon handelt er?»

«Zwei Großwildjäger gehen mit einem Fährtenfinder im Urwald umher; sie begegnen einem Zebra, einem Nilpferd und ein paar Straußen, schlagen ihr Lager auf, werden in der Nacht jedoch von einem Löwen geweckt, der eine Ziege reißt und auch ihr Pferd tötet. Sie erschießen den Löwen, der im Wasser steht. Der eine Jäger posiert daraufhin mit dem toten Tier, während der andere Jäger noch einen Löwen entdeckt, den sie ebenfalls erschießen. Die Löwen werden gehäutet, die Felle in die Kamera gehalten. Die Jäger rauchen Zigaretten, ihr Fährtenfinder bekommt auch eine. Der Film war ein weltweiter Erfolg, 259 Kopien wurden verkauft.»

«Marie.» Milthers steckt den Kopf aus der Tür. «Knud fragt nach dir.»

Marie betritt die Offiziersmesse. Knud sitzt an einem Tisch ganz hinten im Raum. Die Leute stehen in Grüppchen zusammen, trinken Bier und plaudern.

«Du wolltest mich sprechen?»

«Ja, ich habe etwas Nützliches, das ich dir schenken möchte.»

Er reicht Marie einen kleinen Dolch mit einem schönen Griff aus schwarzem Knochen.

«Jetzt hast du sowohl eine Pistole als auch einen Dolch, dann kann ich dich guten Gewissens in die Berge entlassen.»

Fast hätte sie sich verbeugt, begnügt sich jedoch mit einem breiten Lächeln.

«Vielen, vielen Dank, ich verspreche dir, dass ich gut darauf achtgeben werde.»

1933

An einem Berghang kommen einige Hütten zum Vorschein. Marie hat gehört, dass mehrere von ihnen Fenster aus abgekratzten Tierhäuten haben, und hält danach Ausschau, als sie sich dem Land nähern.

«Umivik», sagt sie ins Blaue hinein.

«Ja», sagt Milthers, «jetzt werden wir die Grönländer treffen.» Sie legen an, und die Einheimischen strömen herbei, bereit, an Bord zu kommen, um sie zu begrüßen. Knud beherrscht die Sprache, er steht ganz vorn an Deck und nimmt die Besucher in Empfang.

«*Aluu*», begrüßt er sie. Die Gäste haben Geschenke mitgebracht, kleine Tupilaks, getrocknetes Walfleisch, getrockneten Fisch und kalten, dicken Speck. «*Ajungilak*», sagt er, und die Leute reden und stellen sich vor und setzen ihre Mimik ein, um sich verständlich zu machen, alle amüsieren sich, bis eine kleine Gruppe Männer die Schweine entdeckt, die in einem Käfig an Deck stehen. Sie rufen aufgeregt und zeigen darauf.

«Sie sagen, sie hätten noch nie so seltsame Schlittenhunde gesehen!», übersetzt Knud.

Alle lachen.

Die Einheimischen kräuseln die Nase und stoßen seltsame Laute aus. Knud sagt etwas auf Grönländisch, aber sie kehren ihm einfach den Rücken zu und erkunden weiter das Schiff mit all dem Neuen und Fremdartigen, das es in ihr Land gebracht hat.

«*Niviarsiarak umiarsuarmiitok*», sagt ein Mann und zeigt auf Marie.

Zwei Männer nähern sich, der eine greift ihr an eine Pobacke und kneift hinein, der andere streckt sich nach ihrer einen Brust aus. Marie weicht ihm aus, bleibt jedoch ruhig. Knud hat sie darauf vorbereitet, dass manche auf die Idee kommen könnten, sie anzugrapschen. Jetzt kommt er ihr zu Hilfe.

«*Niviarsiarak umiarsuarmiitok*», wiederholt eine Frau mit neugierigen Augen und einem lächelnden Gesicht.

«Was bedeutet das?», fragt Marie.

«Das kleine Mädchen auf dem großen Schiff», antwortet Knud.

Dann ruft eine andere Frau etwas und rennt auf Marie zu. Sie zieht sie am Arm, und Marie folgt ihr zur Wäscheleine. Die Frau redet und zeigt auf Maries Unterwäsche.

«Was sagst du?»

Marie versucht, die Körpersprache der Frau zu deuten. Die Frau beginnt, die Sachen von der Leine zu nehmen, doch als Marie protestiert, steckt sie ihr einen kleinen Gegenstand zu.

«Du willst tauschen?», fragt Marie.

Sie öffnet die Hand und nimmt den Gegenstand genauer in Augenschein. Ein kleiner, krummer Totempfahl aus Knochen mit drei Gesichtern, eins ist zornig, eins lacht, und ein drittes sieht aus wie das Gesicht eines kleinen Gespenstes. Marie braucht ihre Unterwäsche, sie hat nur drei Sets eingepackt. Aber jetzt, wo sie den kleinen Tupilak in der Hand hält, braucht sie ihn mehr als alles andere. Etwas so Raffiniertes wie diese Figur hat sie selten gesehen.

«Tupilak», sagt die Frau.

«Gut, wir tauschen», sagt Marie.

«Komm mal rüber und probier das hier», wird sie von Milthers aufgefordert.

«Was ist das?»

«Getrocknetes Narwalfleisch.»

«Puh, das stinkt.»

Alle werden zu einer intensiven Kaugymnastik gezwungen, denn die Haut ist zäh wie Schuhsohlen, das Fett zergeht dagegen auf der Zunge. Dann werden Bärensteaks und Rentierfleisch mit einer dicken Talgschicht verteilt, Ernst holt den Schnaps, und das Ganze entwickelt sich zu einem großen Festmahl. Zur Krönung kommt schließlich eine kleine Frau mit einem Topf an Bord. Als sie den Deckel anhebt, geht ein Raunen durch die Menge.

«Was ist das?», fragt Ernst.

«Eine ausgesuchte Delikatesse. Eiskaltes, vergorenes Narwalhirn», antwortet Knud.

«Es heißt, auf manche würde es euphorisierend wirken, und es sei gut für die Libido», ergänzt Vedel.

Alle nippen an dem Gehirn, es schmeckt faulig, und kurz darauf kocht die Stimmung.

Auf der gesamten Strecke von Umivik nach Ammassalik sammelt Marie Erdproben, wenn sie mit den anderen an Land geht. Milthers fliegt mit einem Wasserflugzeug die Küste ab, fotografiert und misst das Wachstum oder den Schwund der Gletscher.

Heute sind Marie, Milthers und Ernst in die inneren Fjorde gefahren. Milthers zieht mit seinem Gewehr und seiner Kamera los. Ernst sitzt mit Papier und Kohle auf einem Stein und zeichnet, Marie, die Proben gesammelt hat, lässt sich mit ihrem Block neben ihm nieder und fängt an, einen Stein zu zeichnen.

Ernst lässt sein Kohlestück los und kneift die Augen zusammen.

«Du drückst zu fest auf, lass den Bleistift von selbst dahingleiten, das Bewusstsein darf nichts bestimmen, es soll nur beobachten», sagt er.

Er umfasst ihr Handgelenk, schüttelt ihren Arm, dass die Hand schlackert, dann lässt er los.

«So», sagt er. «Versuch es jetzt noch einmal.»

Der Bleistift gleitet auf dem Papier umher, die Linien schlingern.

«Ein bisschen mehr Kontrolle», sagt Ernst.

Sie hat Lust, seinen Körper zu spüren.

«Jetzt bin ich dran», sagt sie.

Sie packt seine Arme und schüttelt sie, bis er sich vor Lachen nicht mehr halten kann.

«Du hast es auch dringend nötig, dich zu entspannen», sagt sie.

«He!», sagt er und verpasst ihr einen Knuff.

Marie nutzt seinen Widerstand, um Anlauf zu nehmen, dann stürzt sie auf ihn zu und prallt mit ihrem Körper gegen seinen. Ernst verliert das Gleichgewicht, und noch ehe sie darüber nachdenken, raufen sie auf dem Boden.

Er zwingt sie in die Rückenlage, setzt sich auf sie und hält ihre Arme mit seinen Knien fest. Sein Kopf hängt über ihr, er atmet heftig und stoßweise.

«Gibst du auf?», fragt er.

«Niemals!», antwortet sie. «Niemals.»

Da beugt er sich vor und formt einen Kussmund. Marie spürt den Widerstand wie eine Klaue im Oberschenkel, sie sammelt all ihre Kraft, schwingt ein Bein hinter seinem Rücken hervor, legt die Ferse auf seinen Hals und presst Ernst ins Gras zurück, und dann hat sie ihn in ihrer Gewalt. Jetzt liegt er unter ihr.

«Was bist du albern», sagt sie.

«Man wird sein Glück doch mal versuchen dürfen», erwidert er.

«Nein, das darf man weiß Gott nicht. Und wenn du es noch einmal versuchst, stoße ich dich über Bord.»

«Entschuldigung», sagt er. «Ich meine es ernst.»

«Schon besser.»

Sie lässt ihn los, legt sich auf den Rücken, breitet Arme und Beine aus, ihr Blick wandert zum Himmel. Er rollt sich auf die Seite und betrachtet sie. Sie wendet ihm das Gesicht zu. Als sich ihre Blicke treffen, kichern sie beide.

«Du bist ja wie ein Kind», sagt er.

«Nein, du.»

Auf ihrem nächsten Ausflug fahren sie zwei Tage lang durch dahintreibende Eisschollen. Sie haben Zelte, Ausrüstung und Proviant dabei. Die Sonne brennt so heftig, dass es sich anfühlt, als würde ihnen die Haut vom Gesicht abgezogen. Der Bootsmotor tuckert einen fremden Takt in die Geräusche der Natur; die Töne der Vögel und Insekten und all das, was in der Luft summt und zwitschert, und den Laut des Wassers, wenn das Boot hindurchgleitet. Marie kneift ihre Augen zum Schutz vor dem grellen Licht zu Schlitzen zusammen. Die Landschaft ist schön in all ihren Farbnuancen, sie ändert sich unmerklich, wie wenn man unendlich langsam an einem Kaleidoskop dreht, man sieht und sieht, und mit einem Mal ist alles verändert. Der Fjord verzweigt sich zwischen den Bergen, die Seen funkeln wie Juwelen in dem grünen Land.

«Ich habe noch nie so viele Lachse an einem Ort gesehen, sie springen überall hoch», sagt Marie.

«Wenn du einen fängst, gare ich ihn über dem Feuer», sagt Milthers.

«Stimmt, du hast ja deine Pistole», sagt Ernst.

«Ihr meint, ich soll einen Fisch schießen?»

«Du kannst es ja mal versuchen», sagt Milthers. «Aber es ist schwierig. Auch wenn es einen Überfluss von springenden Lachsen gibt, hängen sie ja nur für einen Sekundenbruchteil über der Oberfläche.»

«Sollen wir auslosen, wer anfängt?», fragt Marie.

«Du kannst von uns allen am besten zielen», antwortet Ernst.

Marie stellt sich ans Ufer, ihre weißen Turnschuhe versinken im dicken Moos. Milthers steht bereit, um das Netz auszuwerfen.

«Jetzt», ruft Ernst. «Schieß.»

Marie zielt. Der Knall hallt so laut durch die Landschaft, als hätte sie eine Kanone abgefeuert. Sie blinzelt. Das Netz mit dem Lachs hängt direkt vor ihrer Nase.

«Du hast es wirklich getan!», sagt Milthers lachend. «Du hast deinen ersten Lachs geschossen!»

Ernst sagt, es sei Milthers' Aufgabe, den Lachs auszunehmen und zu entschuppen, denn er selbst könne es nicht ausstehen, tote, namenlose Tiere anzufassen, ihm drehe sich dabei der Magen um, sagt er, aber dafür werde er Feuer machen und den Fisch zubereiten. Marie als die Jägerin darf sich freinehmen und hat schon begonnen, ihr Zelt aufzuschlagen. Sie stellt es weit entfernt von den anderen auf, sie freut sich darauf, ganz allein zu schlafen. Als das Zelt steht und die letzten Heringe in den Boden geschlagen sind, fotografiert sie es, und als sie die Bilder später in ihr Expeditionsalbum klebt, schreibt sie «Mein Zelt» darunter. Denn das weiße Zelt leuchtet, wie es dort steht, in einer Bucht zwischen den ostgrönländischen Bergen. Marie hängt sich die Kamera über die Schulter, nimmt das Notizbuch in die Hand und geht in die Berge. Sie bewegt sich langsam voran, nimmt alles in sich auf und gibt sich dem Genuss der unberührten Landschaft hin, während sie nur zum eigenen Vergnügen verschiedene Grashalme und kleine Gewächse pflückt und sammelt. Ausgewählte Halme und Stiele legt sie zwischen die weißen Seiten ihres Notizbuchs. Sie setzt sich auf einen kleinen Hügel und genießt die Aussicht. Sie kann den Rauch vom Feuer sehen, der in einer dünnen Säule aufsteigt. Jetzt schwenkt Milthers die Arme, das Essen ist fertig.

Just als die *Nordstjernen* in einen Fjord in der Nähe von Ammassalik einfährt, erhalten sie die Nachricht, dass der weltberühmte amerikanische Pilot Charles Lindbergh im Anflug sei.

«Was um alles in der Welt macht er in Grönland?», fragt Marie.

«*I have no idea*», antwortet Ernst.

«Er wurde beauftragt herauszufinden, ob Pan American Airways eine Route nach Nordeuropa anbieten soll», erklärt Milthers.

«Wann hat er noch mal den Atlantik überquert?», fragt Marie.

«1926. In sechsunddreißigeinhalb Stunden ohne Zwischenstopp von New York nach Paris», antwortet Milters.

«Das ist wirklich eine Leistung», sagt Marie.

«Für die er 25 000 Dollar bekam», sagt Ernst.

«Allerdings kostete das seinen Sohn das Leben. Das Kind der Lindberghs wurde entführt, um sie zu erpressen», sagt Milthers.

«Haben sie das Kind nicht wiederbekommen?», fragt Ernst.

«Nein, kurz nachdem sie das Lösegeld gezahlt hatten, wurde seine Leiche in der Nähe ihres Hauses am Straßenrand gefunden», antwortet Milthers.

«Wie alt war er?», fragt Marie.

«Zwanzig Monate. Wie sich herausstellte, war er schon während der eigentlichen Entführung gestorben, die Kidnapper hatten ihn fallen lassen, als sie mit ihm eine Leiter herunterkletterten, und er brach sich das Genick», sagt Milthers.

«Wie schafft man es, nach einer solchen Tragödie wieder aufzustehen und zu fliegen? Anschließend muss das Leben eine ewig blutende Wunde sein. Ich glaube, ich könnte nicht weiterleben», sagt Ernst.

«Es ist ein Jahr her», erwidert Milthers. «Und jetzt ist er also hier.»

«Zu leben und zu überleben, kostet immer etwas, man weiß nie, wie hoch der Preis ist», sagt Marie.

«Ist es nicht zynisch, die Trauer so zu betrachten?», fragt Ernst.

«Nein, im Gegenteil. Wir sind Menschen, keine Götter, wir sind dazu verpflichtet weiterzuleben, ganz egal, was wir erleiden müssen.»

Marie erhält die Erlaubnis, gemeinsam mit einer Handvoll anderer Teilnehmer in die Kolonie vorauszufahren. Sie hat eine Kamera dabei, Milthers auch. Sie spähen nach dem Wasserflugzeug. Es ist sein schnurrendes Geräusch, das sie zuerst erreicht. Kurz darauf taucht das Flugzeug auf wie ein kleiner, dunkler Vogel. Hinter der Maschine erhebt sich Wasserstaub, während sie auf dem Wasser landet. Als das Flugzeug zum Stillstand gekommen ist, öffnet sich sein Metallkörper auf einer Seite, und Lindbergh tritt hinaus, gefolgt von seiner Frau. Mühelos springt er auf den Flügel und weiter in ihr Boot, er trägt einen hellen Anzug, seine Flugbrille hat er auf den Lederhelm hinaufgeschoben. In Wirklichkeit sieht er viel strahlender aus als auf Fotos, seine Frau hingegen erinnert an einen vertrockneten Stock. Marie wird innerlich ganz warm, und es kribbelt überall, als Lindbergh sich umdreht und ihr ein Lächeln schenkt, als wäre er die Hauptfigur in einer amerikanischen Zahnpastareklame und sie die einzige Zuschauerin.

«*How do you do?*», fragt er Marie. Seine Stimme ist sanft und tief, zum Dahinschmelzen.

Es gleicht einem Klischee, *The American Dream* ist gelandet, und die Welt ist ein magischer Ort. Marie ergreift Lindberghs ausgestreckte Hand. Als sie sie wieder loslässt, schüttelt sie den Kopf. Ist das wirklich echt oder nur ein seltsames Traumgespinst wie damals, als sie mit Helene durch das Rohr gekrabbelt war und zum ersten Mal Thorssen sah?

«*What on earth is going on with you, little lady?*»

Marie steht vor Lindbergh und schüttelt noch immer so heftig den Kopf, dass alle lachen müssen.

Sie schämt sich, aber das Lachen steckt an, und sie stimmt ein.

Als sie abends beim Essen sitzen, wendet Marie sich an Milthers.

«Haben wir heute wirklich Charles Lindbergh getroffen?»

«Ja», antwortet er.

«Gut», sagt Marie. «Gut, ich wollte mich nur vergewissern.»

Die *Kivioq* liegt im Hafen von Angmassalik vertäut. Es ist Mitte Juli, und in der Offiziersmesse herrscht munteres Treiben. Die Lampe über dem Esstisch, die im Takt des schaukelnden Schiffs baumelt, ist nicht entzündet, weil die Mitternachtssonne tanzt.

Tags darauf legt die *Nordstjernen* im Hafen an. Die Vermessungsschiffe treffen am 21. Juli ein, und am 22. landet ihr eigenes Flugzeug. Die Expeditionsteilnehmer sind nur sehr kurz vereint, ehe sie sich mit ihren jeweiligen Aufgaben in alle Winde zerstreuen. Milthers ist gen Norden geflogen, seine mühselige Aufgabe schreitet voran. Er muss eine Fotostrecke von 3200 Kilometern kartografieren, bis hinauf zum Kap Daussy an der Küste von Blosseville.

Im Giebelzimmer des Pfarrhauses hat der Pfarrer eine Höhle für Knud eingerichtet, in die er sich jederzeit vom Trubel zurückziehen kann. Marie wurde beim Funktelegrafisten einlogiert, einem kleinen, hölzernen Mann mit stechenden Augen und spärlichen Bartstoppeln. Sie schläft in einem richtigen Bett und genießt es, wieder festen Boden unter den Füßen zu haben. Morgens geht sie in die Berge, um Proben an einem See zu nehmen, der wie ein kaltes, blankes Auge in der Landschaft liegt. Am Ufer findet sie eine schöne Losung, die von einem Polarfuchs stammen muss. Sie packt sie vorsichtig in ein kleines Stück Stoff und steckt sie in einen Leinenbeutel. Als sie in ihr Zimmer zurückkehrt, legt sie den Fuchskot zum Trocknen auf das Fensterbrett, damit er sich zwecks eingehender Untersuchung leichter nach Hause transportieren lässt. Indem sie die Exkremente der Tiere studiert, kann sie ihre Futteraufnahme erkunden. Nachdem sie drei Tage in den Bergen gesammelt hat, folgt die Wartezeit. Während die Proben trocknen, spaziert Marie in der Siedlung umher und beobachtet die Einwohner bei ihren Beschäftigungen. Ab und zu bleibt sie stehen und grüßt die vielen Menschen, die überall auftauchen. Als sie wieder nach Hause kommt, ist der Radiotelegrafist außer sich. Er stößt sie förmlich in ihr Zimmer und deutet mit einem wütenden Finger auf die braunen Häufchen, die auf der Fensterbank liegen, während er drauflosschimpft, und dann wird sie vor die Tür gesetzt.

«Was ist denn passiert?», fragt Vedel.

«Ich habe Fuchskot auf der Fensterbank getrocknet», antwortet sie.

Sie lachen beide.

«Willkommen zurück auf dem Meer», sagt er.

Abends findet in der Siedlung ein Fest mit Unterhaltungsprogramm statt. Die Grönländer tanzen, bis eine jüngere Frau zu singen beginnt. Die Körper bilden einen lebenden Ring um sie. Sie hat langes, schwarzes Haar, das über ihren nackten Oberkörper hängt; ihre Augen sind halb geschlossen, ihre Brüste schwingen und vibrieren, eine andere Frau tritt zu ihr in den Ring. Jetzt schlagen sie rhythmisch auf Felltrommeln, die sie in einer Hand halten. Das Brummen der Männer ist ein Bass, der wie ein dunkles Meer unter den schärferen und melodischen, erzählenden Klagelauten der Frauen liegt. Der Klang der seltsamen Musik reicht bis zu den Tiefseewellen und verebbt von dort im seichteren Wasser, Dinge werden

aufgewirbelt, langsam wird eine Urstimmung herauf-
beschworen.

Einige der Grönländer sind auf Pritschen aus Bärenfell
eingeschlafen. Sie sind keinen Alkohol gewohnt und
erlöschen wie ein Feuer, das zu heftig gebrannt hat.

«Aja-ja-ja, aja-ja.»
    Jetzt tritt eine alte Frau mit einer Trommel in der Hand
in die Mitte des Raums. Der Rhythmus, den sie schlägt,
folgt ihrer Gesangsstimme wie ein Hund seinem Besitzer.
Die seltsam schwermütige und wilde Kraft, die zwischen
ihren schmalen Lippen hervorströmt, zieht das Publikum immer mehr in den Bann, und um die Frau herum
wächst ein Chor. Ihr Körper verwandelt sich, sie steht
vor ihnen und schlängelt sich in einem selbstbewussten
Takt. Nachdem sie alle in Ekstase versetzt hat, bricht sie
plötzlich ab und taumelt zu einer Pritsche, wo sie sich
hinlegt und ihnen den Rücken zukehrt.

Die Feuchtigkeit im Raum hat ein Maximum erreicht, die
Leute taumeln schweißtriefend in die Nacht hinaus, unter
den Mond. Einige Besatzungsmitglieder verschwinden
Arm in Arm mit Frauen in der Dunkelheit, einige sind so
betrunken, dass sie kaum stehen können, und die Frauen
schleifen sie davon wie schwere Säcke. Marie amüsiert
die Szene, man sieht nur selten, dass Frauen auf eine
solche Weise Männer abschleppen, denkt sie. Am liebsten würde sie auch in der Dunkelheit verschwinden und
sich von ihrer Lust verzehren lassen. Aber das wäre zu
gefährlich, sie will auf dieser Reise nichts riskieren, dafür
steht viel zu viel auf dem Spiel. Die Männer respektieren

sie gerade aus dem Grund, dass sie ihre Sexualität nicht ausnutzt. Sie braucht Ruhe, um zu arbeiten, und das ist wichtiger als alles andere.

Marie fühlt sich unter Vedels Fittichen wohl. Ihre Freundschaft ist nicht von Konkurrenz vergiftet, wie sie unter gleichaltrigen Forschern leicht entsteht und selbst hinter den besten Absichten lauert. Heute wandert das ungleiche Paar den Kirchberg hinauf, um sich alles von oben anzusehen. Marie hat wie immer ihren Fotoapparat über der Schulter und Vedel ein Fernglas um den Hals. Als sie sich der Kirche nähern, entdecken sie Knud, der auf das große Aufgebot an Menschen und Material hinabblickt.

«Das ist vollkommen unvergleichlich», sagt er und hustet. «Heute setzt sich der Wind im Hals fest.»

Marie und Vedel können nur zustimmen, es ist unvergleichlich. Sie stehen schweigend da und lauschen der summenden Betriebsamkeit, überall steigen Stimmen auf. Knud ist selig, eine kindliche Freude kräuselt seine Mundwinkel, aber dann muss er erneut husten, und diesmal bekommt er nur schwer Luft. Es klingt unangenehm, als käme es aus der Tiefe seiner Lungen.

«Das hört sich aber nicht gut an», sagt Vedel.

Und er hat recht.

«Es hört sich schlimmer an, als es ist.» Aber Knuds Gesichtsfarbe hat sich verändert. «Das geht vorbei, sobald ich mich ein bisschen ausgeruht habe.»

«Wir begleiten dich nach unten», sagt Vedel.

In den folgenden Tagen herrscht rege Aktivität. Das deutsche Filmteam, das Knud angeheuert hat, ist endlich eingetroffen, und die Grönländer mit dem größten dramatischen Talent wurden als Schauspieler ausgewählt. Marie verfolgt den Vorgang aus nächster Nähe, es ist sonderbar, aber wahnsinnig unterhaltsam, sie war noch nie bei

Dreharbeiten dabei. Doch nach ein paar Tagen langweilt sie sich und geht stattdessen in den Bergen wandern. Am Tag, nachdem die Aufnahmen im Kasten sind, wird Knud ernsthaft krank.

«Er muss von einem Arzt untersucht werden», sagt Vedel.

Ein Schiff mit einer größeren Kajüte wird aufgetakelt und segelt mit Knud nach Julianehåb, wo sich der nächste dänische Arzt befindet. Kurz darauf erhalten sie die Nachricht, dass er sofort nach Dänemark in ein Krankenhaus gebracht werden muss. Das Schiff mit Knud läuft wieder aus dem Hafen von Julianehåb aus. Vedel ruft alle zusammen und teilt kurz mit, dass Knud Rasmussen nach Hause reist, dann geht er mit seinem Gewehr über der Schulter von Bord und verschwindet in den Bergen. Marie und die anderen wissen, dass sie ihn in Ruhe lassen müssen.

1933

Kopenhagen

Dreieinhalb Monate nachdem die *Nordstjernen* in Grönland abgelegt hat, segeln sie in den Hafen von Kopenhagen ein. Es ist Sommer. Die Sonne wärmt ihre Arme für einen kurzen Moment, doch der kühle nordische Westwind sorgt trotzdem dafür, dass sich die Härchen auf den Armen aufstellen und zittern. Die Leute sind herbeigeströmt, um das Schiff in Empfang zu nehmen, sie schwenken Flaggen, rufen Hurra und winken der Besatzung, die unter der weißen Sonne an Deck steht und zurückwinkt. Knud Rasmussens Platz in der Mitte ist leer, aber die Freude darüber, endlich wieder zu Hause zu sein, überwiegt gegenüber dem bedrückenden Gefühl, etwas Wertvolles für immer zu verlieren. Aase und Bitten sind gekommen, um Marie abzuholen, Bitten hält eine selbst genähte Fahne in der Hand, Marie ist sehr gerührt. Ihre Mutter kann den Hof und die Tiere nicht verlassen, und die anderen Schwestern haben Wichtigeres zu tun. Obwohl Marie keine Ahnung hat, wovon sie ihre Miete zahlen soll, lässt sie ihre Sorgen einfach weiter bellen wie kleine dumme Terrier. Raus!, sagt sie und knallt die Tür zu. Sie kläffen eifrig hinter der Tür weiter, während Marie in ihren Erinnerungen an den arktischen Sommer schwelgt, der sich wie Dias hinter ihren Augenlidern eingebrannt hat. Den ganzen Heimweg über sprudeln die Geschichten von der Expedition aus ihrem Mund, sie hat noch nie so viel Aufmerksamkeit für sich in Anspruch genommen, aber sie kann sich nicht bremsen, ein unerschöpflicher Vorrat an Anekdoten, der sich die Jahre über in ihr angehäuft hat, findet jetzt endlich einen Weg hinaus. Sie erzählt lustiger und freier als je zuvor. Ihre Schwestern schweigen. Lächeln. Ob Marie von der direkteren Umgangsform der Grönländer beeinflusst worden ist? Oder hat sie auf den vielen Abenden, an denen die erfahrenen Expeditionsteilnehmer die Runde mit Geschichten von früheren Fahrten unterhielten, ein paar Kniffe aufgeschnappt? Sie weiß jetzt, wann sie Pausen halten, das Tempo ändern oder die Kraft ihrer Stimme einsetzen muss, um Stimmungswechsel zu erzeugen und die Leute bei der Stange zu halten.

«Während du weg warst, wurde deine erste Moosmilbe veröffentlicht, und du bist jetzt offiziell Mutter eines ganz neuen Tieres geworden», sagt Aase.

«Gibt es Neuigkeiten von Knud?», fragt Marie nach einer Weile.

«Er liegt immer noch im Amtskrankenhaus in Gentofte», antwortet Bitten.

Maries Notizbuch, 1933

*Knud Rasmussen ist tot. Das ganze Land trauert. Ich
kann es immer noch nicht fassen, es scheint so unwirklich. Niemand wird ihn jemals ersetzen können. Seine
Haltung – wie er es den größten Träumen und Ideen
erlaubte, sich in seinem Leben zu entfalten, das er
dabei ständig aufs Spiel setzte – war vollkommen einzigartig. Ich lege den Dolch, den er mir schenkte, auf
meinen Nachttisch. Er ist das Letzte, was ich berühre,
ehe ich einschlafe. Gestern erhielt ich 500 Kronen von
seinem Büro. Das ist der Forscherlohn, den ich für die
Arbeit mit meiner enormen Sammlung an Material
aus Grönland erhalte.*

*Es ist schwer, genug Zeit zu finden, um die Funde
zu sortieren und zu beschriften, denn ich habe eine
Stelle am Staatlichen Institut für Pflanzenpathologie
bekommen. Wir untersuchen, wie man die Rüsselkä-
fer im Wiesenklee bekämpft, deren Larven die Samen
fressen.*

Rotklee
Name: Trifolium pratense L.
Familie: Fabaceae
*Sie gilt in Dänemark als die wichtigste Futterpflanze.
Das Wurzelnetz ist tief und stark. Es handelt sich um
eine aufrecht wachsende, mehrjährige Pflanze, die
zwischen 15 und 60 Zentimeter hoch werden kann. Die
Blätter haben einen glatten Rand und sind oval und
dreiteilig gefiedert, die Stängel leicht zerfurcht und
behaart. Ihre violetten Blüten sind kugelrund. Dank*

ihrer Symbiose mit stickstoffoxidierenden Bakterien sind sie außergewöhnlich proteinreich.

Es herrscht stets ein eifriges Summen und Brummen um den Rotklee, der auf grasbewachsenen Flächen weitverbreitet ist. Er zieht Bienen und Hummeln an und wird von ihnen bestäubt, und sie lieben ihn wegen seines nahrhaften Nektars. Ursprünglich stammt er aus einem Gebiet im Nahen Osten, den man ‹Fruchtbarer Halbmond› nennt. Auch im türkischen Flachland wächst der Rotklee heute noch wild.

1934

Marie steht vor dem Spiegel, ihre blauen Augen starren eigensinnig zurück. Ihr Haar ist frisch geschnitten, sie hat sich Aases Lippenstift geborgt, ihre Lippen sind leicht geöffnet, sie versucht, die Bögen mit dem Lippenstift nachzufahren, das Ergebnis überzeugt sie halbwegs, obwohl sie es nicht gewohnt ist, sich zu schminken. Sie schlüpft in ein blaues Kleid aus dünnem Stoff. Ihren hellen Pony lässt sie in einem Bogen über die Stirn fallen und befestigt ihn mit einer Spange über dem Ohr, ehe sie den Lammfellmantel überzieht. Aase und sie sind auf dem Weg zur Premiere von Knud Rasmussens Film *Palos Brautfahrt*, der nach seinem Tod fertig geschnitten wurde. Sie radeln zum Kino. Marie freut sich darauf, die anderen Expeditionsteilnehmer wiederzusehen, und hat sich mit Milthers und Ernst davor verabredet. Vedel und seine Frau kommen auch. Marie hatte Sorge, sie würde sich ihrer Freundschaft in den Weg stellen, was sich jedoch als vollkommen unbegründet erweist. Vedels Frau Kirsten ist genauso freundlich und großzügig wie er.

«Ich hoffe, der Film erfüllt das, was sich Knud Rasmussen wünschte: dass normale Menschen das Grönland sehen und verstehen können, das er liebte», sagt Marie zu Kirsten Vedel.

«Marie!»

Milthers' Stimme erreicht sie durch die Menschenmenge. Sie entdeckt ihn sofort. Er lächelt, und sie erwidert das Lächeln im selben Moment, als sie zwei Finger spürt, die sie an den Rippen kitzeln. Sie zuckt zusammen und dreht sich um, und da steht Ernst. Für einen Moment bleibt die Zeit stehen, ihre Herzen finden den gleichen Takt, sein Atem erreicht ihr Gesicht, und sein vertrauter Duft setzt sich in ihre Nasenlöcher, dann bohrt er ihr einen Finger in die Taille, und sie quietscht, schlägt ihm mit der flachen Hand auf die Brust und faucht: «Du weißt genau, wer gewinnt!» Das Lachen wirbelt wie eine Windhose um sie herum auf; Vedel, Milthers und Ernst – sie hat sie alle vermisst.

«Kommt, wir gehen hinein und suchen uns einen Platz, damit wir während der Vorführung nicht stehen müssen», sagt Ernst.

«So viele Menschen. Die können doch auf keinen Fall alle eingeladen worden sein», sagt Marie.

Kapitän Ejnar Mikkelsen steuert gerade auf Vedel zu.

«Ich komme mit euch», sagt Kirsten, die für alle Programme organisiert hat und sie jetzt austeilt.

Marie schlägt das kleine Heft auf. Fotos aus dem Film wurden mit einer langen Beschreibung der Handlung zusammenmontiert. Auf der Rückseite steht ein Zitat von Knud Rasmussen: *Wenn Sie diese Bilder gesehen haben, wissen Sie, warum ich Grönland so liebe.*

«Ist das nicht Niels Bohr?», flüstert Marie Ernst zu und deutet auf einen grauhaarigen Mann, der gerade hereinkommt.

«Doch, das ist er!», antwortet er.

«Kommt jetzt», sagt Aase.

Sie steigen die Treppe hinauf. Dort, wo eben noch Bohr stand, versperrt jetzt ein massiger Mann in einem riesigen Pelzmantel den Weg.

«Dürfen wir mal vorbei?», fragt Marie laut und klar.

Der Mann dreht sich um, und sie starrt zu ihm auf. Es ist Peter Freuchen.

Jetzt läutet es zum dritten Mal.

«Beeilt euch, sonst verpassen wir die Rede des Minis-
terpräsidenten», sagt Aase.

Die Stimmung ist euphorisch. Sämtliche von Maries
Helden sind aufgetaucht. Das Herz schlägt ihr bis zum
Hals. Wenn sie jetzt nicht aufpasst, springt es ihr wie ein
kleiner roter Ball aus dem Mund.

1935

Das Radio spielt *To øjne så blå som violer*. Zwei Augen blau wie Veilchen, Aase stöckelt auf ihren hohen Schuhen umher und zappelt lustig im Takt, ihr Haar ist voller Papilloten. Wenn Aase sie gleich entfernt, wird es wie ein goldenes Kornfeld um ihr Gesicht wogen.

«Soll ich dir nicht auch Locken machen?»

«Nein. Ich möchte nicht wie eine Puppe aussehen.»

«So wie ich?»

«Das habe ich doch gar nicht gesagt.»

«Wenn du meinst.»

«Wenn du die Wahrheit nicht erträgst, kann ich in Zukunft auch ganz den Mund halten.»

Aase klatscht in die Hände. «Hurra, dann darf ich mich ja freuen.»

«Also gut.»

«Also gut.»

Aase arbeitet inzwischen als Gymnasiallehrerin im Zentrum von Kopenhagen.

Die Schüler lieben ihren Unterricht, denn sie ist zwar nicht so fröhlich wie Marie, dafür aber sozialer veranlagt, und heute ist Samstag, und Aase will tanzen gehen.

«Kommst du mit zu dem Treffen mit unserem Lektor?», fragt Marie.

«Das schaffst du schon allein. Er kann wirklich nicht verlangen, dass wir an einem Samstagabend in sein Büro kommen. Da haben doch alle frei. Warum hast du den Termin nicht verschoben?»

«Wir sind nicht in der Position, Forderungen zu stellen.» Maries Gesicht ist eine Maske, aber ihre Lippen bewegen sich. «Nun komm schon mit.»

«Du kannst mir einen vollständigen Bericht liefern», erwidert Aase. «Und wenn er Nein sagt, erspare ich mir die Demütigung.»

«Mach, was du willst. Ich entscheide mich dafür, das Beste für uns beide zu tun.»

«Ich auch», entgegnet Aase und macht einen Kussmund.

Marie steht in einem knielangen, braunen Rock und einem cremefarbenen Wollpullover mit Knöpfen vor dem hohen Gebäude. Auf dem Kopf trägt sie einen kakifarbenen Glockenhut. Ihre Füße sind so schwer wie zwei tote Biber, sie schleppt sich die Treppe hoch und betritt das Büro im ersten Stock. Es riecht nach altem Staub.

«Sie kommen allein?» Der Lektor lächelt.

«Meine Schwester hatte leider fürchterliche Kopfschmerzen.»

«Nehmen Sie Platz, Fräulein Jørgensen», sagt er mit einer einladenden Geste.

Marie setzt sich in einen schweren Stuhl, der mit grasgrünem Stoff bezogen ist.

«Um ehrlich zu sein, hatte ich eher verhaltene Erwartungen, doch als ich Ihren Reisebericht aus Island gelesen habe, war ich sofort gefesselt. Ich muss sagen, ich bin sehr begeistert. Der Text ist gut geschrieben, und es gibt nicht ein Komma zu korrigieren. Darf ich fragen, wie er entstanden ist? Einen so klaren gemeinsamen Ton zu finden, ist nicht leicht.»

«Es freut mich zu hören, dass Sie das Buch für gelungen halten. Meine Schwester und ich waren getrennt voneinander auf mehreren Forschungsreisen, wir haben uns je nach Interesse Notizen gemacht, und im Anschluss haben wir tatsächlich hart daran gearbeitet, eine einheitliche Sprache zu finden.»

«Dass Sie Schwestern sind und im selben Geiste erzogen wurden, hat sicher geholfen», sagt er und steckt sich eine Zigarette an.

Sein weißes Hemd ist glatt wie Papier, die Krawatte mit einem doppelten Knoten gebunden. Er muss einmal ein gut aussehender Mann gewesen sein. Jetzt ist er leicht übergewichtig, und an seinem Hinterkopf wächst eine Glatze, aber sein Gesicht ist symmetrisch, die Nase ganz gerade, und in seinen braunen Augen brennt eine dunkle Glut.

«Allerdings muss ich ergänzen, dass die Leserschaft eher begrenzt sein wird, obwohl die Zeit für Reiseliteratur günstig ist, aber wir sind ja ein kleines Sprachgebiet, und noch dazu sind Sie Frauen, was die Sache garantiert nicht begünstigt.»

«Was hat das denn damit zu tun?»

Die Nasenflügel des Lektors beben. «Wie es der glückliche Zufall will, wurde mir gerade ein anderes Manuskript von einem Autor zugeschickt, der sich ebenfalls mit Island beschäftigt, aber aus einer anderen Perspektive. Ich würde Ihrem Manuskript trotzdem gern die Chance zu einer Veröffentlichung bieten, wenn wir es also zusammen mit diesem anderen Werk veröffentlichen und das Buch *Quer durch Island* nennen könnten, tja, dann würde dem Leser wirklich etwas für sein Geld geboten. Es würde außerdem Aufmerksamkeit wecken, dass dieses Buch drei Autoren hat, und ernsthafter wahrgenommen, weil der Kollege bereits andere Werke veröffentlicht hat.»

«Ich bin mir sicher, unser Text kann für sich stehen.

Habe ich schon erwähnt, dass mein guter Bekannter, der Zeichner Ernst Hansen, das Buch illustrieren würde? Wir waren gemeinsam auf Knud Rasmussens Grönlandexpedition.»

«Ja, das würde dem Buch zweifellos eine zusätzliche Dimension verleihen, aber das ändert leider nichts.»

«Tja, wenn dem so ist», sagt Marie, «bedanke ich mich für Ihr Lob, zu Ihrem Angebot muss ich aber leider Nein sagen.»

«Nein?»

«Ja. Nein.»

«Das wäre wirklich ärgerlich, denn ich finde, Sie schreiben sehr lebendig und intelligent. Möchten Sie sich vielleicht noch einmal mit Ihrer Schwester abstimmen und mir am Ende der Woche endgültig Bescheid geben?»

«Wenn Ihnen das lieber ist, können wir das gerne so handhaben, aber machen Sie sich nicht zu große Hoffnungen.»

Der Lektor sieht aus, als müsse er sich das Lächeln verkneifen, was seine Nasenflügel noch kräftiger vibrieren lässt.

«Leben Sie wohl und danke, dass Sie sich die Zeit genommen haben», sagt sie und nickt ihm höflich zu.

Dann steht sie auf, verlässt das Büro und geht die Treppe hinunter.

«Strohkopf», sagt sie laut.

Sie kann es kaum erwarten, Aase alles zu erzählen.

Marie schließt die Wohnungstür auf, hängt die Jacke in den Flur und legt das Manuskript ins Regal, ehe sie in die kleine Küche geht, um Teewasser aufzusetzen. Die Tür zu Aases Zimmer steht offen. Aus dem Radio tönt Musik,

Aase, lediglich mit einem Rock bekleidet, tanzt umher. Sie folgt den wogenden Rhythmen der Musik, macht Swingschritte, schwingt ihre Hüften vor und zurück, und die Brüste schwingen mit.

«Wie sehe ich aus?», fragt sie lachend.

«Es kommt darauf an, was du eigentlich darstellen willst.»

«Tanz mit mir. Komm schon, Marie.»

«Willst du dir nicht erst was anziehen?»

Aase blickt an sich herab, als würde ihr jetzt erst bewusst werden, dass sie von der Taille aufwärts nackt ist.

«Ich habe doch was an», antwortet sie. «Ich bin eben modern.» Sie wirft abwechselnd die Knie hoch und klopft sich mit der flachen Hand auf den Mund.

«U-u-u-u-u.»

Marie hat Sehnsucht. Vor allem danach, dass Aase verschwindet. Sie greift nach ihrer eigenen Strickjacke und reicht sie ihr.

«Wir müssen etwas besprechen. Komm zu mir, wenn du dich angezogen hast.»

Marie geht in ihr Zimmer und schließt die Tür. Sie setzt sich mit einer Tasse Tee aufs Bett. Sie nimmt einen Bleistift, schüttelt ihr Handgelenk und setzt die Spitze auf das Papier. Ihre Bewegungen folgen den Konturen einer Milbe, die sie gestern Abend skizziert hatte, als sie an der Agrarhochschule mit ihren Proben arbeitete. Maries früherer Arbeitgeber, Professor Mathias Thomsen, hat ihr erlaubt, ein Mikroskop zu nutzen, wenn die Angestellten nach Hause gegangen sind.

Jetzt zeichnet ihre Hand ganz von allein.

Als die Milbe fertig ist und von ihrer Unsichtbarkeit

erlöst vor ihr liegt, streckt sich Marie auf dem Bett aus und blickt durch das kleine Dachfenster. Der Nebel hat sich zu Wolkenfetzen gesammelt, die Türme der Stadt ragen wieder in den Himmel. Hat sie sich dem Lektor gegenüber albern verhalten? Marie bereut, dass sie sich von ihrem Stolz hat leiten lassen, und weiß bereits, was Aase sagen wird. Sie schließt die Augen und stellt sich einen langsam fließenden Fluss vor. Sie hört das Wasser rauschen, dasselbe Geräusch seit Urzeiten, noch bevor es den Mensch überhaupt gab, vor diesem ganzen verdammten Palaver.

Es ist Morgen. Diesiges Sonnenlicht fällt durchs Fenster herein. Aase hat sich mit dem Lektor verabredet, um Maries Absage zurückzuziehen. Jetzt hört Marie die Wohnungstür, ist sie wirklich schon wieder da?

Aase stürmt ins Zimmer.

«Wie ist es gelaufen?»

«Ich führe es dir vor», sagt Aase und schnappt sich einen Hut. «Wenn ich den auf den Kopf setze, bin ich der Lektor.»

Marie nickt und grinst.

«Wie ich weiß, hatten Sie ein Treffen mit meiner Schwester Marie? Hören Sie, wir haben inzwischen eingehend diskutiert und sind übereingekommen, dass wir Ihr großzügiges Angebot, unser Buch zu veröffentlichen, gerne annehmen würden.»

Der Hut wird aufgesetzt, der Kopf nickt. Der Hut wird wieder abgesetzt.

«Ja, da haben Sie recht, und ich kann Ihnen versichern, dass wir alles ausführlich besprochen haben, sonst hätte ich Sie nicht kontaktiert.»

Der Hut wird aufgesetzt, der Kopf nickt. Der Hut wird wieder abgesetzt.

«Nein, das verstehe ich. Aber wir sind dazu erzogen worden, unser Wort zu halten.»

Der Hut wird aufgesetzt, der Kopf nickt. Der Hut wird wieder abgesetzt.

«Ja, das ist klar. Deshalb haben wir vereinbart, dass von jetzt an ich für den Kontakt mit Ihnen zuständig bin.»

Marie lacht, und Aase ist nicht mehr zu bremsen. An jenem Abend gehen sie aus und feiern den Buchvertrag im Restaurant. Der kleine Vorschuss, den Aase vom Lektor erhalten hat, kommt wie gerufen.

Marie muss ihre eigene Forschung auf den Abend verlegen, weil sie tagsüber andere Jobs zu erledigen hat. Sie arbeitet beharrlich und systematisch. Doch obwohl alles so langsam voranschreitet, als würde es rückwärtsgehen, bewegt es sich in die richtige Richtung. Sie klebt gerade wieder mit den Augen am Mikroskop, als Ole Hammer hereinkommt, um das Licht auszuschalten.

«Verzeihung, ich dachte, hier wäre niemand mehr», sagt er. «Was hast du denn da?»

«Einen Springschwanz.»

«Darf ich mal sehen?»

«Ja, natürlich.»

Er tritt näher. In seinen kleinen Augen blitzt ein wunderbarer Schalk auf. Marie bemerkt, wie rücksichtsvoll seine Bewegungen sind. Schon bei der kleinsten Berührung können sich die Tierchen auf der Glasplatte drehen, und dann muss sie von vorn anfangen. Jetzt steht er so nah bei ihr, dass sie sich nur zur Seite beugen muss, damit er das Mikroskop erreicht und seine Augen an die Okulare setzen kann. Marie spürt ein leises Zittern im Körper. Im Gegensatz zu vielen anderen Menschen hat Ole keinen bestimmten Geruch; in gewisser Weise gefällt ihr dieses Neutrale, Ungestörte. Seine Ausstrahlung ist angenehm, sein Körper schmächtig und jungenhaft. Am meisten aber mag sie seine lebendigen Augen und sein Lächeln, bei dessen Anblick sich Wärme und Ruhe in ihr ausbreiten.

«Darf ich dich etwas fragen?»

«Ja, natürlich.»

«Bevor du nach Grönland gefahren bist, hatten wir darüber gesprochen, uns mal zu treffen, aber ich habe nie wieder etwas von dir gehört. Das hat mich gewundert, denn ich hatte das Gefühl, du magst mich.»

«Ich fühlte mich zu dir hingezogen, und das ist immer noch so, aber ich hatte so viel zu tun.»

«Jetzt sage ich es freiheraus.»

«Ja?»

Auf seiner Oberlippe bilden sich kleine Schweißperlen. «Seit ich dich im Studium das erste Mal gesehen habe, bin ich rettungslos in dich verliebt, und jetzt ist es wieder aufgeflammt.»

Marie ist von seiner Offenheit überrascht.

«Selbst wenn ich in meinem Gedächtnis krame, erscheint mir kein Bild von dir. Aber wie gesagt fühle ich mich auch zu dir hingezogen.»

Er lacht ein wenig zu selbstbewusst, fängt sich aber rechtzeitig wieder.

«Ich kenne niemanden, der so zielstrebig ist wie du. Erinnerst du dich wirklich nicht an mich?»

«Woran erinnert man sich denn überhaupt noch aus der Studienzeit?», fragt Marie ausweichend.

«Ich erinnere mich an dein Haar und wie das Licht darin spielte, und oh, ja, deine Brüste, die wie zwei kleine Hügel unter deiner Bluse aufragten.»

Maries Puls beschleunigt sich.

«Aber hast du mich jemals angesprochen?»

«Du hast Thorssen gehört, das wussten alle.»

«Ich habe niemandem gehört.»

«Einmal habe ich mit dir geredet. Du hast allein vor der Universität gesessen, als würdest du auf jemanden warten. Mein Fahrrad lehnte an der Bank. Was für ein Zufall, dass du direkt neben meinem Fahrrad saßest und ich direkt neben dir stand! In Gedanken versuchte ich verzweifelt, einen Satz zu formen, so in der Art von: Dein Körper verströmt ein so fluoreszierendes Licht, als

wärst du aus einem radioaktiven Stoff. Aber ich sagte
nur: Hallo. Und du hast gelächelt und deine Beine ausgestreckt. Und ich dachte, wenn sie jetzt ihr Gesicht hebt
und mich ansieht, sage ich etwas zu ihr, aber du hast
nicht aufgesehen.»

«Küss mich», sagt Marie.

Ehe sie es sich anders überlegen kann, legt er die Hand
auf ihren Nacken, und seine Zunge schlängelt sich um
die ihre. Es rauscht in ihr, ihr Körper ist ein einziger elek-
trisierter Muskel, in dem es wild knistert.

Marie und Aase betreten ihren Hauseingang. Als sie die Treppe hinaufgehen, führt ihr Geruchssinn sie durch das Leben anderer Menschen, es riecht nach Abendessen, Müll und frischer Wäsche.

«Wir gehen heute Abend aus, willst du mitkommen?», fragt Marie.

«Wer ist wir?»

«Mein Kollege Ole und sein Mitbewohner Mogens. Ich glaube, du würdest Mogens mögen.»

«Vielleicht mag ich ja auch Ole.»

«Ja», sagt Marie. «Ganz bestimmt.»

«Natürlich will ich mit. Aber nur, wenn ich dich auch frisieren darf. Du wirst so schön aussehen.»

«Danke.»

«Denn du gleichst mir ja aufs Haar.»

«Haha, Humor hast du immerhin.»

Die Musik ist laut, der Raum überfüllt. Marie und Aase treten unter die bunten Lampen und laufen Mogens direkt in die Arme.

«Du musst Aase sein», sagt Mogens und ergreift ihre Hand.

Und da schlägt der Blitz ein, in genau diesem Moment, in Mogens und Aase, sie können nicht wieder voneinander lassen.

«Sie benehmen sich, als würden sie sich schon immer kennen», sagt Ole.

Er sitzt da und wippt im Takt der Musik mit den Beinen.

«Ja», sagt Marie. «Komm.»

«Wohin?»

«Wir müssen tanzen.»

1936

Ole und Marie unternehmen Spaziergänge durch die Stadt. Ihre Hände sind zu einer Faust verschränkt. Im Park küssen sie sich stundenlang hinter ein paar kleinen Bäumen. Sie berühren und befühlen sich und nehmen die Form des anderen an. Marie ergreift Oles Hand und führt sie unter ihre Bluse, doch als sie sie auch unter ihren Rock lenken will, zieht er sie zurück. Ihre Wangen brennen nicht nur vor Lust, sondern auch vor Scham, weil sie sich nicht beherrschen kann. Warum ist sein Begehren nicht ebenso hemmungslos? Bei Thorssen stieß sie auf dieselbe Zurückhaltung, wobei das schlimmer war, weil sie ihn noch mehr liebte.

«Wie seltsam, dass man nicht miteinander ins Bett gehen darf, bevor man verheiratet ist, der Akt ist doch derselbe! Warum dämonisiert man etwas, das im Tierreich ganz natürlich ist, obwohl wir auch darunterfallen?»

«Wir unterscheiden uns doch genau darin von den Tieren, dass wir unsere Lust kontrollieren und Sexualität mit Liebe verbinden können. Wir können nicht unbedacht mit jedem ins Bett gehen, sonst würden wir degenerieren.»

«Warum in aller Welt sollte man dümmer davon werden?»

«So sieht es die Gesellschaft. Ich persönlich habe nichts dagegen, aber wir können uns nicht einfach von der Moral und den Normen der Gesellschaft freimachen. Glaub mir, die Ausgrenzung, die man erfährt, wenn man schwanger wird, ohne verheiratet zu sein, möchtest du nicht erleben. Es ist traurig, aber wir sind alle von der christlichen Lebensanschauung infiziert, die uns nur einen sehr begrenzten Rahmen vorgibt, in dem wir leben können.»

«Dann verloben wir uns!»

Marie ist selbst überrascht von ihrem Ausbruch. Ist sie wirklich so verzweifelt?

«Müsste ich das nicht dich fragen?»

Ole lacht.

«Dann frag mich.»

«Willst du mich heiraten?»

Warum eigentlich nicht? Marie zweifelt nicht an Oles Attraktivität, er hat eine gute Ausbildung wie sie, ist aber auch künstlerisch veranlagt, und er respektiert ihre Ambitionen. Er wäre ganz sicher ein guter Ehemann. Sie sieht keinen Grund zu warten.

«Ich sage Ja.»

«Ja?»

«Ich stelle nur eine einzige Bedingung: Du musst mir versprechen, dass du dich *niemals* zwischen mich und meine Forschung stellst.»

«Das verspreche ich, Marie.»

«Dann sind wir jetzt verlobt.»

«Bis Oktober», sagt er, «dann heiraten wir.»

Sie küssen sich heftig, flüssiges Gestein glüht im Erdinneren.

Ole ist nach Norwegen gereist. Marie kreist rastlos um sich selbst. Ihr Körper benimmt sich wie ein eigenständiges Tier mit einem unbändigen Willen, das sie hinter sich herzieht. Die Vernunft will sich nicht durchsetzen, ihre Gedanken wimmeln durcheinander wie Ameisen auf Zucker. Er wird drei Wochen weg sein, aber sie zerspringt fast vor Sehnsucht.

«Ich halte das nicht aus.»

«Entspann dich, Marie. Noch ehe du blinzeln kannst, ist er wieder da», sagt Aase.

«Ich kann nicht drei Wochen lang warten.»

«Vergrab dich in deiner Arbeit.»

«Meine Arbeit könnte von einer hirnamputierten Kuh ausgeführt werden.»

Marie hat eine Entscheidung getroffen. Sie greift nach dem Hörer und ruft im Sekretariat an.

«Ich bin krank.»

Sie nickt in die Luft.

«Ja, es tut mir schrecklich leid. Pfeiffersches Drüsenfieber. Der Arzt sagt, es dauert zwei bis drei Wochen, bis ich wieder gesund bin. Ja, das ist wirklich eine ärgerliche Situation.»

Jetzt muss sie nur noch packen. Kurz darauf ist sie bereit, das nächste Schiff Richtung Norwegen zu besteigen. Sie ist ein See, und das Leben ist ein kleiner, flacher, runder Stein, der über das Wasser springt.

Maries Notizbuch, 1936

Nicht vergessen, Ole ein Telegramm zu schicken
Pass
Fahrkarte
Geld (100 Kronen)
Notizbuch
Karte über Norwegen
Norwegischer Wanderführer
Zeitung
Schuhe
Socken
Unterwäsche
Den blauen Rock
Hose
Bluse
etc.

Das Schiff läuft im Hafen von Oslo ein. Marie erwacht ruckartig. Sie steht auf und schwingt den Rucksack über ihre Schulter. Kurz darauf steht sie mit dem Abdruck ihres Kissens auf der Wange an Deck und wartet darauf, von Bord gehen zu können. Neben ihr steht der Steuermann, der so gut aussehend und muskulös ist, dass sie den Blick nicht von ihm abwenden kann.

«Sie sehen aus wie eine Dänin?», fragt er.

«Ich bin eine», antwortet sie.

«Vor Kurzem habe ich lange mit einem Landsmann von Ihnen geplaudert, der Hammer hieß, wie ein Hammer. Haha.»

«Das muss mein Verlobter gewesen sein! Ole Hammer.»

«Was für ein lustiger Zufall.»

«Er weiß nicht, dass ich komme.»

«Es ist also eine Überraschung?»

«Ja, ich habe zwar ein Telegramm zum Postamt geschickt, aber ich fürchte, es ist nicht angekommen, denn ich habe nichts von ihm gehört. Hat er etwas darüber gesagt, wo er wohnen wollte?»

«Ich meine mich zu erinnern, dass es das Rosendahl Hotel war.»

«Rosendahl? Danke. Was für ein Glück, dass ich Sie getroffen habe.»

«Keine Ursache.»

Marie eilt von Bord und weiter durch die schmalen Straßen, bis sie im Nu das Hotel erreicht hat. Doch als sie eine ganze Reihe von Portiers in steifen Uniformen und einem Schwanz von blauäugigen Piccolos hinter sich vor dem

Eingang stehen lässt, sinkt ihre Hoffnung. Sollte sich ihr bohemehafter, zerzauster Ole wirklich hier einlogiert haben?

«Tut mir leid, aber wir haben keinen Gast mit diesem Namen», sagt der Rezeptionist.

«Was würden Sie mir denn raten, wie ich ihn finde, ich kann mich ja nicht auf den Bahnhof setzen und ihn dort abfangen?»

«Ich könnte ein bisschen herumtelefonieren und mich erkundigen, ob er in der Nähe untergekommen ist.»

«Oh, vielen Dank, das wäre eine große Hilfe.»

Doch es gelingt nicht, Ole aufzuspüren. Marie verlässt das Hotel durch die große Drehtür und tritt in einen feinen Nieselregen. Sie kann sich nicht erinnern, wann sie das letzte Mal so niedergeschlagen war. Sie schlurft über die Pflastersteine, hat keine Kraft, die Füße zu heben, und sieht die große Pfütze erst, als es schon zu spät ist. Ihre Schuhe werden durchnässt, und ein kindliches Weinen steigt in ihrem Hals auf. Doch dann endet der Regen von einem Moment auf den anderen. Die Sonne fällt wie ein Scheinwerfer durch ein Loch in der Wolkendecke direkt auf sie herab, so plötzlich, dass es einen Kurzschluss in ihr auslöst, und ihre Laune hebt sich wie ein dummes Huhn, das nicht fliegen kann und es trotzdem versucht. Sie bleibt vor einem kleinen Hotel stehen, mietet ein Zimmer, wirft ihren Rucksack auf den Boden, wäscht sich, kämmt ihr Haar und beschließt, sich die Stadt anzusehen. Jetzt, wo sie schon einmal hier ist, kann sie das Erlebnis genauso gut genießen.

Marie läuft zwischen den alten Häusern umher, als sie eine Gestalt erblickt, die mit einer Tüte in der einen Hand und einer großen Pflaume in der anderen den Bürgersteig entlangspaziert.

«Ole?»

Der Mann reagiert nicht, sondern redet einfach weiter mit der jungen Frau, die neben ihm hergeht. Erst als er so nahe ist, dass sie ihn fast berühren kann, erblickt er sie.

«Marie! Aber was ... wo kommst du denn her?»

«Von der Fähre», antwortet sie.

Er lächelt das Lächeln, das Marie so gut kennt, die kleinen, fröhlichen Augen leuchten in seinem Gesicht, das Farbe bekommen hat. Die Sonnenbräune steht ihm.

«Ja, natürlich, woher sonst», sagt er zwinkernd.

Ole steckt die Hand in die Tüte, angelt eine neue Pflaume heraus und führt sie zum Mund. Maries Augen kleben an der Pflaume, den Lippen, dann blickt sie zu der jungen Frau, die zwischen ihnen steht.

«Ich heiße Marie, und wer sind Sie?»

«Clara wohnt in derselben Pension wie ich. Sie kommt genau wie wir aus Kopenhagen», antwortet Ole.

«Clara kann doch sicher selber sprechen», erwidert Marie.

«Ja, natürlich», sagt er.

«Es freut mich, Sie kennenzulernen», sagt Clara.

Vielleicht hätte sie sagen sollen, dass sie Oles Verlobte ist, überlegt Marie, aber jetzt ist es zu spät, und außerdem zweifelt sie daran, ob sie wirklich offiziell verlobt sind, obwohl sie es noch niemandem gesagt haben.

«Komm doch mit, wir sind gerade auf dem Weg zum Fisketorvet», sagt Ole. Er streckt ihr die Tüte mit den Pflaumen hin. «Nimm eine. Die sind süß.»

Jetzt teilen sie sich die Pflaumen zu dritt, und die Tüte ist schnell leer gegessen. Der Fruchtzucker glasiert den Gaumen.

Immer wenn Marie zu Ole blickt, lächelt er, und natürlich ist er auch zu Clara freundlich, aber nur Marie lächelt er so unwiderstehlich an.

«Ich muss noch ein paar Sachen erledigen», sagt Clara zu Ole und wendet sich danach an Marie: «Hat mich gefreut, Ihre Bekanntschaft zu machen.»

Dann ist sie weg. Als hätte jemand sie weggewischt. Nur noch zu zweit zu sein, ist befreiend. Sie gehen zwischen Rotbarschen, Lippfischen und Makrelen in allen Größen umher, die Luft ist mit kräftigem Fischgeruch geschwängert, die silbernen Schuppen glitzern. Hier, zwischen all den lebenden und toten Fischen, haben sie nur Augen füreinander. Zwischen den Ständen ist es eng. Sie verlassen die Markthalle, überqueren die Straße, gehen mitten in den Park, die grüne Lunge der Stadt, und legen sich ins Gras unter eine riesige Platane, deren Blätter wie Tausende seidenweicher grüner Stimmlippen über ihnen rauschen.

«Ich wusste nicht, dass sie so groß werden können», sagt Marie.

«Das ist ein lebender Riese.»

Sie sieht in die Wolken hinauf und wird innerlich ganz leer. Ihr Kopf ruht auf Oles Bauch. Sie liegen reglos da, während die Zeit zerfließt, und sie lauscht den Geräuschen aus seinem Bauch, kleine, merkwürdige Explosionen und ein Schwappen, die Luft blubbert, und die Zeit dehnt sich aus, Minuten werden zu Jahren. Sie gleitet zwischen den Zeitzonen hin und her, bis sie wieder im Park ist, im Hier und Jetzt. Sie hebt den Kopf und streckt sich, jetzt liegt sie auf ihm. Ihre Brüste spannen. Die Zungen bewegen sich langsam in den Mundhöhlen umher. Es fühlt sich auf eine andere Weise intensiv an, und ihre übliche Ungeduld plagt sie weniger als sonst. Die leuchtende nordische Dunkelheit senkt sich auf sie herab und bringt erneut die Konturen der physischen Welt zum Vorschein.

«Lass uns zurückgehen», sagt Ole.

Ihr Körper wehrt sich, aber sie spürt, wie kalt ihr ist, als sie aufstehen, um in ihr jeweiliges Hotel zurückzugehen. Der Gedanke, dass sie sich trennen müssen, sitzt wie eine stramme Schnur um ihr Herz, und die Vorstellung, dass er heute Nacht mit dem dänischen Mädchen unter einem Dach schläft, quält sie wie eine plötzlich aufkommende Krankheit.

«Bist du eifersüchtig, Marie?»

«Ja, natürlich», sagt sie. «Ich möchte dich gern für mich allein haben.»

Am nächsten Tag fahren sie aus Oslo heraus. Der Bus rollt zwischen Berghängen entlang in tiefe dunkelgrüne Täler. Marie kann sich nur schwer auf die Natur konzentrieren, wenn Ole sie mit seinen lustigen Augen ansieht. Sein Blick bringt kleine Bläschen in ihr zum Sprudeln.

Jetzt fahren sie an einem weitläufigen Apfelhain vorbei. Die Passagiere weiter hinten haben begonnen, zu singen und sich auf die Schenkel zu klopfen.

«Ich habe noch nie so viele rote Äpfel auf einmal gesehen», sagt Ole.

Kindliche Begeisterung leuchtet aus ihm. Für Marie ist das nichts Besonderes, zu Hause auf dem Hof ihrer Mutter hängen viel mehr Äpfel an den Bäumen. Aber sie genießt seine Freude und versucht, sie als Bild im Gedächtnis zu speichern, sein weißes Hemd, den intensiven Blick, den Klang der Volkslieder, und in dem Moment ist sie einfach nur glücklich.

«Hier müssen Sie aussteigen», sagt der Fahrer.

Sie werden am Straßenrand abgesetzt und beginnen zu wandern. Laut der Karte ist die Wanderung zwölf Kilometer lang, sie haben eine Nacht in einer Herberge reserviert, aber die Schuhe drücken, der Rucksack ist schwer, und Maries weiche Oberschenkel schwächeln, sie ist nicht in Form, und ihre Zehen rutschen die ganze Zeit gegen die Schuhspitze, sodass ihr die Nägel schmerzen. Ole scheint nichts zu merken, also beißt sie die Zähne zusammen und hält sein Tempo.

Als sie ihr Ziel erreichen, steht die Sonne immer noch hoch am Himmel, obwohl Abend ist. Die Rezeption riecht wie ein Trödelladen, die Einrichtung ist in einer Palette von Brauntönen gehalten.

«Wie kann ich Ihnen helfen?»

Der Mann, der sie empfängt, ist klein und dünn, er sieht aus wie eine Schnake, denkt Marie.

«Wir hatten ein Doppelzimmer bestellt», sagt Ole. «Ole und Marie Hammer.»

Die Lüge knistert für eine Sekunde in der Luft, Maries Gesicht ist wie versteinert. Wie kann er es wagen? Seine unbekümmerte Miene macht sie an, sie liebt diese Lüge.

«Gibt es hier ein paar schöne Stellen mit Aussicht, die sich zum Malen eignen?», fragt Ole die Schnake.

Nach dem Abendessen sinkt die Sonne am Horizont, und als das Licht abnimmt, glänzt der Fjord wie Öl, und Oles Lächeln leuchtet sie die ganze Zeit an. Sie kann im Widerschein baden.

Das Doppelbett steht wie eine rechteckige Insel im Hotelzimmer. Sie ziehen den Überwurf von den weißen Bettdecken, die den dunklen Raum erhellen. Im Gegensatz zur Rezeption duftet das Zimmer frisch, als würde man durch Wäsche gehen, die draußen auf einer Leine flattert. Marie zieht sich aus, bis all ihre Kleider um sie herum verstreut liegen. Er bleibt wie hypnotisiert stehen und betrachtet sie mit einem Blick, der fieberhaft die Kurven des Körpers und ihr Geschlecht absucht, und ihre Brustwarzen werden hart. Dass er sie sieht, erregt sie, sie lässt das weiße Nachthemd über ihren nackten Körper gleiten und legt sich auf die Bettdecke.

«Frierst du?», fragt er.

«Ja», antwortet sie, obwohl ihr viel zu warm ist.

In ihrer Fantasie zerreißt er ihr Nachthemd und liebkost sie, bis sie in der Dunkelheit seiner Pupillen verschwindet. Alle Wasserfälle der Erde rauschen in ihr.

«Komm her.»

In der Dämmerung und dem Mückengesumm legt er sich zu ihr, seine Küsse lassen ihren Körper brennen, und genau da, als sie kurz davor ist zu verschwinden, stopft er die Decke um sie herum fest, als würde er sie verpuppen, dreht sie auf die Seite, legt die Arme um sie und hält sie fest, als wäre sie ein Kind.

«Gute Nacht», sagt er.

«Gute Nacht, kleiner Knirps.»

«Kleiner Knirps? Ich bin größer, als du denkst.»

Sie liegt mucksmäuschenstill da, formuliert in Gedanken Sätze und hört seinem leisen Schnarchen zu. Sie kann überhaupt nicht schlafen. Mit Thorssen fühlte sie sich als Frau vollkommen, aber mit Ole fühlt sie, dass sie sie selbst sein kann. Sie sind sich ebenbürtig. Ole bewundert ihren Intellekt bedingungslos. Meinen Männern gemein ist, dass sie so verflucht korrekt sind, denkt sie, ehe der Schlaf wie mit einem Fangarm nach ihr greift und sie mitzieht.

Sie schläft tief und fest. Durch ihren Traumschleier sieht sie Ole. Er sitzt nackt im Sessel vor dem Fenster und hält schützend seine Arme um die Knie, verbirgt sein Gesicht im Schatten, er weint, ist völlig in sich versunken. Im bleichen Sommernachtslicht schimmert sein Körper wie glatter Marmor. Sie steht auf, der Boden unter ihren Füßen ist kalt. Sie zieht ihr Nachthemd aus und kniet sich vor ihn. Er sieht ihr in die Augen. Dieses klare Blau, das unendliche Meer darin. Das Begehren überschwemmt die Tränen. Und sie denkt, dass es auf eine andere Weise schmerzlicher und sonderbarer ist als alles andere. Sie will nur das: das Blut, die Lust und den Schmerz. Sie bewegt sich schneller, in den Laut hinein, der aus ihrer Kehle aufsteigt und wieder verschwindet.

1936

Sie schiebt eine Hand zwischen ihre Schenkel, sucht nach Zeichen dafür, ob es ein Traum war oder sie heute Nacht wirklich ihre Unschuld verloren hat. Ole schläft noch. Er liegt dort im Morgenlicht wie ein griechischer Jüngling. Sie pustet in sein Stirnhaar, kitzelt ihn leicht am Hals. Er schlägt die Augen auf.

«Ich muss los, Proben sammeln», sagt sie.

Er lächelt. Dieses Lächeln, das nur ihr gehört.

«Ich bin heute Nacht aufgewacht», sagt er. «Du auch?»

«Ja», antwortet sie.

Wie immer, wenn er sie begleitet, erscheint die Natur verzaubert. Er ist derjenige, der die Landschaft und den See für sie erschafft, und erst wenn er ihre Freude darüber gesehen hat, setzt er sich in die Mitte und zeichnet das alles. Er bedeckt die Linien auf dem trockenen Papier mit feinen, kleinen Pinselstrichen, fügt Wasser hinzu und lässt die Aquarellfarben zu großen feuchten Flächen verschwimmen. Das Papier ist ein weißes Licht, das die Farbe zum Vorschein bringt. Der See liegt spiegelblank da, zwischen großen Schwärmen von Wasserläufern zeichnen kleine Fische Blitze auf die Oberfläche.

«Marie», sagt er.

«Ja.»

Ole fällt auf die Knie. Bei einem Freigeist wie ihm wirkt ein solcher Kniefall linkisch. Obwohl sie sich danach gesehnt hat, dass er ihr einen Antrag macht, spürt sie einen Stich der Trauer im Herzen, wo Thorssen immer noch einen Platz hat.

«Willst du mich heiraten?»

«Das haben wir doch schon ausgemacht.»

«Aber jetzt ist es ernst.»

Instinktiv weicht sie einen Schritt zurück. Hat er es beim letzten Mal nicht ernst gemeint?

Ole zieht eine kleine Schachtel aus der Tasche. Er öffnet sie. Ein dünner Silberring mit einem kleinen Bernstein wird sichtbar.

«Der ist schön.»

«Da ist ein Tier drin.»

«Ein Springschwanz! Ole, der ist ganz wundervoll!»

«Gefällt er dir?»

«Ja! Niemand hat mir je ein so wundervolles Geschenk gemacht. Und ja, mein Schatz, natürlich will ich dich heiraten. Aber unsere Vereinbarung gilt nach wie vor.»

«Welche Vereinbarung?»

«Dass du dich niemals zwischen mich und meine Forschung stellst.»

«Das würde ich nie tun.»

Sie schweigen, sind beide ein bisschen verlegen.

«Wovon träumst du?», fragt sie.

«Von dir.»

«Ich meine, was willst du in deinem Leben erreichen?»

«Ich möchte forschen und malen.»

«Sind die Fliegen nicht dein Traum?»

«Nein, die Fliegen sind mein Interesse, die Bienen und die Kunst sind mein Traum. Wenn ich zeichne und male, werde ich selbst zu den Wolken, den Feldern, zu allem, was ich wiedergebe. Wie geht es dir mit deinen Erdtieren?»

«Ich habe das Gefühl, ich bin zunehmend besessen vom unsichtbaren Leben im Boden unter uns. Es ist ein riesiges und vollkommen unerforschtes Land, bevölkert von unbekannten Wesen. Ich möchte etwas erreichen, das wirklich Bedeutung hat, und ich möchte um die Welt reisen und all die Kulturen und Menschen kennenlernen, die ich nur aus Büchern kenne», sagt sie. «Und Kinder möchte ich haben.»

«Wir werden beide reisen, forschen und eine Familie gründen, wir erschaffen uns eine ganz eigene Truppe.»

Marie dreht den Ring an ihrem Finger. Er glitzert in der Sonne.

Aase und Marie gehen zwischen den ausgestopften Tieren im Naturgeschichtlichen Museum in Kopenhagen umher.

«Marie Hammer», sagt Aase. «Das klingt gut. Besser als Marie Jørgensen.»

«Man sollte aber schon diskutieren, warum Frauen unbedingt den Namen ihres Mannes annehmen müssen», erwidert Marie.

«Du hast recht.»

«Trotzdem gibt es wichtigere Kämpfe auszufechten, in erster Linie sollten wir uns ja das Recht sichern, ein bedeutungsvolles Leben zu leben.»

Aase runzelt die Stirn, Marie runzelt die Stirn, sie heben beide die Hand und streichen ihr Haar zurecht. Marie presst die Lippen zusammen. Aase öffnet sie.

«Wie groß ist die Wahrscheinlichkeit, dass wir uns in zwei Männer verlieben, die genau wie wir zusammenwohnen? So praktisch, dass es fast schon langweilig ist. Vielleicht hättest du doch lieber Thorssen nehmen sollen.»

«Nein, hätte ich nicht. Ole und sein Künstlerkreis sind viel unterhaltsamer als Thorssen und seine öden Freunde. Kielberg, Syberg und Westmann sind neugierig und lustig und davon getrieben, die Welt zu erforschen, genau wie ich.»

Signe Marie Jørgensen und Ole Gregers Hammer sind auf dem Weg zum Kopenhagener Rathaus. Sie trägt Schwarz. Eine halbe Stunde später treten sie auf den Rathausplatz hinaus. Es ist eine einfache und stille Hochzeit, zu der nur die engsten Familienangehörigen eingeladen sind.

Marie ist neunundzwanzig Jahre alt.

«Du hast es gerade noch geschafft, keine alte Jungfer zu werden», sagt Alma.

Obwohl Oles Mutter Elise eine der ersten Fotografinnen Dänemarks ist und sie und ihre Schwester ein Fotogeschäft auf Strøget hatten, gibt es nur ein einziges Bild von Maries Hochzeit. Darauf sitzen und stehen die Eltern und Geschwister mit ihren Partnern im Wohnzimmer zu Hause auf dem Løvbjerggård. Über ihren Köpfen hängen Schwaden von Zigarrenrauch. Marie und Ole sitzen weit auseinander. Sie blickt zu ihm hinüber, er in die Kamera.

Kurz nachdem das Foto gemacht wurde, steht Ole auf und erhebt sein Glas. Er räuspert sich.

«Ich habe nicht irgendeine Wissenschaftlerin geheiratet. Maries Arbeit wurde in Forscherkreisen bereits beachtet, und sie hat gerade einen Artikel eingereicht, in dem sie unter anderem einen ganz neuen Springschwanz aus Grönland beschrieben hat.» Ole hält inne, ehe er fortfährt: «Meine Frau hat nachgewiesen, dass in Ostgrönland bis zu 900 000 primitive Insekten und Milben pro Quadratmeter im Boden leben! Eine unglaublich hohe Zahl, sie übertrifft alles, was man sich hätte vorstellen können. Damit könnte sie sich durchaus wichtigmachen. Aber Maries Bescheidenheit ist genauso ausgeprägt wie ihre persönliche Integrität. Davor habe ich den größten Respekt.»

Ole strahlt vor Stolz, und Marie ist so gerührt, dass es sich anfühlt, als würde ihr Herz wachsen.

Kurze Zeit nach der Hochzeit kommt die Übelkeit, und nachdem der Arzt die Schwangerschaft bestätigt hat, kann Marie der Familie verkünden, dass sie ein Kind erwartet.

«Das ist ja lustig», antwortet ihre Mutter.

«Was soll denn daran lustig sein?», fragt Marie.

«Aase ist doch auch in anderen Umständen!»

«Das hat sie mir gar nicht erzählt.»

«Euer Vater hat recht, ihr seid wirklich magnetisch.»

Dieser verdammte Magnetismus, der alles zusammenklebt, denkt Marie.

1938

Es ist Oles Schuld, dass sie sich im Bett in der kleinen Geburtsklinik am Hauser Plads in Kopenhagen vor Schmerzen krümmt. Blut und Schleim sickern aus ihrem Geschlecht. Sie spürt einen unbehaglichen Schmerz, kleine Speerspitzen dringen in ihren Bauch und bewegen sich im Takt der zunehmenden Wehen nach unten, um sich dann wie schnelle Messerstiche in die andere Richtung umzukehren. Ihr Körper spannt sich abwechselnd wie ein Bogen und rollt sich zusammen wie eine Assel. Der einzige Weg, durch den der Schmerz hinausgelangt, ist ihr Mund, der sich öffnet und Urschreie in den Raum entlässt. Und dann steht plötzlich Helene im Zimmer, direkt hinter der übervorsichtigen jungen Geburtshelferin. Marie hört gar nicht zu, wenn das Mädchen mit ihr redet.

«Atme, ich bin bei dir», sagt Helene. «Ich werde dich nie verlassen.»

«Ein Geist ist eine bessere Hilfe als du», zischt sie das Mädchen an, das versucht, sie zum Entspannen zu bringen. Und du, Ole, bist ein Volltrottel, mich hier mit einer allein zu lassen, die eben noch die Schulbank gedrückt hat, denkt sie. Der Schmerz ist eine endlose Spirale, und Marie faucht wie ein Schwan, während ihr Körper das kleine Geschöpf herauspresst wie eine nackte Gans mit einem zu großen Kopf. Immerhin schafft es die Geburtshelferin gerade noch, die Nabelschnur zu durchtrennen wie ein erwachsener Mensch, dann klatscht sie ihr die Gans auf den Bauch. Marie betrachtet das schleimige, fettige Wesen, das nicht schreit, sondern quakt.

«Jetzt bist du hier», flüstert sie der Kleinen zu.

«Wirst du sie nach mir benennen?», fragt Helene.

«Ja», flüstert sie.

Doch Helene verschwindet wieder, als die Fantasie, die sie war; ihr Name ist nur ein unsichtbarer Keim, der am Kopf des Kindes hängen bleibt wie ein Flimmerhärchen. Der Keim wächst, Marie lächelt. Helene ist ein ausgezeichneter Name.

Das kleine Mädchen sucht nach der Brust wie ein blinder Maulwurf, mit der Nase voran, aber die Milch ist noch nicht eingeschossen, drei Tage werden vergehen, ehe sich die Produktion so heftig beschleunigt, dass das Kind gar nicht nachkommt und die Brüste gefüllt sind, aber nie geleert werden und deshalb steinhart werden.

Als Ole nach der Geburt ins Zimmer kommt, liegt Marie mit warmen Umschlägen da.

«Es ist unbegreiflich», sagt Ole.

«Ich dachte für einen Moment, ich hätte einen Frosch geboren», sagt Marie. «Sie hat gequakt, als sie herauskam.»

Er lacht.

«Darf ich sie mal halten?»

«Ja, natürlich.»

Vorsichtig nimmt Ole die Kleine auf den Arm. Er hält das Baby so seltsam unbeholfen, und Marie ist plötzlich derart gerührt, dass sie fast in Tränen ausbricht, sie vergisst vollkommen, wie wütend sie während der Geburt auf ihn war.

«Ich finde, Helene ist so ein hochtrabender Name», sagt er.

«Was meinst du damit?», fragt sie.

«Außerdem muss ich dabei an deine tote Freundin Helene denken. Vielleicht sollte unsere Tochter ihren eigenen Namen haben.»

«Ohne Helene hätte ich diese Geburt nie durchgestanden. Sie war bei mir.»

«Sie ist tot, Marie.»

Marie sieht weg.

«Was ist mit Karen?», fragt sie dann.

«Karen gefällt mir gut, das ist ein schöner Name», sagt er. «Viel besser.»

«Abgemacht, wir nennen sie Karen Helene.»

«Du bist blass», sagt Ole.

«Ja», sagt Marie, «ich habe Fieber. Unsere kleine Karen Helene wird nur hereingebracht, wenn ich sie stillen soll. Die restliche Zeit über schlafe ich.»

Sie erzählt ihm nicht, dass sie allmählich von einer dunklen Einsamkeit erfüllt wird und keine Verbindung zu ihrer Tochter empfindet. Dass nichts so ist, wie sie es sich vorgestellt hatte. Sie bringt es nicht einmal über sich, das kleine Wesen in ihren Armen zu halten. Sie möchte sich einfach nur fallen lassen und ihren Schmerz hinausbrüllen. Was ist sie für ein verkrüppeltes Tier, das nicht einmal den Drang verspürt, für seine Nachkommen zu sorgen?

In der Nacht steigt Maries Fieber jäh an. Eine Krankenschwester sieht nach ihr.

«Sie müssen sich ausruhen», sagt sie.

«Aber ich tue doch nichts anderes», erwidert Marie.

Ihre schmerzenden Brüste schwächen sie, sonst hätte sie der wohlmeinenden Schwester ihre Meinung gesagt.

Im Laufe des nächsten Tages schreitet die Entzündung hastig voran. Jetzt sind die Brüste zwei rote, geschwollene Geschwüre.

«Wir müssen operieren, die Entzündung muss raus», erklärt die Krankenschwester.

«Aber was wird dann aus der Kleinen?», fragt Ole. «Soll ich sie mit nach Hause nehmen und mich um sie kümmern?»

«Wir finden einen Platz in einem Heim für Säuglinge. Es ist besser, wenn das Kind an einem Ort ist, wo man es korrekt versorgt. Es braucht alle drei bis vier Stunden Milch. Aber Sie können sie tagsüber dort besuchen.»

«Nein!», möchte Marie schreien. «Unter keinen Umständen! Keiner darf unser Kind in ein Heim schicken.» Ihr Mund steht offen, doch die Worte dringen nie hinaus, sie bleiben hängen wie Sterne im Nebel. In ihrem Inneren herrscht nichts als Nacht und Schatten. Klebrige Finger, die immer länger werden, ziehen sie in die Tiefe.

Marie liegt flach auf dem Rücken, ihre Haut ist gefühllos, ihr Gesicht erscheint ihr seltsam fremd, als würde es einer anderen gehören. Wenn sie an das Kind denkt, wird ihr übel. Die Oberschwester bringt ein Tablett mit Essen herein.

«Ihr Mann ist da.»

«Ja», antwortet Marie tonlos.

«Möchten Sie es ihm selbst sagen?»

«Nein», antwortet Marie tonlos. «Können Sie das übernehmen?»

Marie blickt auf die weiße Bettdecke, auf der ihre Hände liegen wie zwei friedliche, aber unbekannte Wesen.

Er betritt das Zimmer, und sie schreckt zusammen, als sie ihn sieht. Die Oberschwester bleibt an ihrer Seite, und das beruhigt sie.

«Marie?», fragt Ole.

Doch sie kann nichts sagen, ihre Stimme will nicht hinaus.

Die Oberschwester übernimmt. «Marie geht es besser, die Operation verlief gut, und das Fieber ist gefallen», sagt sie.

«Wann rechnen Sie damit, dass sie wieder nach Hause kommen kann?», fragt Ole.

«Es wird noch einige Zeit dauern», antwortet die Oberschwester.

«Was bedeutet denn ‹einige Zeit›?»

«Ein paar Wochen, würde ich denken.»

«Ein paar Wochen?»

«Ja. Sie können sie ja besuchen.»

«So lange dauert es doch wohl nicht, bis ein paar Narben verheilt sind?»

«Nein, aber Maries seelische Verfassung sollte stabil sein.»

«Marie ist kein labiler Mensch.»

«Nein, aber ihr Gemützustand verlangt nach Ruhe. Sie bleibt hier, bis ihr Zustand stabil ist», wiederholt die Oberschwester entschieden.

«Ja, aber ...»

«Jetzt muss sie sich ausruhen.»

«Ja, natürlich», antwortet er. «Marie?»

Marie nickt, sieht ihn aber nach wie vor nicht an.

«Aase hat Zwillinge bekommen.»

Als Marie zwei Monate später aus dem Krankenhaus entlassen wird, steht sie immer noch neben sich, ihre Energie ist wie weggeblasen, sie schlurft wie ein Gespenst durch die Gegend.

«Deine Tante auf Samsø hat gesagt, du könntest bei ihr wohnen, bis du wieder auf den Beinen bist», sagt Ole. «Marie, sieh mich an.»

«Lass mich», antwortet sie nur.

Am nächsten Tag wird Marie auf die Insel gebracht. Die kleine Karen Helene ist immer noch im Säuglingsheim. Aase und Marie haben ihre Kinder im Abstand von einem Monat geboren, doch im Gegensatz zu Marie war die Geburt für Aase ein glückliches Ereignis, sie hat Zwillinge bekommen und leidet weder an einer Brustentzündung noch an einer Depression, ihre Seele ist nicht geschwärzt wie Maries.

Ole besucht die Kleine so oft, wie er kann, sie wächst in ihrer Wiege. Und dann fährt er zum ersten Mal zu Marie nach Samsø.

Marie kann im Haus sitzen, ohne dass sie jemand sieht. Wenn man ihr in die Augen schaut, begegnet man niemandem. Ihr Blick ist leer. Sie sitzt im Zimmer und lauscht Oles Stimme, die aus der Küche dringt.

«Ich würde alles dafür tun, diesen Blick wiederzusehen», sagt er.

Redet er mit sich selbst? Nein, jetzt hört sie die Stimme ihrer Tante: «Sie wird sich wieder erholen, die Frauen in unserer Familie sind aus einem besonderen Stoff gemacht, uns kann nichts aus der Bahn werfen, nicht mal eine Depression.»

Die Wörter sickern in sie hinein. Die Kindheit, die Kartoffeln, die Natur und die Kraft, all das, was sie in ihrem tiefsten Inneren ist; sie nimmt es auf wie ein Papier, das sich langsam mit Tinte vollsaugt, und ein Wesen kommt zum Vorschein, ein Troll, das ist sie. Sie lächelt bei dem Gedanken, aber für das Kind hat sie immer noch keine Empfindungen. Sie geht zu den anderen in die Küche hinaus.

«Wollen wir Karen Helene nicht holen, jetzt, wo du auch bald nach Hause kommst?»

«Karen», verbessert Marie ihn. «Nennen wir sie doch einfach nur Karen.»

Helene gehört in eine andere Zeit, ihre glücklichste, die Studienzeit. Marie bereut es, dem Kind diesen Namen gegeben zu haben.

«Marie geht es besser», sagt ihre Tante beruhigend zu Ole.

Marie sieht ihm an, dass er nicht weiß, ob er ihr glauben kann.

Als sie Karen kurz nach Maries Heimkehr aus dem Säuglingsheim holen, ist sie drei Monate alt. Sie ist ein lebendiges Kind, das sich schnell entwickelt, sie steckt ihre Nase und ihre Finger überall hinein, auch in Oles und Maries Mund, um zu prüfen, ob sie noch all ihre Zähne haben.

«Sie ist ja vollkommen unglaublich», sagt Ole, und dann lachen sie alle drei. Marie wird gesund, ganz langsam.

1940

Ole setzt das Messer auf die weiche, braune Oberfläche und lässt es hinabgleiten, bis ein Span fällt. Er arbeitet am liebsten am Küchenfenster, und obwohl das Licht im Laufe des Tages abnimmt, schaltet er die Lampe nicht ein, sondern setzt seine konzentrierte Schnitzarbeit auf der Linoleumplatte fort. Marie kommt mit Karen auf dem Arm in die Küche. Sie schaltet die Deckenlampe ein, setzt die Kleine auf den Boden und drückt ihr einen Kochlöffel in die Hand, mit dem sie sofort auf den Boden einhämmert. Ole blinzelt zur Lampe hinauf, als müsste er direkt in die Sonne blicken.

«Du machst dir die Augen kaputt», sagt sie.

«Es ist immer noch hell.»

«Aber doch nicht hell genug, um zu arbeiten.»

Diese zarten, hellen Sommernächte; Marie liebt sie.

«Was machst du gerade?»

«Ich schnitze einen Baum.»

Sie geht zu ihm, stellt sich neben den Tisch und legt den Kopf schief.

«Die Baumkrone gleicht einem Gesicht?»

«Ja, da hast du recht», antwortet er.

Jetzt klopft der Topflöffel rhythmisch gegen das Stuhlbein.

«Vielleicht ist Karen musikalisch?»

Marie war nie gut darin, die richtigen Töne zu treffen.

«Ich habe heute deinen Professor getroffen», sagt Ole. «Er sagte: Wie ich höre, ist Marie Mutter eines neuen Tieres geworden.»

Die Bemerkung trifft sie direkt ins Herz. Sie hätte nicht gedacht, dass der Professor ihre Arbeit weiterhin verfolgt. Doch dann wird sie traurig, denn es ist so einsam und schwer, allein zu Hause zu arbeiten, getrieben von der Unruhe, die Karen und der ganze Haushalt in ihr auslösen. Sie vermisst ihre Kollegen. Denn obwohl Ole und sie über ihre Arbeit sprechen, fehlt ihr das Erlebnis, dass sich etwas plötzlich abhebt und in eine unerwartete Richtung entwickelt. Sie schüttelt ihre Unzufriedenheit ab. Stattdessen muss sie sich darauf konzentrieren, dass sie ein Mikroskop als lebenslange Leihgabe erhalten hat und ein jährliches Stipendium von 800 Kronen für die nächsten drei Jahre, um ihre Arbeit zur grönländischen Fauna zu beenden.

«Ich überlege schon länger, ob mein Material für eine Dissertation ausreichen würde», sagt sie zu Ole.

«Du hast riesige Mengen an Material, und alle deine Artikel wurden angenommen. Das lässt sich doch bestimmt umsetzen.»

«Aber mir fehlt die Zeit und Ruhe, um alles zu sortieren und zu registrieren und den Rest zu sammeln.»

«Mama?»

Karen versucht auf Maries Schoß zu klettern.

«Nicht jetzt, mein Schatz, Mama hat Bauchschmerzen.»

Karen schmollt.

«Du bist doch schon so groß, dass du große Schwester wirst. Bald werden wir zu viert sein. Dann ziehen wir von Vanløse nach Virum, in ein neues Haus.»

«Aus?», fragt Karen.

«Ja, ein Haus. Und du bekommst einen großen Garten, in dem du spielen kannst.»

Karen scheint zu verstehen, was sie sagt, obwohl Marie nicht genau einschätzen kann, was sie in ihrem kleinen Kopf speichert. Sie will ihre Tochter aber auf keinen Fall von oben herab behandeln.

«Ach, übrigens habe ich zufällig Ida getroffen», sagt Marie zu Ole. «Sie fährt in den Skiurlaub und hat mich gefragt, ob ich mitkommen wolle, denn ihr Mann muss arbeiten.»

«Ja, natürlich musst du das machen.»

«Aber ich bin doch schwanger, und was ist mit Karen?», fragt sie.

«Du bist doch noch ganz am Anfang, da schadet ein bisschen Bewegung bestimmt nicht. Mein altes Kindermädchen Beb könnte aushelfen, und Karen ist immerhin anderthalb, sie wird schon mal ohne ihre Mutter zurechtkommen», antwortet Ole.

«Aber ist Beb nicht zu alt, um auf so kleine Kinder aufzupassen?»

«Erfahren, Marie, nicht alt, das ist etwas anderes», sagt er. «Und sie hat schon auf mich aufgepasst.»

«Du hast recht. Danke. Was für ein Glück, dass ich dich habe, mein Knirps. Du hältst mir immer den Rücken frei.»

Ole lächelt; jenes Lächeln, das seine Augen funkeln lässt.

Maries Notizbuch, 1940

7. April
Die Zugfahrt hierher war lang. Der schwedische Ort
Riksgränsen liegt zweitausend Kilometer nördlich von
Kopenhagen. In diesen Breitengraden wachsen keine
hohen Bäume. Ida und ich sind euphorisch, jeden
Tag gleiten wir unter der blendenden Sonne durch
den Pulverschnee. Mich plagt die Schwangerschafts-
müdigkeit, aber die frische Luft hält mich auf den
Beinen. Mein Schwerpunkt hat sich bisher erst so leicht
verlagert, dass es kaum einen Unterschied macht. Ich
achte darauf, nicht allzu gewagt zu fahren. Ein Sturz
könnte dem Kind schaden, obwohl es zum jetzigen
Zeitpunkt wahrscheinlich eher eine Kaulquappe ist,
die da in meinem Inneren schwimmt.

8. April
Nach einer Woche in dieser weiten Landschaft mit
ihren unendlichen, baumlosen Horizonten fühle
ich mich wie aus dem Schnee geboren. Wir sind nur
kleine, unbedeutende Staubkörner auf der Oberfläche
einer riesigen Erde. Ich denke an Karen zu Hause, ich
vermisse sie nicht und genieße meine Freiheit, aber
vielleicht sehnt sie sich nach ihrer Mutter? Leise meldet
sich das schlechte Gewissen.

Ida und ich haben eine ruhige Gangart gefunden, wir
fühlen uns wohl miteinander, unsere Freundschaft
hat sich auf dieser Reise vertieft. Ich merke, wie ich
die Vertrautheit mit einer anderen Frau vermisst habe,
obwohl ich selbst oft kantiger bin als ein Mann.

9. April

Der Krieg hat den Norden eingeholt. Wir sind in dieser
Stadt gefangen und haben die Nachricht erhalten,
dass die Grenze zu Dänemark geschlossen wurde! Wir
werden jetzt nach Stockholm gebracht und von da
weiter nach Båstad. Und von dort müssen wir sehen,
wie wir nach Hause kommen. Die Stimmung ist selt-
sam zitternd. Alles scheint wie immer, aber die Welt ist
auf einen Schlag verändert.

20. April

Anlässlich Hitlers Geburtstag wird die Grenze geöffnet.
Endlich können wir wieder nach Hause. Obwohl ich
von dem Abenteuer und den langen, ununterbroche-
nen Gesprächen mit einer guten Freundin erfüllt bin,
freue ich mich innig darauf, nach Hause zu kommen.

1941

Die Bienenstöcke stehen wie kleine Stelzenhäuser auf einer sumpfigen Stelle ganz hinten im Garten. Ole zieht jeden Tag den weißen Anzug an, bevor er zu ihnen geht und die Deckel hebt, unter denen die kleinen fliegenden Wesen hausen. Wenn er mitten in ihrem Summen stehe, verflüchtige sich seine innere Unruhe, erklärt er Marie, und der Honig kommt allen zugute. Ole arbeitet an einer Doktorarbeit, die das Leben von Fliegen im Umfeld von Weidevieh beschreibt. Er weiß inzwischen so viel über Fliegen, dass er schon geträumt hat, er wäre selber eine, aber seit sich seine Doktorarbeit ihrer endgültigen Form annähert, hat sich sein Interesse zunehmend auf die Bienen verlagert. Seine Begeisterung hat auch Marie und die Kinder angesteckt.

«Was fasziniert dich so an ihnen?», fragt Marie Ole.

«Sie sind soziale Insekten, die nicht ohne eine Familie leben können.»

Sie haben ein Doppelbett mit Kopfteil gekauft, und nachdem Ole es aufgestellt hat, gleicht der Raum einem richtigen Elternschlafzimmer. Hier werden sie liegen und sich lieben und schlafen. Seite an Seite, wie erwachsene Eheleute. Marie fühlt sich eher wie ein übergewichtiger Elefant als wie eine Hochschwangere. Die Lust auf Ole hat sie vollkommen verloren. Ihre wenigen Kräfte braucht sie für den Haushalt und ist gerade dabei, Gardinen aufzuhängen, als die Fruchtblase platzt. Ihr erster Impuls ist, ihre Mutter anzurufen, obwohl sie normalerweise jede unnötige Kommunikation mit ihr meidet, weil sie sich auf die Nerven gehen. Aber jetzt würde sie Alma gern mitteilen, dass die Geburt im Gange ist.

«Ole kommt gerade nach Hause, um mich abzuholen. Die Fruchtblase ist geplatzt.»

«Ihr seid so lustig, immer auf geheimnisvolle Weise miteinander verbunden.»

«Ole und ich?»

«Nein, Aase und du. Sie ist auch gerade in die Geburtsklinik gefahren.»

«Man kann doch wirklich nie etwas für sich allein haben.»

«Was hast du gesagt, Marie?»

«Nichts.»

Abends frischt es plötzlich auf, und der Himmel öffnet alle Schleusen. Obwohl es in Strömen gießt, gelangen sie rechtzeitig mit der kleinen neugeborenen Inga nach Hause, ohne weggespült zu werden. Marie erholt sich schnell von der Geburt. Sie bleibt zu Hause und passt auf die beiden Kinder auf, kocht Windeln aus, kauft ein und macht Essen, während die Hormone in ihrem Körper poltern und die Milch fließt und versiegt und ihr Gehirn in einer dicken, trüben Grütze umhertreibt. Erst als sie Inga abgestillt hat, legt sich ihre Müdigkeit, und sie kann allmählich mit der Arbeit beginnen. Wenn die Mädchen im Bett sind, beugt sie sich über ihr Mikroskop. Es ist, als würde sie endlich heimkehren, Ruhe breitet sich in ihr aus, und sie empfindet eine innere Leichtigkeit. Oft arbeitet sie bis spät in die Nacht, und Ole ebenso.

«Wollen wir?», fragt er, hebt ihre Bettdecke, kriecht darunter und legt die Arme um sie.

«Ich bin zu erschöpft. In ein paar Stunden wachen die Mädchen wieder auf.»

Sie knipst das Licht aus und kehrt ihm den Rücken zu.

«Ich habe den ersten Entwurf von meiner Doktorarbeit fertig geschrieben», sagt er in die Dunkelheit hinein.

«Aber das ist ja großartig, warum hast du mir nicht erzählt, dass du schon so weit bist?»

«Du hast nicht so interessiert gewirkt.»

«Und was ist deine Konklusion?»

«Dass die Fliegen auf den Kuhfladen grasen wie die Kühe auf einer Wiese. Der Titel lautet *Biological and Ecological Investigation on Flies.*»

«Das gefällt mir gut. Möchtest du, dass ich sie lese, bevor du sie abgibst?»

«Danke, das würde mir viel bedeuten.»

«Dann mache ich es.»

1942

Marie sitzt am Küchentisch und versucht, einen Brief an Ole zu schreiben. Sie ist allein mit Karen und Inga. Ein drittes Kind wächst in ihrem Bauch. Sie fühlt sich unerträglich müde und schwach, und sie hat nichts von Ole gehört, seit er zu einem Bienen-Kongress nach Berlin gereist ist.

Sie blickt auf ihre Hände, die grau und traurig aussehen, zerknüllt das weiße Papier und beginnt von vorn:

Lieber Ole, ich hoffe, du bist an der Universität sicher und gut aufgehoben trotz der Unruhe in Kriegszeiten. Da ich immer noch nichts von dir gehört habe, muss ich davon ausgehen, dass du gut angekommen bist. Bestimmt erfahre ich bald Neues aus Berlin.

Sie legt den Brief beiseite, doch in ihrem Kopf kreist nur eine einzige Frage: Ist ihm etwas zugestoßen?

Maries Arbeit an ihrer Dissertation ist zäh. Sie hat nicht das Gefühl, in irgendeiner Weise voranzukommen, in ihrem schwangeren Zustand und diesmal von einer Müdigkeit überwältigt, die sich ihr jeden Tag entgegenstellt. Sie schafft es kaum noch, dagegen anzukämpfen, der Widerstand ist zu groß. Der Fötus, der ihre Gebärmutter eingenommen hat, ist ruhiger als die anderen, und im August 1942 platzt die Fruchtblase, und das neue Kind zieht in die Familie ein. Sie taufen es Ida Birgitte, nach Maries Studienfreundin. Obwohl sie sich selten sehen, weil Ida kurz hintereinander vier Kinder geboren hat, ist sie nach wie vor eine von Maries engsten Freundinnen. Sie versuchen, den Kontakt zu halten.

«Ich finde so schwer Zeit zum Arbeiten», klagt Marie, als sie mit Ida telefoniert. «Ständig passiert etwas Unvorhergesehenes, das meine Zeit und Aufmerksamkeit beansprucht, und jetzt ist Karen krank geworden.»

«Ich versuche immer noch zu akzeptieren, dass ich meine Ausbildung nie für etwas einsetzen werde», sagt Ida. «Die Kinder füllen alles aus. Ich bereue nichts, weder die Studienzeit noch die Reisen oder unsere Skitour nach Nordschweden, die mit einem unfreiwilligen Exil in Stockholm endete. Das war hart, aber es hat mir einige der schönsten Erlebnisse meines Lebens bereitet. Doch jetzt ist die Familie wichtiger. Kinder zu bekommen, vertreibt den letzten Rest von Selbstbezogenheit.»

«Das kann schon sein», sagt Marie. «Wer hätte gedacht, dass wir so enden würden?»

«Du hast immerhin noch deine Forschung.»

«Stimmt, ich habe meine Forschung, obwohl es sich gerade nicht so anfühlt.»

Es sei lebensgefährlich, hat der Arzt gesagt.

Karens Fieber ist auf 42 Grad gestiegen. Marie wacht über sie und macht ihr kalte Umschläge. Die glänzenden Augen sehen sie an, als würden sie alles von einem fremden Ort aus betrachten.

«Warum gehst du die ganze Zeit weg, Mama?»

«Ich gehe nirgends hin.»

Ihr Blick ist nicht mehr der eines Kindes. Karens Hellsichtigkeit ist wie ein ungeschliffener Kristall, der bleich aus einem zerstörten Ort hervorleuchtet.

«Du bist krank, mein Schatz», sagt Marie. «Du solltest einfach schlafen.»

Marie ist fasziniert davon, wie sich Fantasie und Wirklichkeit bei Kranken miteinander vermengen. Sie muss daran denken, was Helenes Mutter ihr erzählte, als sie sich kürzlich zufällig in der Stadt trafen: dass Helene auf dem Sterbebett unablässig und ohne Sinn und Zusammenhang Namen aufzählte. Doch was immer noch in Maries Erinnerung sitzt wie eine Schlange, war der Ausbruch von Helenes Mutter, als sie Marie sah:

«Liebe Güte, Marie, bist du das? Lebst du noch?»

So albern es auch sein mag, wird Marie den Gedanken nicht los, dass es ein böses Omen war und sie bald sterben könnte.

«Sie ist einfach nur alt», hatte Ole gesagt, als sie ihm davon erzählte. «Denk nicht mehr darüber nach.»

«Ich habe keine Angst vor dem Sterben», erwiderte sie, «aber ich kann nicht schon jetzt sterben. Ich muss noch so viel schaffen.»

Karen schläft. Ihre Augäpfel zittern, unter den Lidern schwimmt der Schlaf wie ein Schwarm kleiner Fische. Ihre kleine Hand liegt in Maries. Die Dunkelheit hängt schwer wie Blei über dem Zimmer, und obwohl Marie weiß, dass sie wach bleiben muss, gleitet sie in die weichen und warmen Arme des Schlafs und verschwindet darin, lässt ihr Bewusstsein davonschweben wie eine Daune, segelt durch die Luft, und jetzt liegt sie auf einem Katafalk, der so hoch ist wie der Sockel unter der Statue von Christian X. auf dem Sankt Annæ Plads. Unter ihr stehen dreißig Betten mit kranken Menschen, die sich in Krämpfen winden und klagen. Erst jetzt wird Marie bewusst, dass sie in einem Sarg liegt, ihre Brüste sind zwei Geschwüre, und sie schreit vor Schmerz, bis sich eine alte Krankenschwester über sie beugt und ihr einen glühend heißen Umschlag auf den Oberkörper legt. Ihr bricht der Schweiß aus und rinnt über die Augen, das passiert wirklich! Mehrmals am Tag kommt die Alte mit dem neugeborenen Kind herein und legt es ihr an die Brust, und jedes Mal heult Marie vor Schmerz auf.

«Hören Sie auf damit, können Sie nicht sehen, dass das Kind hungert? Was sind Sie bloß für ein böser Mensch, Sie denken ja nur an sich selbst.»

Die Worte der Alten lassen Marie verstummen, als hätte sie ihr mit hartem, schimmeligem Brot den Mund verstopft. Maries eigene Worte stecken im Hals fest wie Brocken, an denen sie zu ersticken droht. Ein Knall ertönt, etwas zerreißt in ihr, und sie lässt los. Als sie ihr das Kind wegnehmen, kann sie es nicht festhalten. Es heißt, ein Neugeborenes könne nur bei der Mutter, die es geboren hat, Vertrauen und Geborgenheit finden. Was passiert dann, wenn es von seinem Ursprung getrennt wird? Geht

es zugrunde? Wird es für immer verdammt und obdach-
los sein, weil es nie wieder nach Hause findet?

«Mir wird bewusst, dass ich nie ein Kind bekommen
habe. Ich habe eins verloren», flüstert sie.

Als die Erde kippt, laufen ihre Tränen ganz von allein.
Das Schluchzen weckt sie, sie öffnet die Augen, das Kissen ist von salzigen Tränen durchnässt.

1944

Es ist ein kalter Tag, die Sonne steht tief. Ole und Ernst sitzen in Pullovern, langen Jacken und Stiefeln im Garten und zeichnen. Marie stellt ein Tablett auf den Gartentisch, den eine weiße Tischdecke schmückt. Ole hat Wein gekauft, Marie Kekse gebacken. Die Gläser sind hoch und schmal. Mitten auf dem Tisch hat Marie die Skulptur eines liegenden Stiers platziert.

«Ist das der Stier von Knud Kyhn?», fragt Ernst.

«Ja, es ist ein Geschenk von meinen Geschwistern», antwortet Marie.

«Aus der königlichen Porzellanfabrik, das ist was Feines.»

«Ja, ich habe mich auch gefreut. Wir haben nicht das beste Verhältnis zueinander.»

Ole unterbricht sie: «Wir müssen feiern, dass es zehn Jahre her ist, seit ihr von der Siebten Thule-Expedition zurückgekehrt seid. Dass Marie jetzt ihren Doktortitel hat und ich zum Abteilungsleiter der Staatlichen Imkereiversuchsanstalt befördert wurde.»

«Herzlichen Glückwunsch. Ich bin beeindruckt. Basiert deine Doktorarbeit auf deinen Sammlungen von unserer Reise?», fragt Ernst an Marie gewandt.

«Ja, stell dir vor, damals kannte man nur zwölf *Oribatida*-Arten auf Grönland, aber nachdem ich meine Arbeit veröffentlich hatte, wurde die Zahl verdoppelt.»

«Oriba-was?»

«Moosmilben.»

«Und darum geht es in deiner Doktorarbeit?»

«Ich beschreibe meine gesammelten Moosmilben und Springschwänze. Obwohl sie zu den meistverbreteten Tiergruppen gehören, konnte man sie bisher praktisch unmöglich sammeln, weil sie so klein sind, dass man sie nicht mit dem bloßen Auge sehen kann. Erst mit speziellen Sammelapparaten konnten wir Forscher das Tierleben aus dem Erdboden extrahieren.»

«Wovon ernähren sich die Tierchen?»

«Pflanzenreste, Pilzhyphen, Bakterien und Algen.»

«Und was ist deine Schlussfolgerung?» Ernst wirkt aufrichtig interessiert.

«Dass die Anzahl der Moosmilben und Springschwänze von der Temperatur, der Feuchtigkeit und den Nährstoffen abhängt, die sich in der obersten Erdschicht befinden. Ich beweise, dass in Nordeuropa, in den Alpen und in Grönland dieselben Springschwänze und Moosmilben leben, und daraus leite ich die Frage ab: Wie sind die Tiere nach Grönland gekommen?»

«Und, wie sind sie es?»

«Sie könnten mit Treibholz, Vögeln oder Schiffen gekommen sein. Sie könnten sich auch in einer Zwischenkaltzeit über das Eis zwischen Grönland und Schottland via Island und die Färöer verbreitet haben.»

«Und was denkst du?»

«Auch wenn das umstritten ist, tendiere ich zu einer vierten Möglichkeit, nämlich Alfred Wegeners Theorie der Kontinentaldrift, die besagt, dass Europa, Amerika und Asien weit vor der Eiszeit ein zusammenhängender Kontinent waren und dass sich die Tiere schon bei der Trennung der Kontinente verbreitet haben.»

«Wie spannend!»

«Ganz genau», mischt sich Ole ein. «Marie hat auch ihren Opponenten beeindruckt, den Botaniker T. Böcker. Er hat unter anderem gesagt: Ich hoffe, dass Sie, Frau Marie Hammer, Ihr eigenes Institut bekommen, damit

Sie Ihre Arbeit in einem größeren Rahmen fortsetzen können. Dann hat er noch unterstrichen, Maries Arbeit sei von internationaler Relevanz, weil sie versuche, einen Faden zwischen den mikroskopischen Bewegungen und den großen Bewegungen der Erde zu spinnen.»

1944

Lauge Koch
Kalvebod Brygge 2
Kopenhagen V

Frau Dr. Marie Hammer
Zoologisches Museum
Krystalgade 25–27

Kopenhagen , den 19. Dezember

Sehr geehrte Frau Hammer,

hiermit möchte ich Ihnen aufs Herzlichste für die Zusen-
dung Ihrer Publikation über die kleinen Tiere danken. Es
war mir eine Freude zu sehen, dass ein so großer Teil des
Materials auf meine Expeditionen zurückgeht.
Was Ihre Begeisterung für Wegeners Theorie angeht, die
in der Rezeption Ihrer Arbeit seitens der Presse stärker
betont wurde, als sie tatsächlich vertreten ist – so scheint
es mir zumindest nach einer flüchtigen Durchsicht Ihres
Materials –, möchte ich es mir dennoch erlauben, Sie ein
wenig zu warnen. Abgesehen von unseren heimischen
Geologen, die offenbar sehr Wegener-begeistert sind,
meinen die meisten Tektoniker, dass sich ein Kontinent
wie Grönland nicht weit voranbewegen könnte, ohne
vollkommen zerstört zu werden. Obwohl Wegener – ins-
besondere bei Biologen und Paläontologen – immer
größeren Zulauf findet, verliert er bei renommierten
Geologen jedes Jahr an Terrain. Es muss zweifellos

andere Erklärungen für die Verbreitung verwandter Arten auf beiden Seiten des Atlantiks geben.

Mit den herzlichsten Glückwünschen zu Ihrem Doktorgrad verbleibe ich hochachtungsvoll Ihr Lauge Koch

Als Lauge Kochs Brief auf Maries Schreibtisch landet, ribbelt sie gerade eine alte Wolldecke auf, um daraus Pullover für die Kinder zu stricken. Kleidung ist schwer zu beschaffen, der Krieg hat die Produktion zum Erliegen gebracht, und alle Waren sind rationiert. Die Pullover werden warm, aber alles andere als schön. Zuerst fühlt sie sich geehrt, dass ein so bedeutungsvoller Geologe und Polarforscher, der schon mehrere Expeditionen nach Grönland geleitet hat, Zeit darauf verwendet, *ihr* zu schreiben, die noch keinerlei Ansehen besitzt, doch dann macht der Inhalt des Briefs sie wütend.

«Ich habe doch geschrieben, was meine Untersuchungen gezeigt haben, und erwähnt, dass die Sammlung von Milben bei weitergehenden Studien möglicherweise Wegeners Theorie stützen könnten. Ich habe noch überhaupt keine Folgerungen daraus gezogen, aber die Kritik, die er gegen meine Arbeit richtet, erweckt den Eindruck, ich wäre nicht seriös. Dabei gibt es an meiner wissenschaftlichen Methodik nichts auszusetzen.»

«Ach, meine Marie, sieh es als Kompliment. Die wirklich großen Forscher betrachten dich als Mitspielerin und verwenden sogar Zeit darauf, dich zu korrigieren.»

«Nenn mich nicht ‹deine Marie›. Wir sind verheiratet, aber ich gehöre nur mir allein.»

Ole zieht sich zurück. Sie wünschte, sie könnte sagen, dass sie natürlich sein ist. Sie würde es tun, wenn sie es könnte, wenn sie es wirklich fühlte. Aber sie sitzt einfach nur da, unbeweglich wie eine Statue.

Maries Notizbuch, 1945

Der Krieg ist vorbei.

Dänemark ist befreit.

Das Tor unseres kleinen eingezäunten Landes öffnet sich, und wir können wieder reisen, wohin wir wollen.

Die Erde ist rund!

1946

Zuerst hört Marie den Schrei, dann schnellen ihre Augenlider hoch wie zwei Springschwänze. Peder liegt in seiner Wiege. Sein Mund mit den zarten rosa Lippen steht offen, das Gesicht ist rot. Sie umfasst den kleinen weichen Körper, dreht ihn auf die Seite und stopft die Decke um ihn herum fest. Er schläft sofort wieder ein, als wäre nichts gewesen.

Ole und Marie sitzen auf der Terrasse, ein Tropfen Himmelsblut breitet sich über ihnen am dunklen Himmel aus, die Sonne geht auf. In den ersten Tagen war Peder ein fremdes Baby wie alle anderen Babys. Als sie ihn das erste Mal sah, fragte sie sich, wo um alles in der Welt er herkam. War er wirklich aus ihr gekommen? Jetzt sind sie unzertrennlich. Sein kleiner, warmer Kopf ruht an ihrer Brust, als hätte er schon immer dort gelegen und wäre mit ihrer Haut verschmolzen, und sie wird von so starken Gefühlen überwältigt, dass sie losheulen könnte. Überhaupt spürt sie eine Verbindung zu ihm, wie sie es bei keinem der Mädchen erlebt hat. Der Gedanke, dass es auch bei den anderen so hätte sein sollen, trifft sie wie eine Faust in den weichen Bauch, der wie ein leerer Sack an ihr hängt. Solange sie stillt, erträgt sie die anderen Kinder nicht, sie sitzt mucksmäuschenstill mit dem neuen kleinen Wesen unter ihrer Glasglocke. Nach vier Geburten hat sie endlich das erreicht, wovon sie träumte: einen Kinderkopf an ihrer Brust zu spüren. Ihn wirklich zu spüren.

Wie immer, wenn Ole in der Nähe ist, führt die Natur ein Kammerspiel aus Farben und Licht auf.

«Das muss der schönste Sonnenaufgang aller Zeiten sein», sagt Marie.

Sie hat einen Vogel in der Brust, er will hinaus. Normalerweise singt sie nie, weil man ihr gesagt hat, sie sei unmusikalisch, woher kommt nur dieser Vogelgesang? Vielleicht war es ihre Arbeit mit den Staren für die Wildtierforschung des Jagdrates, die den Vogel in ihr geweckt hat. Sie hatte einige Monate damit verbracht, die Nahrungsgewohnheiten der Stare zu untersuchen, bis sie vor Kurzem die Nachricht erhielt, dass ihr Monatslohn von 200 Kronen halbiert werden würde. «Davon kann ich nicht mal das Mädchen bezahlen, das in der Zwischenzeit auf die Kinder aufpasst», hat sie darauf geantwortet und gekündigt.

Ole nimmt ihre Hand. Erst zuckt sie angesichts der ungewohnten Geste zusammen, dann lächelt sie. Zwischen seiner und ihrer Hand entsteht ein kleiner warmer Strom.

«Babys sind wirklich das Unschuldigste und Hilfloseste, was die Natur geschaffen hat», sagt Ole.

«Ja. Welche Persönlichkeit unser Peder wohl entwickeln wird? Man merkt jetzt schon, dass er ganz anders ist als die Mädchen.»

«Unsere kleine Truppe hat zwar ein großes Temperament, aber sosehr sich die Kinder tagsüber in die Haare kriegen, so gut können sie sich abends allein beschäftigen», sagt Ole. «Gestern habe ich gehört, wie sie im Flur Ball gespielt haben.»

«Ja, zum Glück, sonst würde ich ja nie zu irgendetwas kommen.»

1946

Die Kinder schießen in die Höhe wie das Unkraut zwischen den Fliesen des Gartenwegs. Karen ist neun, Inga sieben, Gitte sechs Jahre alt und Peder erst ein paar Monate. Er hängt immer noch an ihr wie ein äußerer Blinddarm. Zum Glück quengelt er nur selten und schläft weiterhin viel. Maries Zeit wird von der Hausarbeit verschlungen wie von einem allesfressenden, hungrigen Monster. Die unendliche Menge von Erledigungen: Wäsche, die gewaschen werden, Dinge, die repariert werden, Essen, das gekauft und zubereitet werden muss. Allein das Haus nur halbwegs sauber zu halten, ist eine mühevolle, kaum zu bewältigende Aufgabe, wenn die Kinder rein- und rausrennen und Erde und Dreck hereinschleppen. Ab und zu kommt Oles altes Kindermädchen Beb zum Helfen, und dann kann Marie ein paar Stunden am Stück forschen, doch an den meisten Tagen muss das bis zum Abend warten.

Wenn sie in ihrem Arbeitszimmer ganz hinten im Haus sitzt, ist den Kindern der Zugang untersagt. Die kleinen Erschütterungen ihrer Schritte auf dem Holzboden breiten sich bis zum Schreibtisch aus und weiter ins Mikroskop, wo die kleinen Moosmilben so leicht aufwirbeln wie unsichtbare Staubkörner, und dann muss sie von vorn anfangen.

«Mama?»

«Nein, nicht jetzt, Inga», sagt Marie.

«Aber ...»

«Geh zurück hinter die Schwelle. Ihr sollt überhaupt nicht hier reinkommen, wenn ich arbeite.»

«Aber was machst du gerade?»

«Ich zeichne, meine süße Inga.»

«Darf ich mal sehen?»

«Jetzt, wo du die letzten beiden Stunden meiner Arbeit sowieso schon zerstört hast, kannst du genauso gut reinkommen und gucken.»

«Danke», sagt Inga und trampelt herein. «Du bist so lieb, Mama.»

«Du sollst dich nicht bei mir einschmeicheln.»

«Das mache ich doch gar nicht. Es ist wirklich lieb von dir.»

«Hm.»

Inga legt die Augen an das Mikroskop, das Marie für sie einstellt.

«Du kannst hier so lange drehen, bis das Tier gestochen scharf ist», erklärt Marie.

Inga wird ganz still. Das starke Licht scheint durch den tropfenförmigen, goldenen Körper, der acht Beine und einen kleinen Kopf hat und ein paar merkwürdige kleine Haare oder Antennen, die aus dem Panzer herausragen.

«Ui, was für ein komisches Wesen!»

«Ja, diese ist etwas ganz Besonderes.»

«Sind die denn nicht alle so ulkig?»

«Es gibt viele, die sich ähneln, aber die Proben enthalten auch oft neue Tiere, und das macht es so spannend.»

«Sie sieht schön aus, wenn sie leuchtet.»

«Sie leuchtet nicht, das ist das Licht vom Mikroskop.»

«Jaja, das weiß ich doch», sagt Inga.

1947

Sie sehen sich nur selten, denn im Gegensatz zu anderen Familien treffen sie sich auch nicht an Feiertagen oder Geburtstagen. Doch heute sitzen Løn, Trolden und Marie unter der großen Weide im Garten und trinken Kaffee. Trolden wurde gerade zur Anwältin mit Zulassung am Landgericht befördert. Genau wie Løn, die Ärztin ist, hat sie nie geheiratet, sondern ehrgeizig und zielstrebig an ihrer Karriere gearbeitet. Und es ist ihr gelungen; Trolden verdient viel Geld, *eigenes* Geld.

«Irgendetwas musst du doch auch verdienen», sagt Trolden.

«Nein, nichts Nennenswertes. Ole gibt mir einen festen Betrag für die Haushaltskasse. Alles, was ich kaufe, trage ich ins Haushaltsbuch ein.»

«Das klingt, als würdest du deinem Mann auf der Tasche liegen und von ihm abhängig sein», sagt Løn.

Marie hört nicht zu, sie sitzt einfach nur da und träumt von der hellblauen Seidenbluse, die Løn trägt. Etwas so Zartes könnte Marie nie anziehen, die Bluse wäre am Ende nur mit Essen bekleckert und von fettigen Kinderfingern verschmiert. Trolden unterhält sie mit Anekdoten aus der Anwaltskanzlei. Løn lacht.

«Erzähl mal, was du machst, wenn du nicht gerade Windeln auskochst. Untersuchst du Vogelkacke, oder schlitzt du irgendwelchen unschuldigen kleinen Tieren den Bauch auf?»

«So ungefähr», antwortet Marie. «Und ich habe mich gerade auf ein Stipendium beworben, das vom Arctic Institute of North America ausgeschrieben wurde.»

«Mit was für einem Projekt?»

«Bisher hat niemand die Moosmilben in Nordamerika systematisch gesammelt und erfasst. Ich möchte die Kleinstlebewesen in der kanadischen Arktis sammeln, um sie mit meinen Funden aus Grönland zu vergleichen.»

«Glaubst du, sie bewilligen einer Hausfrau ein solches Stipendium? Du bist ja nicht mal an einer Universität angestellt», sagt Trolden.

«Wenn ich keine Chance hätte, würde ich mich nicht bewerben», entgegnet Marie.

«Ich verstehe zu gut, warum du dich ständig mit diesen Tierchen befasst. Es ist schön, noch eine andere Beschäftigung zu haben, damit sich nicht alles nur um Kinder dreht», sagt Løn.

«Aber ein Kreuzworträtsel würde es vielleicht auch tun?», fragt Trolden.

«Du meinst also, meine Forschung sei mit einem Kreuzworträtsel vergleichbar?»

Marie ballt die Fäuste. Trolden ballt die Fäuste.

Løn schreitet ein. «Möchte noch jemand Kaffee?»

Unter Maries Haut wächst die Aggression. Sie kann machen, was sie will, ihre Schwestern werden es trotzdem als bedeutungslos abtun. Eigentlich hatte sie gedacht, sie müsste ihren Geschwistern nichts mehr beweisen, nachdem sie promoviert hat und sie ihr die schöne Skulptur von dem liegenden Stier geschenkt haben. Sie beißt die Zähne zusammen. Ihr Kiefer verspannt sich, ihre Stirn ist gerunzelt, und angesichts des Zweifels, ob sie überhaupt zu irgendetwas taugt, wird ihr unwohl. Sie wünscht sich nur, dass die beiden wieder gehen, doch sie bleiben sitzen, die Kissen im Rücken und mit frischem Kaffee in der Kanne. Warum halten sie überhaupt noch den Kontakt? Die Kindheit ist schließlich längst überstanden, was ist der Sinn dahinter, Beziehungen aufrechtzuerhalten, wenn man sich gegenseitig verspottet und beleidigt? In Marie wächst ein Beschluss: Sie wird sie nie wieder einladen. Sie braucht sie gar nicht zu sehen. Ein seliges Lächeln breitet sich auf ihrem Gesicht aus. Das Geräusch der Mädchen, die im Garten umherrennen und Verstecken spielen, Peder, der durchs Gras tollt, abwechselnd krabbelt und torkelt und ständig Gefahr läuft, von den Größeren überrannt zu werden. Am Ende nimmt sie ihn auf den Schoß. Er greift jedes Mal nach der Tasse, wenn Marie sie zum Mund führen möchte. Sie balanciert den Kaffee um seine kleinen Fangarme herum. Sie fühlt sich sicher, wenn er wie ein kleiner Schutzschild vor ihr sitzt.

Die Blätter, die vorher im Wind rauschten, hängen jetzt reglos über ihren Köpfen. Weißes Licht wird von der Silberweide reflektiert.

«Guckt doch mal», sagt Løn und deutet auf die Blätter. «Ich glaube, ich habe noch nie einen Baum aus Silber gesehen.»

«Ist das nicht schön?», sagt Trolden.

«Doch», sagt Marie. «Na dann. Es wird allmählich spät, und ich muss noch kochen, sollen wir langsam zum Ende kommen?»

Das Haus duftet nach frisch gebackenem Kuchen, als Ole nach Hause kommt. Die ganze Familie sitzt am Tisch aufgereiht wie Puppen in einem Puppenhaus, Marie am einen Tischende, das andere ist leer.

«Das duftet bis in die Einfahrt», sagt Ole. «Gibt es einen Grund zum Feiern?»

«Ja, ich habe eine Antwort auf meinen Stipendienantrag bekommen.»

«Für Nordamerika? Was schreiben sie?»

«Ich hab's bekommen!»

«Das ist ja unglaublich», sagt Ole. «Ich bin so stolz auf dich!»

«Unglaublich und schrecklich.»

«Wie meinst du das? Das ist doch fabelhaft.»

«Es kommt mir so unwirklich vor und gleichzeitig viel zu konkret. Ich muss für mindestens ein halbes Jahr weg, und was wird dann aus euch? Und dem kleinen Peder? Ich kann ihn ja unmöglich mitnehmen.»

«Kannst du es nicht um ein oder zwei Jahre verschieben?»

«Glaubst du wirklich, das geht?»

«Frag doch einfach.»

Als sie später am Abend ihren Widerwillen überwindet und beschließt, ihre ganze Familie anzurufen, um ihnen von der großen Neuigkeit zu erzählen, vibriert ihr Körper triumphierend, und als sie drei Wochen später erfährt, dass das Stipendium durch eine weitere Förderung von der International Federation of University Women verdoppelt wurde, ist sie so stolz, dass das Gefühl beinahe in einen Fluchtreflex umschlägt. Sie hat in ihren wildesten Träumen nicht mit dem Stipendium gerechnet, und jetzt ist es sogar verdoppelt worden. Allerdings gilt dasselbe auch für ihre Abwesenheit, denn ihre Reise zur Probensammlung in die kanadische Arktis wurde um einen Aufenthalt am Smithsonian Institute in Washington, D. C., und an der Harvard University in Boston erweitert, damit sie ihre künftigen Ergebnisse dort studieren und erläutern kann.

Marie hat wieder einmal unrealistisch groß geträumt, und ihr Traum ist in Erfüllung gegangen. Sie hätte sich nicht vorstellen können, dass einmal etwas noch Größeres in ihrem Leben passieren würde als ihre Teilnahme an der Grönland-Expedition. Damals sah es so wie der absolute Höhepunkt ihres Lebens aus, aber vielleicht war die Thule-Expedition nicht der Gipfel, sondern erst der Anfang? Diesmal bestimmt sie die Reiseroute ganz allein. *Sie* ist die Entdeckungsreisende, und *ihre* Forschung steht im Zentrum.

Das einzige Problem ist Peder.

«Ich werde von Gedanken heimgesucht, dass meine Reise unserer kleinen Truppe schaden könnte», sagt sie.

«Peder ist erst anderthalb, dafür haben sie doch bestimmt Verständnis», sagt Ole.

Drei Wochen vergehen, ehe sie eine Antwort auf die Frage erhält, ob sie die Reise verschieben darf. Ihr Gesuch wurde abgelehnt.

Die Mädchen werden schon ohne ihre Mutter zurechtkommen, aber Peder wird erst knapp zwei Jahre alt sein, wenn sie aufbricht.

«Für ihn ist das fast die Hälfte seines Lebens. Es kommt mir einfach nur falsch vor», sagt sie.

«Du wurdest ausgewählt, Marie, das ist nur sehr wenigen Menschen auf der Welt vergönnt.»

«Ich kann ihn nicht zurücklassen.»

«Niemand zwingt dich dazu. Du kannst auch absagen», erwidert Ole.

Marie weicht einen Schritt zurück, als hätte sie sich verbrannt. «Du hast mir versprochen, dass du dich niemals zwischen mich und meine Forschung stellst», sagt sie wütend.

«Aber du hast doch gerade gesagt, du wolltest Peder nicht zurücklassen?», fragt Ole.

«Und du nutzt die Chance sofort aus und sagst, ich soll zu Hause bleiben.»

«Nein, das habe ich nicht gesagt. Ich habe gesagt ...»

«Ich weiß genau, was ich gehört habe.»

Der Zorn ist ein kräftiger Wind in einem Gewitterschauer, der auf einen schwächeren Wind trifft. Die warme Luft wird nach oben gepresst und bildet eine Spirale der Turbulenzen. Was sind das für Kräfte, die die Luft in einem solchen Wahnsinnstempo verwirbeln?

«Du hast mich missverstanden», sagt Ole. «Ich unterstütze dich.»

«Was willst du mir eigentlich sagen?»

«Ich würde dich nie daran hindern. Es steht dir frei aufzubrechen. Das ist doch eine einzigartige Chance, die du nie wieder bekommst.»

«Ja?»

«Aber ich will nicht mit den Kindern und dem Haushalt allein bleiben. Auch ich muss mich ja um meine Arbeit und meine geplanten Reisen kümmern. Aber wir können eine Haushälterin anstellen, die sich um die praktischen

Angelegenheiten kümmert. Wenn man seiner Berufung nicht folgt, läuft man Gefahr, es zu bereuen.»

Das sind Maries eigene Worte. Sie beruhigt sich. Eine Idee hat Form angenommen. Bevor sie aufbricht, wird sie eine Karte in der Küche aufhängen und ihre Route einzeichnen. Dann können Ole und die Kinder mitverfolgen, wo sie gerade ist. Sie spürt, wie sich ein warmes Gefühl in ihrer Brust ausbreitet, und sie fühlt sich zugleich schwer und leicht. Obwohl Ole ein Mann ist, der an seinen Privilegien festhält, bleibt er auch seinem Versprechen treu. Und er hat recht. Jetzt oder nie. Wenn man sein Leben nicht für das nutzt, was einen am meisten interessiert, wird man nie glücklich. Sie hat keinen Zweifel: Sie weiß, dass sie fahren muss.

1948 – 1949

Kanadische Arktis

1948

Marie hat ihren Rucksack mit ein wenig Wechselkleidung, Hygieneartikeln und Büchern gepackt. Hinzu kommen sechs große Koffer mit Campingausrüstung, Winterkleidung, Extraktionsgerät, Metallnetzen, Trichtern, Gläsern, Alkohol und Gaze, um die Gläser mit den Proben zu schützen.

Sie wird von einem Taxi abgeholt, das sie zum Zug bringt. Ihre Familie schläft noch, als sie das Haus verlässt.

Die Bahnreise nach Göteborg vergeht wie im Flug, aber dafür dauert es erstaunlich lange, mit der ganzen Ausrüstung auszusteigen. Marie schleppt die schweren Koffer zwischen dem Gleis und der Schlange der Passagiere hin und her. Sie steht eine Stunde an. Immer wenn die Wartenden ein Stück voranrücken, muss sie auch ihre vielen Koffer bewegen. Die Riemen ihres Rucksacks scheuern an den Schultern. Als sie endlich die Landungsbrücke betritt, ist sie kurz vorm Umfallen. Sie versucht, die Kajüte zu finden, in der sie während der Fahrt über den Atlantik wohnen wird. Deck C, steht auf ihrer Bordkarte. Das Schiff ist riesig. Eine richtige kleine Stadt mit Läden und Friseur- und Barbiersalons. Als sie endlich die Tür zu ihrer Kajüte öffnet, ist ihre Müdigkeit wie weggeblasen. Sie wird sie sich mit einer älteren, dünnen Frau und einer jüngeren, molligen Frau mit Korkenzieherlocken und deren fünfjährigem Sohn teilen.

«Marie Hammer», sagt sie. «Ich bin Dänin.»

Marie streckt der Älteren, Dünnen die Hand entgegen.

«Anna Sommerlund. Ich komme aus Schweden.»

«Malin Bolin», stellt sich die Jüngere vor. «Auch Schwedin.» Ihre Locken wippen. «Und das ist mein Sohn Bastian.»

Sie knufft den Jungen leicht in den Rücken. Bastian hat große blaue Augen mit langen schwarzen Wimpern. Als Marie seine Hand ergreift, wallt eine Welle der Sehnsucht in ihr auf. Karen, Inga, Gitte und Peder, all die kleinen Hände sind für eine Sekunde in dieser einen Kinderhand vereint. Ihr bleibt kurz die Luft weg, doch im letzten Moment zieht sich die Welle wieder zurück.

«Guten Tag, du», sagt sie mit heller Stimme.

Bastian wirft Marie einen schüchternen Blick zu und windet sich wie eine Schlange zwischen die Beine seiner Mutter.

Marie geht hinauf an Deck. So kurz vor der Abreise ist die Reling voll besetzt. Sie kann eine dicht gedrängte Menschenschar am Kai sehen. Viele winken mit kleinen Blumensträußen, die mit Bändern in den schwedischen Farben umwickelt wurden. Auf dem Dach des Zollgebäudes steht ein Blasorchester. Rufe schallen vom Schiff, und ein taktfester Chor antwortet an Land. Ohne dass Marie es bemerkt hat, haben sie sich schon hundert Meter vom Kai entfernt, kleine Motorboote folgen ihnen wie eifrige Wasserläufer.

Sie erkundet das Schiff, das wie ein Mammut über das Meer gleitet. Das Deck ist sehr breit. Obwohl fünfundzwanzig Deckchairs quer aufgestellt wurden, bleibt immer noch genug Platz für zwei breite Gänge, auf denen die Passagiere vorbeispazieren können. Sie hat für drei Dollar einen Deckchair reserviert, der während der ganzen Reise ihr gehört. Leider scheint nur vormittags die Sonne, aber nachmittags ist es ohnehin so warm, dass man nur schwitzen würde. Jetzt sitzt sie darin und liest, während sie den Geräuschteppich aus den vielen fremden Sprachen genießt, die um sie herum fließen und ihre Gehörgänge kitzeln, Tschechisch, Hebräisch, baltische Sprachen. Zwar sind die meisten Passagiere schwedische Emigranten oder Amerikaner, die in Schweden zu Besuch waren, doch es sind vor allem die unbekannten Sprachen, die ihre Neugier wecken.

Das Wetter ändert sich. Die Sonne wird vom Regen abgelöst, Wind kommt auf. Das Schiff schaukelt nicht, es ist so lang, dass es mehrere Wellen auf einmal reiten kann. Marie beschließt, die Bibliothek zu suchen. Sie steht vor einem Grundriss des Schiffs, fährt mit dem Finger darauf entlang und findet den Weg. Als sie die Glastür öffnet, ist sie enttäuscht, die sogenannte Bibliothek ist nur ein kleiner Raum mit einem einzelnen Bücherregal. Dort stehen vier Sessel um einen Tisch, sie sitzt auf allen Probe und fühlt sich wie Goldlöckchen, viel zu klein für die großen Stühle, gibt aber schließlich auf und lässt ihren Körper doch tief in den weichen Plüsch sinken, mit einer amerikanischen Zeitschrift in der Hand. Durch die Glastür kann sie die Leute beobachten, die in einem kleinen Zimmer ein und aus gehen, das zum Briefeschreiben vorgesehen ist.

In der Mitte des Schiffs befindet sich ein großer Salon, in dem Konzerte stattfinden, Filme gezeigt und Andachten gehalten werden. Ein weicher blaugrüner Teppich bedeckt den Boden, und überall stehen kleine Tische und gepolsterte rote Sessel und Sofas. Die Wände sind mit Holzvertäfelungen verziert, in die alte Gemälde eingefasst sind, sie zeigen elegante Damen mit tiefen Ausschnitten und Schnürmiedern, die mit alten Adelsherren mit Pfeifenkragen konversieren. Marie studiert die Bilder eingehend, doch sie sind in keiner Weise aufregend. Gut, dass man seine eigene Fantasie hat, dann kann man sich den Rest immer selbst ausmalen, denkt sie. Sie verlässt den Salon wieder, durchquert den Niedergang und steckt den Kopf in einen riesigen Rauchersalon, bekommt jedoch so viel Rauch in die Augen, dass sie brennen, und geht stattdessen in die Bar. In der Tür stößt sie beinahe mit einem Mann zusammen, der ebenfalls auf dem Weg hinein ist. Er nickt ihr zu, starrt aber nur auf ihre Brüste. Sie versucht, ihm einen abweisenden Blick zuzuwerfen, doch seine Augen weichen ihr aus. Seine schwulstige Unterlippe sieht außergewöhnlich weich und einladend aus, sein Gesicht ist rot. Sie tritt zur Seite. Er geht hinein, und sie folgt ihm, biegt jedoch ab und stellt sich an den Tresen.

«Einen Whisky, bitte», sagt sie.

«Gern», sagt der Bartender.

Sie weiß nicht, wo die Idee herkommt, sie trinkt sonst nie Alkohol, und schon gar nicht tagsüber.

«Prost!»

Die Stimme dringt vom dunklen Ende des Raums herüber. Eine Gestalt tritt auf sie zu, und irgendetwas an ihr wirkt vertraut.

«Anna Sommerlund, erkennen Sie mich denn nicht wieder?»

«Ach ja, doch!», sagt Marie.

«Sie müssen meinen Mann kennenlernen.»

«Ihren Mann?»

Marie sieht sich verwirrt um, und da, direkt hinter Anna Sommerlund, steht der Mann mit der einladenden Unterlippe und dem klebrigen Blick.

«August Sommerlund», stellt er sich vor.

«Aber … warum teilen Sie sich denn nicht eine Kajüte?», entfährt es Marie.

«Mein Mann schnarcht wie eine ganze Maschinen-fabrik», antwortet Anna Sommerlund. Auch wenn sie älter ist als Marie, ist sie attraktiv. Der Blick ihres Mannes klebt erneut an Marie.

Als die Sonne am Horizont versinkt, geht Marie in den Baderaum, um sich zu waschen. Mehrere der anderen weiblichen Passagiere haben dieselbe Idee, es ist eine große Ansammlung von Bäuchen und Brüsten, gegen die Rubens' dicke Mädchen die reinsten Grazien sind. Marie fühlt sich wohl, denn trotz ihrer einundvierzig Jahre gehört sie zu den Dünnsten. Ihre Körperfülle hindert die anderen daran, länger in dem Baderaum zu bleiben, ohne vor Hitze zu vergehen. Marie schielt zu Anna Sommerlund hinüber, die schöne, sich deutlich abzeichnende Muskeln hat. Sie schrubbt sich unaufhörlich die tote Haut von Schenkeln, Knien und Füßen, den überlappenden Zehen, Überbeinen und den schwarzen, schadhaften Nägeln.

«Wollen Sie nicht heute Abend mit meinem Mann und mir zu Abend essen?», fragt sie.

Marie hat eigentlich keine Lust, gemeinsam mit dem Mann mit den Klebeaugen zu essen, bringt es aber nicht über sich abzulehnen.

«Sie brauchen nicht auf mich zu warten, ich bin noch lange nicht fertig. Wir können uns einfach direkt im Restaurant treffen», sagt Anna Sommerlund.

Es ist Viertel vor neun, und der Speisesaal füllt sich allmählich. Ganze sechs Gänge werden serviert: Schnittchen, Suppe, Fisch, Fleisch, ein Apfel und eine Apfelsine und zuletzt Kaffee. August Sommerlund sitzt rot leuchtend direkt neben der Tür und ist nicht zu übersehen. Marie geht zu seinem Tisch.

«Anna hat gesagt, sie wolle versuchen, Sie im Bad abzufangen», sagt er. «Mir ist aufgefallen, dass Sie ganz ohne Begleitung reisen.»

Seine Klebeaugen wandern die ganze Zeit zu Maries Brüsten.

«Darf ich Ihnen eine Frage stellen?», fragt sie.

«Natürlich.»

«Habe ich einen Fleck auf der Bluse?» Sie sieht demonstrativ an sich herab.

«Nein, ich glaube nicht», antwortet er und beugt sich noch weiter zu den Brüsten vor.

Kennt dieser Mann denn keine Scham?

«Nein? Dann finde ich, Sie sollten aufhören, so auf meine Brüste zu starren. Verglichen mit denen Ihrer Frau sind sie außerdem ziemlich klein, deshalb dürften Sie nicht so viel davon haben.»

August Sommerlunds Blick ist im Nu verschwunden. Er sieht so verwirrt aus, dass Marie beinahe grinsen muss.

«Haha», lacht er dann lärmend. «Sie lassen sich so leicht nichts gefallen, was? Das ist mir sympathisch.»

«Ihr habt euch gefunden?», fragt Anna Sommerlund, die unbemerkt zur Tür hereingeschwebt ist und einen Stuhl heranzieht, um sich zu setzen.

«Kommt, wir duzen uns», schlägt August Sommerlund vor. «Marie Hammer ist schwer in Ordnung.» Er wischt sich die Lachtränen ab. «Hammer, ist das nicht dasselbe wie der schwedische *hammare*?»

Anna Sommerlunds Bett ist leer. Malin Bolin schläft, und der kleine Bastian hängt kopfüber von der oberen Pritsche herunter. Marie schnuppert die Luft, ihr Laken und die Decke riechen sauber und frisch, aber das Zimmer ist dennoch eng und stickig. Ihr knurrt der Magen.

«Ich habe Hunger», sagt Bastian.

Aber ich bin nicht für dich verantwortlich, denkt Marie.

«Versuch doch mal, deine Mutter wach zu rütteln», schlägt sie vor.

«Die schläft», erwidert er.

Marie springt aus dem Bett. Malin Bolin gibt ein schmatzendes Geräusch von sich.

«Guten Morgen!», sagt Marie laut.

Doch die Schlafende kehrt ihr einfach den Rücken zu. Marie ärgert sich. Sie knufft gegen die Decke, in die sich Malin Bolin eingewickelt hat, und erst jetzt dreht sie sich um und schlägt die Augen auf.

«Es ist bald neun. Ihr Sohn hat Hunger.»

«Danke, wie gut, dass Sie mich wecken», sagt sie und setzt sich mit einem Ruck auf. «Ich schlafe sonst nie so lange.»

Das Frühstück nimmt Marie im Speisesaal an einem kleinen, niedlichen, weiß gedeckten Tisch ein. Ihr Teller ist randvoll mit Grapefruit, Eiern, Speck, Würstchen, Orangenmarmelade, Pflaumenkompott, weiteren Fruchtaufstrichen und einigen der Reisgerichte, unter denen sich das Büfett biegt. Sie trinkt alles: Kaffee, Tee, Kakao, Milch, und isst weiter, bis ihr Bauch eine Kugel ist. Als sie gerade aufstehen will, kommen Malin Bolin und Bastian.

«Dürfen wir uns zu Ihnen setzen?», fragt sie.

«Ja, natürlich», antwortet Marie. «Aber ich wollte gerade gehen.»

Die große Attraktion des Schiffs ist das Schwimmbecken. Marie steht eingeklemmt in der Ecke eines Fahrstuhls, der sich langsam zum Boden des Schiffs absenkt. Das Becken ist riesig, Marie lässt sich hineinplumpsen, das kalte Wasser schließt sich über ihr. Es ist durch und durch wunderbar. Sie schwimmt einige Male hin und her, dann geht sie zum Trocknen in die Sauna. Nach einem kurzen Aufenthalt in dem brennend heißen Raum folgt sie dem Strom der anderen Damen, der in den angrenzenden Gymnastiksaal führt, wo ein mechanisches Pferd mit Steigbügeln steht, und darauf sitzt Anna Sommerlund in einem karierten Badeanzug und mit einer Sonnenbrille auf der Nase. Sie jauchzt, verliert das Gleichgewicht und wird abgeworfen. Marie springt auf das Pferd, das sofort in Galopp fällt. Ihr Hintern hüpft unbarmherzig auf und ab, zum großen Vergnügen der Zuschauer, die vor Lachen kreischen. Dann wird die Maschine noch schneller, der Teufel scheint in den Gaul gefahren zu sein. In halsbrecherischem Tempo klatscht Marie auf und ab. Das mechanische Pferd kommt zum Stillstand, und sie springt mit schmerzendem Po ab.

Anna johlt. Für eine ältere Frau ist sie außergewöhnlich gut aufgelegt, denkt Marie.

«Komm», sagt Anna. «Wir müssen alles ausprobieren.»

Sie gehen in einen Raum, in dem zwei Fahrräder und eine Rudermaschine stehen. Von der Decke hängt ein Boxsack.

Sie bleiben vor den Fahrrädern stehen und beobachten die Radelnden. Es gibt einen kleinen Tacho, auf dem man sehen kann, wie schnell man fährt. Marie verfolgt genau den Ausschlag der Nadel.

«Komm, wir fahren ein Rennen», schlägt Marie vor.

«Nein», protestiert Anna. «Ich will es lieber nicht riskieren, gegen dich anzutreten.»

Marie und eine jüngere, aufgeweckt wirkende Frau setzen sich auf die Räder.

«Auf die Plätze, fertig, los!», ruft Anna auf Englisch.

Sie strampeln los. Marie treibt die Nadel bis zur 60, die Jüngere hält mit. Das ärgert Marie, denn die meisten anderen hatten gerade mal 50 erreicht.

«Unentschieden», sagt Anna. «Ihr wart einfach gleich schnell.»

«Sie ist so jung, sie müsste mich eigentlich problemlos schlagen können», sagt Marie.

Die Junge, Aufgeweckte lächelt eifrig. Sie versteht kein Dänisch, sie spricht eine slawische Sprache.

Am Ende landen sie in einem Raum voller Sprossenleitern. Marie stellt sich sofort davor, beugt den Kopf und ergreift mit den Händen eine Sprosse, dann streckt sie die Beine in die Luft. Die anderen sind voller Bewunderung, außer Marie hat keiner die Kraft für dieses Kunststück.

«Man sollte nicht glauben, dass du vier Geburten hinter dir hast», sagt Anna.

Plötzlich ertönt eine Sirene.

«Was in aller Welt ist das?», fragt Anna.

«Ein Signal, dass am Oberdeck eine Übung stattfindet.»

«Übung?»

«Ja, kein Grund zur Sorge, wir müssen nur üben, uns Rettungsringe zu holen und uns zu den jeweiligen Rettungsbooten zu stellen.»

Die Sonne hängt glühend heiß über Montreal, jener Stadt, die von den Mohawk «der Ort, an dem sich Nationen und Flüsse vereinen und trennen» genannt wird. Marie läuft mit ihren vielen Koffern und ihrer Ausrüstung zwischen dem Bahnhof und dem Zoll hin und her. Die Zöllner sind langsam, sie packen alles aus und untersuchen jeden noch so kleinen Ausrüstungsgegenstand mehrmals, während sie Marie über die seltsamen Apparate, Trichter und Gläser ausfragen, die sie dabeihat. Was macht sie damit? Warum reist sie allein? Wo wird sie hinfahren, mit wem und warum? Sie stellen wieder und wieder dieselben Fragen, und zuletzt ist Marie so müde und verärgert, dass sie sich nur schwer beherrschen kann.

«Ich habe Ihnen doch schon erklärt, dass das ein Berlese-Apparat ist, benannt nach dem Italiener, der ihn 1905 zum ersten Mal beschrieben hat. Ich verwende das Gerät dazu, Insekten aus Erdproben auszutreiben. Haben Sie denn nichts anderes zu tun?», fragt Marie.

Sie spricht Englisch mit ihnen, denn ihr Französisch ist auf einige Höflichkeitsphrasen und nützliche Alltagssätze beschränkt. Die Zöllner antworten auf Französisch und wühlen weiter in ihren Koffern.

Nach zwei Stunden darf sie endlich gehen. Sie ist an der McGill University mit ihrem Ansprechpartner Mr. Baird verabredet. Ein großer und schlanker Mann Mitte dreißig erwartet sie. Marie, die es gewohnt ist, alles zu zeichnen und zu beschreiben, registriert blitzschnell alle auffälligen Züge an ihm: Sein Gesicht ist knochig, seine Augen stehen hervor, und sein kleiner Oberlippenbart ist seltsam dünn.

«Herzlich willkommen», sagt er. «Sie müssen erschöpft sein nach der langen Reise.»

«Ja, es war wirklich eine lange Reise, aber auch ein kleines Abenteuer. So viele unterschiedliche Menschen, mit denen man reden und die man beobachten kann», antwortet Marie.

«Das kann ich mir vorstellen. Lassen Sie Ihr Gepäck einfach stehen und folgen Sie mir, dann haben Sie bald ein Bett, in dem Sie sich ausruhen können.»

Marie und Mr. Baird gehen einen langen, kühlen Gang im Arctic Institute entlang. Er klopft an eine der vielen Türen.

«Herein!», ruft eine weibliche Stimme.

«Mrs. Washburn und Ihr Mann stellen Ihnen ein Zimmer zur Verfügung, während Sie hier sind», sagt Mr. Baird, als er ihr die Frau vorstellt. Mrs. Washburn ist eine außergewöhnlich große Frau mit einer geraden Nase und dickem braunen Haar, das Marie an Ida erinnert.

«Das ist aber nett von Ihnen», sagt Marie.

Das Wetter ist herrlich warm, als sie über verschlungene Wege den Mount Royal hinauffahren. Montreal liegt am Fuß des Berges und ist von viel Wasser umgeben. Washburns Villa steht in einem Wald. Als sie aus dem Auto aussteigen, wirbelt eine riesige Gruppe gelber Schmetterlinge mit schwarzem Muster vom Boden auf wie trockenes Laub. Marie erkennt den kanadischen Tigerschwalbenschwanz sofort an seiner charakteristischen Farbe und Form. Marie wird der Familie vorgestellt: ein blondes vierjähriges Mädchen mit strammen Zöpfen, ein dunkeläugiger, dünner dreijähriger Junge und ein dickes Baby mit braunem Haar.

«Kommen Sie, ich zeige Ihnen Ihr Zimmer», sagt Mrs. Washburn.

Maries Zimmer ist hell und sauber. Die Fenster stehen offen, und die Gardinen flattern im Wind.

«Im Garten gibt es Tee, falls Sie möchten.»

Der Garten ist voller Leben. Kleine Streifenhörnchen springen umher, Fasane flitzen über den Rasen, der Specht hämmert, und die Drossel trillert. Nach dem Tee spielt Marie mit den Kindern Verstecken und flicht Gänseblümchenkränze. Obwohl sie es liebt, Kinder dabei zu beobachten, wie sie im Gras umhertollen, und sich immer freut, junge Stimmen lachen zu hören, spürt sie einen Schmerz im Brustkorb, den sie im ersten Moment für Seitenstechen hält, seltsam nah am Herzen. Dann ergreift der kleine Junge ihre Hand, sieht mit seinen großen dunklen Augen zu ihr auf und sagt: *I love you*. Erst da wird Marie klar, dass sie Heimweh hat.

Marie geht hinauf in ihr Zimmer, schreibt ein wenig in ihr Notizbuch, gibt dann aber auf, wirft es auf den Boden und legt sich ins Bett, dreht sich auf den Bauch und presst das Gesicht ins Kissen. Sie, die sonst nie weint, schluchzt leise, ehe sie in einen tiefen Schlaf versinkt. Mitten in der Nacht wacht sie auf, noch immer komplett angezogen. Durch das Fenster betrachtet, gleicht der Himmel blauschwarzer Tinte. Sie zieht sich aus und kriecht nackt unter die Decke, die sich wie eine lockere, weiche Haut um sie schließt.

Maries Notizbuch, 1948

Sonntag. Mrs. Washburn fährt mich ins Zentrum. Ich spaziere umher und sehe mir die Stadt an, die verhältnismäßig klein ist. Treffe mich mit Mr. Baird, der mich im Redpath Museum für Naturgeschichte herumführt, in dem es eine Fossiliensammlung mit Urechsen aus der Prärie von Alberta gibt, von denen sogar die Schuppen erhalten sind.

In Ausstellungsvitrinen liegen Überreste von vorzeitlichen Organismen, die bis zur Entstehung der Erde zurückreichen.

Wenn ein Lebewesen schnell unter der Erde begraben wird, kann es zu einer Versteinerung kommen, aber um ein Fossil zu bilden, muss der Organismus harte Bestandteile enthalten, denn nur in seltenen Fällen überdauern weichere Teile wie Muskeln und Haut.

Meine Familie ist ein Fossil in meinem Gedächtnis.

Irgendetwas klemmt mir in der Brust, Sehnsucht?

1948

Marie hat ihre Reise so geplant, dass sie ihre Sammlungen an Orten mit unterschiedlicher Geografie und Vegetation durchführen kann, in der gesamten Region, die so riesig ist, dass sie innerhalb der wenigen Monate ihres Aufenthalts auf keinen Fall alles abdecken kann. Sie fühlt sich von der Zeit und den großen Abständen unter Druck gesetzt. Andererseits hat sie die Freiheit, an jedem beliebigen Ort zu sammeln, denn da niemand vor ihr die Kleinstlebewesen gesammelt hat, sind alle Funde, die sie macht, neu.

Sie fährt im Zug von Montreal nach Edmonton durch endlose Wälder aus Kiefern, Pappeln und Birken, Fichten und Weiden. An mehreren Stellen tun sich große, abgebrannte Kahlflächen mit toten Fichten auf, an denen auf magische Weise kleine, neue Bäume aus der schwarzen Erde emporsprießen. Wenn sie durch die kleinen Dörfer fahren, halten deren Bewohner inne und sehen dem vorbeirauschenden Zug nach. Ab und zu tauchen Holzpolter, Papierfabriken und Hütten auf, und als sie sich Winnipeg nähern, wird das Land flacher und ist von Kornfeldern bedeckt. Der Zug hält, Wagen werden rangiert. Marie steht auf und steigt aus, um frische Luft zu schnappen und sich die Beine zu vertreten. Als sie sich der offenen Tür nähert, schlägt ihr Gluthitze entgegen. Der Schweiß rinnt, Taschentücher werden hervorzogen, die Leute fächern sich Luft zu. Schnell wird ihr viel zu warm, und Marie geht zurück in den Wagen, wo eine angenehme Temperatur herrscht. Unter dem Boden der Wagen wurden riesige Eisblöcke in Wannen platziert, die die Luft kühlen. Marie vertreibt sich die Zeit mit einer Kette von

Vorstellungen: Ich denke ans Meer. Sie formt den Satz in sich. Ich berühre den Schaum der Wellen, ich berühre einen Möwenflügel, ich berühre Mozarts Gesicht, ich sehe einen Berg, der sich erhebt, ich höre Oles Stimme, ich höre die Kinder, ich höre sie pfeifen, Mozart? Ich stelle mir die Tiere aus Brehms Lexikon vor, die weichen Pflanzen und Schlangen des Meeres, die Rosen, die an unserem Haus emporranken, die dunklen Regenwolken, ich stehe da, wo der Regenbogen endet, da, wo sich Wörter und Töne in formlose Seelen verwandeln, ich sehe all die unsichtbaren Insekten springen, krabbeln, wie Staub umherwirbeln, und ich verschwinde.

Marie erreicht Edmonton, aber nur, um dort in ein kleines Flugzeug umzusteigen. Es ist, als würde sie an einem Faden unter dem Himmel hängen, während sich die Stadt in ein Relief verwandelt. Der Sonnenaufgang hat einen goldenen Roséton. Ihr Gesicht klebt an der Scheibe, als die Maschine über tiefe, grüne Kluften gleitet, sie sieht, wie sich die Wälder zusammenziehen, um sich dann wieder auszubreiten, flache Ebenen, in denen sich dicke, milchweiße Silberstreifen entlangschlängeln, die mosaikartigen Flüsse werden von Neueis zusammengehalten, und aus dem Eis tauchen kleine Hügel auf, die Inseln werden größer, und die Bäume werfen schwarze Schatten auf das Wasser, als sie in Yellowknife landen. Alle Passagiere steigen aus. Es ist kalt und windig, die Leute drängen sich um einen Heizofen im Hauptgebäude von Canadian Pacific Airlines. Nach einigen Stunden sind sie wieder startklar. Das kleine Flugzeug schlingert durch die dicke Wolkendecke wie eine Möwe mit Augenbinde. Marie wird fast übel, doch dann lösen die Wolken sich auf, und sie erkennt ein Bisonreservat. Jetzt ist die Erde eine Palette von Seen, blaue Seen, schwarze Seen, braune Seen, gelbe Seen, weiße Seen und ein lilabrauner Sumpf. Der Wald trennt die Seen voneinander.

«Bitte schließen Sie Ihre Sicherheitsgurte», sagt der Pilot. «Der nächste Halt ist Norman Wells.»

Die Maschine taucht hinab, verfehlt die Landebahn jedoch und fliegt in einer scharfen Kurve über den Fluss, der eine Flügel streift das Wasser, und sie steigen steil wieder auf. Erst beim zweiten Versuch gelingt die Landung.

Die letzte Strecke bis Aklavik legen sie in einem Wasserflugzeug zurück. Jetzt sind nur noch neun Passagiere übrig. Beim Start wirbelt die Maschine Schaumfetzen auf, sie fliegen über hohe Wellen, dasselbe Gefühl, wie wenn man schnell über Kopfsteinpflaster fährt.

Das Hydroflugzeug fliegt über das Mackenzie-Delta, das ganz Kanada entwässert.

«Aklavik, die Tundra des grauen Bären, wurde 1912 begründet, als die Hudson's Bay Company eine Handelsstation errichtete, um mit Fellen von Bisamratten, Luchsen, Bibern und Polarfüchsen zu handeln», erklärt der Pilot.

Und jetzt schäumt das kleine Flugzeug erneut das Wasser auf.

Sie landen in Aklavik.

Innerhalb von vierundzwanzig Stunden ist Marie aus einem glühend heißen Sommer zu eisbedeckten Seen nördlich des Polarkreises gereist. Der Peel River ist über die Ufer getreten, und die Straßen und Wege der Stadt sind von einer dicken, glitschigen Masse bedeckt. Papier, Dosen und stinkendes grünes Abwasser haben sich in den Schlamm gemischt. Obwohl überall Bretter als Bürgersteige ausgelegt wurden, sind Maries Turnschuhe außen wie innen mit Matsch besudelt. Sie tritt ins einzige Hotel der Stadt und zieht im Flur ihre Schuhe aus.

«Die Strümpfe bitte auch», begrüßt sie Mr. Wilson, der Hotelier.

«Natürlich, Mr. Wilson», sagt Marie.

«Nennen Sie mich doch Albert.»

Alberts Akzent ist unverkennbar britisch, als er Marie einen Vortrag über seine Stadt hält.

«In der Stadt wohnen 150 Gwich'in, 60 Inuvialuit und einige wenige weiße Europäer und Amerikaner. Sie arbeiten als Beamte, Jäger, Fänger oder Polizisten. Die Inuvialuit leben von der Jagd und dem Verkauf ihres Fanges an die Handelskompanie. Gerade ist die Saison der Nutria, der Biberratte», erklärt er. Während er redet, zeichnet Marie ihn mit dem Blick: Er hat die Form einer Birne, sein Kopf ist rund und weiß wie ein Ei. Ein dunkler Schatten deutet an, dass das Ei einen Kranz aus Haaren hätte, wenn sie wachsen dürften. Seine Augen sind grün und eng stehend, sie haben einen milden Ausdruck. Er trägt ein weißes Hemd, eine schwarze Weste und schwarze Hose.

«Es tut mir leid, dass Sie in einem solchen Schlammloch gelandet sind. Kommen Sie, ich zeige Ihnen Ihr Zimmer.»

Maries Zimmer ist nicht viel größer als ein Kleiderschrank und mit einem Bett und einem Waschtisch ausgestattet, über dem eine Spiegelscherbe hängt. Auf dem Flur steht eine schmuddelige Emailleschüssel zum allgemeinen Gebrauch, daneben hängen zwei schwarze Handtücher, die einmal weiß waren. Marie wird übel beim Gedanken an die vielen Menschen, die sich schon in dem trüben Wasser gewaschen haben. Hier zu arbeiten, ist vollkommen unmöglich. Wo soll sie nur ihre Proben trocknen, wenn nicht einmal ihre Koffer Platz finden, die jetzt draußen im Schuppen stehen? Als sie Albert ihr Leid klagt, kommt er ihr entgegen.

«Sie können die Proben gern in das hintere Wohnzimmer stellen. Das benutzt sowieso niemand, und man kann es abschließen.»

Obwohl die Sonne scheint, ist es genauso kalt wie im Januar in Kopenhagen. Heute ist Marie in die Berge gegangen, um die ersten Proben zu sammeln. Sie hat eine geeignete Stelle mit wenigen Pflanzen und gemischter Vegetation gefunden, aber die Erde ist unmöglich, entweder zu schlammig oder steinhart.

«Es muss gelingen», sagt sie laut zu sich selbst.

Gegen den Schlamm kommt sie nicht an, aber vor der gefrorenen Erde will sie nicht einfach so kapitulieren. Sie kehrt in den Ort zurück, um dort Mittag zu essen, leiht sich von Albert eine Axt und geht erneut in die Berge, wählt eine Stelle, hebt die Axt und lässt sie heruntersausen. Doch die Erde gibt kein bisschen nach. Marie wird wütend, ist unkonzentriert und hackt sich fast in den Fuß. «Du bist total dämlich», schimpft sie sich selbst aus. Doch dann wird der Trotz in ihr geweckt. Ich reise doch nicht nach Nordalaska, ohne eine einzige brauchbare Bodenprobe mit nach Hause zu nehmen, denkt sie. Und im selben Moment landet etwas Weiches auf ihrer Oberlippe: Schnee. Die schönen weißen Flocken landen überall. Nach einer Stunde gibt sie auf und geht zurück ins Hotel. Sie friert, ihre Finger sind kalt wie Eiszapfen. Sie legt sich auf ihr Bett, zieht die Decke über die Ohren und schläft ein. Als sie aufwacht, hat sie einen Bärenhunger.

Nachdem sie sich im Restaurant vor Ort den Bauch mit Hasenbraten und Blaubeertorte vollgeschlagen hat, macht sich Marie wieder auf den Weg ins Hotel. Die Bretter auf den Wegen sind eisglatt, und obwohl sie vorsichtig geht, gleitet der Fuß unter ihr weg, sie fällt und landet auf dem Rücken.

«Jetzt ist es aber genug!», faucht sie.

Sie hat Schmerzen in der Hüfte und in der Hand, mit der sie sich abgefangen hat, aber sie beißt die Zähne zusammen und steht auf. Obwohl es so wehtut, dass sie am liebsten sitzen bleiben und heulen würde, weigert sie sich, vor dem Schmerz klein beizugeben. Als sie das Hotel erreicht, zieht sie den einen Fuß nach. Sie humpelt zur Treppe und am Wohnzimmer vorbei, wo das Feuer im Kamin knistert. Eine kleine Gruppe sitzt um Albert versammelt, dessen weißer Eierkopf in der Mitte leuchtet.

«Kommen Sie, setzen Sie sich zu uns. Ich wollte gerade vom letzten Schamanen erzählen.»

«Danke», sagt Marie, «aber ich bin zu müde.»

Doch in dem Moment wird ihr plötzlich schwarz vor Augen, und sie ist unsicher, ob sie überhaupt die Treppe hinaufkommt.

«Ist Ihnen nicht gut?»

«Nein, ich muss mich wohl doch kurz hinsetzen.»

Alfred lächelt selbstgefällig. «Machen Sie bitte ein wenig Platz für einen weiteren Gast», bittet er seine Zuhörer.

Die anderen rücken näher zusammen. Albert schließt die Augen und summt vor sich hin. Als er sie wieder öffnet, ist er wie verwandelt. Er sieht jünger aus, und seine Stimme klingt so hell, als käme sie von einem anderen Ort mit einem milderen Wind.

«Ich möchte euch die Geschichte von einem der letzten Schamanen in Kitigaaryuit und Qikiqtaruk erzählen. Viele von uns in Aklavik haben schon einmal von Kublualuk gehört, dem fliegenden Schamanen. Er war ein Mann von schöner Gestalt. Als Kublualuk aufwuchs, glaubte man nicht mehr an den Schamanismus. Man verhöhnte die alten Schamanen, Kublualuk aber schwieg, denn er wollte gern Schamane werden, doch wenn er davon erzählte, erntete er nur Gelächter. Kublualuk war jung und stur. Er beschloss, Kitigaaryuit zu verlassen, und ging nach Qikiqtaruk. Dort heiratete er eine alte Frau. Auf der Insel lebte eine Gruppe von einzigartigen Schamanen, die unter dem Namen ‹die fliegenden Schamanen› bekannt waren. Sie hielten ihre Zeremonien in einem Haus ab, dessen Fenster mit Häuten bedeckt waren. Eines Tages erhielten sie während einer Séance die Anweisung, ihre Augen zu schließen. Sie gehorchten und hörten kurz darauf einen Vogel mit den Flügeln schlagen, gefolgt von einem seltsamen Lärm aus den Ofenrohren. Als die Schamanen die Haut vom Fenster nahmen und Licht hereinließen, stand ein junger Mann vor ihnen. Es war Kublualuk. Seine Hände, sein Gesicht und seine Kleidung waren mit Ruß verschmiert: Er war durch den Ofen hereingekommen. Da wussten sie, dass er genau wie sie ein fliegender Schamane war.»

«Kennen Sie einen Ort, an dem die Erde leichter zu bearbeiten ist?»

«Reindeer Station, 120 Kilometer nordöstlich von hier, wäre vielleicht geeigneter», antwortet Albert. «Dort ist das Klima ein bisschen milder, weshalb auch die Erde weicher und eher moosartig ist. Die Station wurde gegründet, als die kanadische Regierung dreitausend Rentiere aussetzen wollte, damit die Inuvialuit eine Lebensgrundlage hatten. Übrigens hat ein Däne den Ort gegründet.»

«Ein Däne?»

«Ja, die kanadische Regierung hatte Alf Erling Porsild, einen dänischen Botaniker, damit beauftragt herauszufinden, wo man die dreitausend Rentiere am besten aussetzen könnte. Porsild empfahl das Mackenzie-Delta, und die Regierung gründete auf seinen Rat hin Reindeer Station.»

«Wann war das?»

«Porsild kam 1926 in das Gebiet», antwortet der Wirt. «Ich habe einen Cousin, der dort wohnt, Harry Bell. Er kann eine Unterkunft für Sie organisieren, wenn Sie dort hinwollen.»

Das gibt den Ausschlag.

Am nächsten Vormittag hat sie wieder gute Laune. Sie humpelt kaum noch, die Schmerzen sind verschwunden. Marie genießt die Fahrt auf dem offenen Prahm durch das Delta, das sie bisher nur von oben gesehen hat. Papageientaucher mit bunten Flügeln fliegen in großen Scharen umher, ein Adler landet mit lässigem Schwingenschlag auf einer Fichte.

Nach einigen Stunden schlägt das Wetter um. Es frischt auf, ein kalter Wind fährt den Passagieren in die Knochen, sie frieren und klappern mit den Zähnen. In dem flachen Boot werden Zelte aufgeschlagen, in die sie gemeinsam kriechen. Marie sitzt neben einer Frau mit zwei Jungen im Alter von drei und vier Jahren. Die Miene des Jüngeren erinnert sie an Gitte. Sie sieht das fröhliche Gesicht ihrer Tochter vor sich, als sie beim Abendessen plötzlich rief: «Jetzt kann ich bald alle in der Schule verprügeln, fehlt nur noch der Lehrer.»

Die Mutter fängt an, Patiencen zu legen, und legt die Karten nicht beiseite, obwohl die Kinder unruhig sind.

«Ihr sollt still sein, sonst kommen die Fische und fangen euch», sagt sie leise.

«Was für Fische?», fragt der älteste Junge.

«Pst! Sie können euch hören», antwortet sie.

«Nein, können sie nicht», erwidert er.

«Doch, sie schwimmen um das Zelt herum und horchen nach Kindern.»

«Ich kann keinen sehen», sagt der Jüngere.

«Wenn sie dich sehen, nehmen sie dich gefangen.»

«Pst», sagt der älteste Junge im selben Ton wie die Mutter.

«Pst», äfft ihn der Jüngere nach.

«Huch, was ist das denn?», fragt der Ältere und zeigt auf den Boden des Schiffs.

Die beiden Jungen starren ängstlich zu dem kleinen Loch in den Planken herab, durch das Wasser hereinschwappt.

«Ist das ein Fischauge?», fragt der Jüngere.

«Vielleicht», sagt der Ältere. «Nimm mal den Stock da.»

Der Jüngere greift nach einem Stock, der vor den Füßen eines älteren Mannes liegt, und steckt ihn sofort in das Loch.

Sie atmen erleichtert auf.

«Das war knapp», sagt der Ältere.

«Ja», sagt der Jüngere.

Der alte Mann holt sich seinen Stock zurück, und das Loch liegt wieder frei. Marie entdeckt einen kleinen, kugelrunden Stein und stupst ihn mit dem Fuß an. Er rollt zu den Kindern und landet direkt im Loch.

«Mama, guck mal!», jauchzt der Jüngere und starrt fasziniert auf den Stein im Loch.

«Ein echtes Menschenauge!»

Der Ältere ist leichenblass. Als die Mutter sich bückt und den Stein aufhebt, fällt ihre Wirklichkeit in sich zusammen wie ein Zelt ohne Heringe.

Nach zehn Stunden Fahrt erreicht der Prahm Reindeer Station, die am Fuß einiger hoher Hügel liegt. Schwäne, Enten und Lummen fliegen über das Delta, Bäume treiben den Fluss hinab und werden an Land gespült. Es gibt Biberbauten aus wild gestapelten Ästen und eine Überfülle an Treibholz.

Als Marie an Land geht, tritt ein kleiner Mann mit stechenden Augen und großem Adamsapfel vor.

«Mr. Henry Bell?»

«Ja. Willkommen in Reindeer Station.»

Sie folgt ihm zu den simplen kleinen Gebäuden, die den Ort bilden. Vor einer Holzhütte bleiben sie stehen.

«Hier werden Sie wohnen. Der Hirte, der hier lebt, ist bei seinen Rentieren im Gelände. Ich wohne nebenan.»

Mr. Bell ist Jäger. Seine Schlittenhunde liegen vor dem Haus.

«Sie sind genauso groß wie ich, wenn sie sich auf die Hinterbeine stellen. Und benehmen sich wie Löwinnen», erklärt er.

Als die Hunde Marie entdecken, kommen sie herbeigetollt, springen an ihr hoch und schnappen nach ihrem Haar. Der kleinste schlüpft zwischen ihre Beine, sie wehrt ihn ab und lacht, ein anderer Hund fletscht die Zähne. Sie richtet sich sofort auf und faucht ihn mit einem Laut an, der tief aus ihrem Bauch kommt.

«Sie haben keine Angst?», fragt er.

«Ich bin Tiere gewohnt.»

«Meine Hunde sind keine Kuscheltiere. Halten Sie lieber Abstand, wenn Sie nicht wollen, dass man Ihnen die Hand abbeißt», sagt er und fügt hinzu: «Sie würden auch einen Säugling fressen, wenn man sie ließe.»

«Sie sind doch ganz lieb.»

«Ja», antwortet er. «Ich habe sie auch gerade gefüttert.»

In der Nacht erwacht sie mit einem Ruck. Zwei Schüsse hallen. Dann wird es still. Der helle Nachthimmel will nicht zu Tinte werden, die Sonne scheint endlos.

1948

Marie frühstückt ein wenig trockenes Brot und packt ihre Ausrüstung in den Rucksack. Als sie die Hütte verlässt, trifft sie Mr. Bell, der gerade seine Hunde füttert.

«Ich habe heute Nacht eine riesige Ratte vor Ihrer Hütte erschossen. Sie schwamm dort unten im Wasser herum.»

Er deutet auf den Fluss, Marie lächelt höflich. Sie meidet es, ein Gespräch mit ihm anzufangen, weil sie sich vor dem unbestimmbaren Gestank ekelt, der ihn umgibt. Sie atmet nur durch den Mund, um seinem unangenehmen Körpergeruch zu entgehen.

Marie wandert auf den nächsten Hügel zu und weiter über die Ebene zu einigen Seen. Albert hat nicht zu viel versprochen: Hier ist die Erde weich und nachgiebig. Auf der Route, die sie zurücklegt, schneidet sie sorgfältig sechs Zentimeter große Erdproben aus, um sicherzugehen, dass sie alles mitnimmt. Dann packt sie die Proben vorsichtig in die kleinen Leinenbeutel. Auf den weichen Moosflächen sinkt sie bis zu den Knien ein. An einigen Stellen ist das Moos bis zu dreißig Zentimeter tief, es wechselt seine Beschaffenheit und ist nur schwer begehbar. An den Hängen ist die Vegetation üppig, es gibt Sumpfporst und große Flächen mit Preiselbeer- und ein paar Krähenbeersträuchern, dann noch mehr Moos, und weiter oben beginnen die großen Waldgebiete.

Wieder in der Hütte angekommen, legt sie die Proben in den Extraktionsapparat. Ihr Zimmer ist groß genug, um alle Proben gleichzeitig zum Trocknen aufzustellen. Jetzt muss sie nur noch warten.

Der Ort ist schnell besichtigt, und weil er so klein ist, kann Mr. Bell sie die ganze Zeit beobachten, egal wo sie ist. Sie findet ihn harmlos, aber irritierend redselig, und beschließt deshalb, die umliegende Natur zu erkunden.

«Darf man fragen, wohin Sie unterwegs sind?», fragt er.

«In den Wald.»

«Hier gibt es viele Grizzlybären. Der größte, den ich gesehen habe, war drei Meter hoch. So ein Bursche wiegt mindestens siebenhundert Kilo.»

«Du liebe Güte!»

«Deshalb sollten Sie ein Gewehr mitnehmen.»

«Ich war ja auch schon in Grönland.»

«Aber können Sie mit einem Gewehr umgehen?»

«Mit einer 9 mm treffe ich besser, aber ja, ich habe auch schon mit einem Gewehr geschossen.»

Sie atmet durch den Mund, und trotzdem erreicht sie sein Gestank. Der große Adamsapfel bewegt sich deutlich auf und ab. Ein kleiner Schnitt in die Haut, und er würde davonhüpfen, ein kleiner Springball auf der Flucht.

«Mit einer 9 mm strecken Sie keinen Grizzly nieder. Warten Sie.»

Mr. Bell verschwindet in seiner Hütte.

Sie atmet wieder durch die Nase. Füllt die Lungen komplett mit Luft und atmet langsam wieder aus.

Marie schwingt das Gewehr über die Schulter und geht über die Wiese mit den Nadelbäumen. In ihrer Tasche hat sie etwas Proviant, einen Wasserkanister, das Notizbuch und ihre Kamera. Unterwegs macht sie ein paar Fotos, erfreut sich an der Stille und den kleinen Vögeln, die zwischen den Ästen umherspringen. Insekten summen, ihr Kopf wird frei von Gedanken. Sie versinkt in einen tranceähnlichen Zustand, unterscheidet die Bäume nicht mehr von dem Raum zwischen ihnen, alles ist ein zusammenhängendes Ganzes. Die Wildwechsel, denen sie folgt, kreuzen sich in unbegreiflichen Mustern. Sie versucht, in der richtigen Richtung zu bleiben, doch am Ende gibt sie auf. Sie greift nach ihrem Kompass in der Tasche. Er ist weg. Wo in Himmels Namen ist er, jetzt, da sie ihn wirklich einmal braucht? Hat sie ihn vielleicht verloren? Marie versucht zurückzudenken, um herauszufinden, wann sie ihn zuletzt gesehen hat, kann sich jedoch überhaupt nicht erinnern. Für einen Moment wird sie von Panik befallen, dann besinnt sie sich, sie kann sich an der Sonne orientieren, die hoch am Himmel steht. Beruhigt geht sie auf eine Lichtung zu. Und da steht er: der Bär. Sie erstarrt, seine Augen rollen in ihren Höhlen wie kalte Kugeln, sie weiß, dass sie ihm auf keinen Fall in die Augen sehen darf, und kann es doch nicht lassen. Der Bär stellt sich auf die Hinterbeine und fletscht die Zähne, funkelnde weiße Eispickel in allen Größen. Anschließend sperrt er sein Maul ganz auf und brüllt. Marie steht starr wie ein Zaunpfahl auf dem Boden. Dann geht sie langsam und so ruhig wie möglich rückwärts. Sie beginnt, sanft zu summen, was den Bären jedoch nur noch wilder macht, mit einem Brüllen stürzt er sich auf sie.

Niemand kann vor einem Bären davonlaufen.

Marie krümmt sich wie ein Embryo auf dem Boden zusammen, presst die Nase in die Erde und schützt ihren Kopf mit den Händen. Erst jetzt fällt ihr das Gewehr wieder ein, doch es ist zu spät. Gleich wird passieren, was passieren muss, denkt sie gerade noch, als ein Schuss ertönt. Der Schmerzensschrei des Bären gellt durch die weite Natur. Er sackt direkt neben ihr auf den Boden. Sie öffnet die Augen im selben Moment, in dem der Bär mit der Tatze nach ihr ausholt.

«Rollen Sie sich weg!», ruft jemand.

Sie rollt sich zur Seite, und bei seinem zweiten Versuch landet die Tatze des Bären direkt vor ihrem Gesicht. Sie starrt auf die Klauen. Es wird still. Das Fell ist blutig. Ihr tut es im Herzen weh, als das Leben langsam aus den stumpfen Augen weicht und den riesigen pelzigen Körper wie ein weiches, warmes Haus hinterlässt, in dem einmal jemand wohnte.

Als Erstes nimmt sie den Geruch wahr. Sie setzt sich auf. Mr. Bell steht direkt hinter ihr.

«Sie haben die Patronen vergessen.»

Die Augen, die sie zuvor als unangenehm stechend empfunden hat, sind jetzt ein gesegnetes Prickeln. Selbst sein Gestank macht sie froh.

Einige Tage darauf verschließt Marie ihre Gläser, versieht jedes mit einem Etikett und notiert Datum, Ort und Vegetation. Dann steckt sie die Proben zwischen die zusammengenähte Gazebinde, damit sie beim Transport nicht zerbrechen.

Als Marie wieder in Aklavik im Hotel eintrifft, eilt Albert ihr entgegen.

«Es ist ein Brief für Sie gekommen!»

Sie setzt sich auf den nächsten Stuhl, reißt den Umschlag auf und liest. Ole schreibt, dass die Kinder allein verreisen werden: *Ich habe mich auf einem Imkerkongress mit den anderen Teilnehmern unterhalten. Sie wussten, dass du auf Reisen bist. Der eine Imker schlug vor, dass Karen ihn in den Sommerferien in Stevns besuchen könne, und sein norwegischer Kollege sagte, Inga könne zu ihm nach Norwegen kommen. Ich habe beschlossen, ihr Angebot anzunehmen, mich zu entlasten. Und für die Kinder ist es auch schön, etwas Neues zu erleben.* Inga ist sieben Jahre alt, schafft sie die Fährfahrt nach Oslo allein? Marie bezweifelt es, verdrängt ihre Bedenken jedoch. Sie muss darauf vertrauen, dass Ole weiß, was er tut.

Sie steht auf, um in ihr Zimmer zu gehen. Spürt eine plötzliche Last auf den Schultern.

«Warten Sie, Marie», ruft Albert ihr nach. «Die Frauen des Ortes haben uns alle zu einem Fest eingeladen, um die Jagdsaison zu feiern. Haben Sie Lust mitzukommen?»

«Wird es auch einen Trommeltanz geben?»

«Ja, und Berge von Essen, Tomatensuppe mit Makkaroni, Fleisch, Reis, eingelegtes Obst, Kuchen und Torten.»

Und ob sie will! Sie freut sich schon. Der Trommeltanz, den sie an der grönländischen Ostküste erleben durfte, war eine so besondere und ekstatische Erfahrung, dass sie Marie nach wie vor einzigartig erscheint.

Als es dämmert, sitzt sie in einem großen, überfüllten Raum. Aus den Kehlen der Frauen steigt ein eintöniger, langsamer Gesang auf. Sie singen in sich gekehrt, begleitet von regelmäßigen Schlägen auf den Rahmen der Trommel. Sie wiegt sich im Takt der Melodie, aber das große, allumfassende Gefühl, sich selbst zu verlieren, bleibt aus.

Es ist Ende Juni, das Wetter sonnig und windstill. Die Hunde liegen aneinandergeleint in Grüppchen unterhalb des Steilufers am See. In dem kalten arktischen Sommer gehen die Leute in ihrem feinsten Zwirn spazieren. Die Inuvialuit-Frauen tragen dünne Sommerkleider und halten ihre Babys im Arm.

Marie ist unterwegs zum Kaufmann, um einen Brief aufzugeben. Direkt vor ihr geht der Pfarrer zur Tür herein, gefolgt von seiner Frau, die ihr außergewöhnlich hässliches Baby auf dem Arm trägt. Als Marie die Ladentür hinter sich schließt, stößt die Pfarrersfrau gegen einen hohen Stapel Konservendosen, der unter großem Radau einstürzt. Das Gescheppere bringt das Baby zum Schreien. Die Pfarrersfrau drückt Marie ihr Kind in die Arme, das aussieht wie ein Schweinchen ohne Hinterkopf. Erst als alle Dosen wieder übereinandergestapelt sind, kann Marie das Kind der Mutter zurückgeben und zur Theke gehen.

«Ich möchte einen Brief aufgeben», sagt sie.

«Nach Dänemark?», fragt der Kaufmann in britisch klingendem Englisch.

«Ja, wie es auch auf dem Umschlag steht.»

Daraufhin wechselt er in fließendes Dänisch. «Ich freue mich, Sie kennenzulernen. Ich bin gestern erst wiedergekommen und war überrascht zu hören, dass eine Landsmännin in unsere Stadt gekommen ist. Herzlich willkommen, ich heiße Harald Brandt.»

«Mir hat niemand gesagt, dass es noch einen anderen Dänen hier gibt!», erwidert sie.

Sie vergisst völlig, ihn mit den Augen zu zeichnen. Der Blick, den er ihr zuwirft, trifft sie so, als würde jemand ein Feuer in ihr entfachen. Verschone mich doch bitte diesmal, denkt sie, aber es ist schon zu spät.

«Wollen wir uns nicht duzen?», hört sie sich sagen.

Sie unterhalten sich über dies und jenes. Marie verversucht, ruhig zu bleiben, doch ihr ganzer Körper zittert. Harald erzählt, dass er bei der Leibgarde und anschließend bei der Armee gedient habe, bis ihn starkes Fernweh gepackt habe und er zum Arbeiten nach England gereist sei und dann weiter nach Australien, Neuseeland und Südamerika.

«Und jetzt bin ich hier. Ich war seit dreißig Jahren nicht mehr zu Hause.»

Sie lässt ihren Blick auf ihm verweilen; ein gut aussehender Mann, der noch all seine weißen Zähne hat. Er raucht nicht, und er ist zwar ungebildet, aber nichtsdestotrotz redegewandt.

«Der Winter ist die beste Zeit, dann jagen wir Füchse, Nerze, Luchse und Marder. Diese Saison hat mir 27 000 Ratten beschert, von denen ich selbst 1000 geschossen habe. Und du sammelst Käfer?», fragt er.

«Moosmilben, die im Erdboden leben. Sie sind so klein, dass man sie nicht mit dem bloßen Auge sehen kann. Aber ich hatte Probleme, eine variierende Vegetation für meine Sammlung zu finden. Ich habe auch keine nennenswerten größeren Insekten entdeckt. Eine Lepidoptera-Larve und eine kleine Zecke unter einigen Ästen, vereinzelte Eintagsfliegen und ein paar Käfer, das ist bisher alles.»

«Lepi-was?», fragt er.

«Eine Schmetterlingslarve.»

«Wenn du willst, kann ich dir eine Bergregion zeigen, in der es eine Unmenge an verschiedenen Pflanzen, Gewächsen und Insekten gibt, die ganz anders sind als die hier bei uns», schlägt er vor.

«Dafür wäre ich sehr dankbar. Aber musst du denn nicht deinen Laden hüten?»

«Das würde mich nichts anderes kosten als Zeit, und davon habe ich reichlich. Ich hatte sowieso geplant, mir morgen freizunehmen.»

Tags darauf fahren sie in Haralds Kanu den Fluss entlang in Richtung der Grenze zu Alaska. Das flache Land wird zu Hügeln, Hügel werden zu Bergen. Sie folgen einer Spur durch den Wald und gelangen zu einem Lagerplatz, wo sie ihren Proviant verspeisen. Dann wandern sie weiter durch den Wald, in die offene Heide zwischen vereinzelten Weiden, bis sie zu einer tiefen, weichen Vegetation aus Sumpfporst, Molte-, Blau- und Preiselbeersträuchern und Wollgras gelangen.

Marie hat ihr Messer und ihre Leinenbeutel dabei. Sie geht in die Knie und schneidet die erste Probe aus.

«Als Kind habe ich mir immer vorgestellt, die Wollgräser wären Schafe auf Stielen», sagt sie und legt die Probe vorsichtig in den Beutel. Harald verfolgt alles neugierig, und Marie erklärt ihm die Austrocknungsprozedur. Er lauscht aufmerksam. So selten nimmt sich jemand die Zeit und versucht zu verstehen, was sie sagt.

«Wonach wählst du die Gebiete aus, in denen du Proben sammelst?»

«Im Prinzip kann ich sie nach Lust und Laune auswählen, das ist ein Privilegium, das ich genieße, weil es niemand vor mir getan hat, und deshalb sind gewissermaßen alle Orte und Funde relevant. Aber natürlich muss zwischen den einzelnen Sammelstellen ein geographischer Abstand und ein Unterschied in der Vegetation bestehen.»

Mit der brennenden Sonne im Gesicht und dem Wind im Rücken bahnen sie sich einen Weg zwischen Weidensträuchern und Zwergbirken. Durstig und müde legen sie sich ins Gras, um sich auszuruhen, und genießen die Aussicht auf die Bergkette und das Flussdelta.

«Glaubst du an Gott?», fragt Marie.

«Als ich ganz jung war, hat mir Gott nichts gesagt», antwortet er. «Als Soldat wurde ich im Krieg dreimal verwundet. Doch dann passierte etwas, das dazu geführt hat, dass ich im Gebet Zuflucht finden musste.»

Er verstummt und holt tief Luft.

«Es war dunkel und regnete in Strömen. Wir schlitterten in großen Schlammlöchern umher und schossen auf die Deutschen. Ringsherum fielen meine Kameraden, aber plötzlich stand er da, ein deutscher Soldat. Er war in meinem Alter. Er sah mir direkt in die Augen und flehte um Gnade, sank im Matsch auf die Knie, verbarg das Gesicht in seinen zitternden Händen. Ich trat auf ihn zu, packte ihn im Nacken, setzte die Mündung unter meiner Hand an und schoss ihm durch den Kopf.»

Marie weiß nicht, was sie sagen soll. Sie ist es nicht gewohnt, einen Mann zusammenbrechen zu sehen, aber jetzt weint er, das Urmeer strömt.

Sie liegen dort nebeneinander, als sei es das Natürlichste auf der Welt. Ihr Körper ist vollkommen ruhig, zum ersten Mal hat sie das Gefühl, im Gleichgewicht zu sein. Selbst ihre Herzen müssen in einem Takt schlagen, synchron wie zwei Uhren, denkt sie. Wenn sie mit Ole zusammen ist, herrscht immer eine kleine Verschiebung zwischen ihnen, ihre Körper wogen nur für kurze Momente im selben Rhythmus. Sie käme nicht im Traum darauf, Ole zu betrügen, aber das Begehren, das jetzt in ihr geweckt wird, ist wie ein Schwarm Insekten, der beharrlich um sie herumsummt. Die lebendige schwarze Wolke verschleiert ihren Blick. In diesem Moment kann sie nicht anders, als nachzugeben.

Marie packt. Sie ist viel zu lange hier gewesen. Harald kommt, um sich zu verabschieden.

«Lass uns eine Runde spazieren gehen», schlägt sie vor.

Sie gehen schweigend nebeneinanderher, es ist, als würde die ganze Welt harmonieren. Ole folgt ihr in Gedanken wie ein Schatten. Lass mich, murmelt sie und verscheucht ihn wie eine Stubenfliege. Marie empfindet es so, als hätte sie in Harald ein Zuhause gefunden. Der Gedanke, dass er jetzt für immer aus ihrem Leben verschwindet, ist wie eine Klaue, die ihr das Herz herausreißt. Ob es ihm genauso geht?

«Ja», sagt er. «Ich spüre es.»

«Wir können nicht zusammenbleiben. Ich reise morgen ab.»

«Kannst du nicht hierbleiben und weiter Tiere sammeln?»

«Ich muss sie an allen möglichen unterschiedlichen Orten sammeln, damit ich meine Funde miteinander vergleichen kann.»

«Ich glaube, wenn man endlich denjenigen trifft, den zu treffen man nie geglaubt hätte, muss man an ihm festhalten.»

«Ich habe aber Kinder.»

«Ja.»

«Kinder verlässt man nicht.»

«Das verstehe ich.»

«Ich weiß.»

Im Sommer steht die Sonne hoch über diesem Erdteil, in dem die Dunkelheit nie hereinbricht. Sie ist ein rastloses Tier mit weit geöffneten Augen. Dann kommen die

Mücken. Jetzt schwirren die kleinen, grauen Wesen so dicht um sie herum, weiß wird schwarz, alles löst sich auf. Die Welt zerbröckelt.

1948

Sie erwacht mit dem Gefühl, keine Luft mehr zu bekommen. Sie steht auf und steckt sich einen Finger in den Hals, und etwas Rundes, Silbriges gleitet heraus, rollt schnell über den Boden und verschwindet unter einer Holzdiele. Erst als das Wasserflugzeug einige Stunden später abhebt und sie diesen Ort verlässt, wird ihr bewusst, dass sie einen kleinen Teil von sich selbst hierlässt: die Silberkugel, die unter der Holzdiele verschwand. Sie spürt einen pfeifenden Druck auf den Ohren und schluckt, um den Schmerz loszuwerden. Sie hat Harald in ihr Herz geschlossen, und jetzt wird er dort sitzen, in ihr, für immer.

Das Flugzeug schaukelt durch den Luftraum wie ein verirrtes Vogeljunges. Einer jungen Frau mit Säugling wird übel. Das Kind schreit die ganze Zeit.

«Könnten Sie sie einmal nehmen?», fragt die junge Mutter.

Die kleinen Finger greifen nach ihrem Haar und lassen es dann mit einem Kreischen wieder los. Marie lässt ihre Beine auf und ab hüpfen, sodass sich das Kind beruhigt.

Endlich setzt der Pilot zur Landung in Coppermine an. Unter ihnen taucht eine Landzunge mit kleinen weißen Häusern auf. Weiter draußen auf dem Meer strahlen ausgedehnte Eismassen. Genau wie Aklavik wurde auch diese Stadt von der Hudson's Bay Company als Handelsstation gegründet.

«Schauen Sie mal, die Leute winken uns zu», ruft die junge Mutter, die endlich aufgehört hat, sich zu übergeben. Das Baby schläft in ihren Armen den Schlaf der Erschöpfung. Doch als die Tür geöffnet wird und die Passagiere auf den Ponton hinausklettern, schwenken die Menschen noch immer ihre Arme.

«Sie winken ja gar nicht, sie versuchen nur die Mücken-schwärme zu vertreiben», sagt Marie und lacht.

Die junge Frau verfällt in Panik angesichts der Insekten, die das Baby einhüllen.

«Legen Sie ihr eine Stoffwindel auf den Kopf», rät Marie.

«Dann bekommt sie doch keine Luft.»

«Doch. Vertrauen Sie mir, ich habe vier Kinder, und sie leben alle noch.»

Der Ort ist außergewöhnlich hübsch und sauber. Hinter kleinen, schmucken Häusern ragen Zelte aus Rentierfell auf. Marie folgt dem Weg zu den Häusern und über-quert eine grüne Wiese mit blauen Lupinen. Alle Dena und Weißen, denen sie begegnet, grüßen freundlich. Sie merkt, wie ihr Gesicht weicher wird, und entspannt sich bis in die Zehenspitzen.

«Gibt es hier einen Ort, wo man Logis findet?», fragt Marie einen jungen Mann.

«Versuchen Sie es bei Mr. Whibert», sagt er und zeigt auf ein großes, weiß gestrichenes Haus.

Kurz darauf folgt Marie Mr. Whibert in den Speisesaal, wo die Gäste des Hauses gerade beim Abendessen sitzen.

«Frau Marie Hammer ist den ganzen Weg bis aus Dänemark gekommen», sagt er.

Ein porzellanweißes Gesicht mit grünen Augen betrachtet Marie neugierig. Die beiden Smaragde fun-keln sie an. Sie wollte schon immer gern ein Paar von diesen seltenen grünen Steinen besitzen.

«Mrs. Alice Webster», sagt die Frau mit den Smaragd-
augen. Sie steht auf und zieht einen leeren Stuhl heran.
«Sie müssen hungrig sein, wollen Sie sich nicht setzen?»

«Marie. Nennen Sie mich doch einfach Marie.»

Am nächsten Tag hängt Marie sich die Kamera um und
folgt Alice durch den Ort. Hunderte Fliegen schwirren
um bleiche graue Fische, die auf Holzgestellen trocknen.
An mehreren Orten liegen Stapel von Treibgut und Ästen.

«Hier gibt es nicht viel Brennholz, deshalb sind sogar
kleine Äste und Holzstückchen wertvoll», erklärt Alice.

Die Inuitfrauen verzaubern Marie am meisten. Sie kann
den Blick nicht von ihren Gesichtern abwenden, auf
denen sich feine blaue Linien wie Sonnenstrahlen von
den Augenwinkeln über Schläfen und Wangen ausbreiten. Andere Striche laufen vom Mund das Kinn herab.

«Zeigen die Striche, welcher Familie sie angehören?»,
fragt Marie.

«Nein, das vertreibt bei einer Geburt die bösen Geister», antwortet Alice.

«Darf ich ein Foto von Ihnen machen?», fragt Marie
eine der Frauen und deutet auf ihre Kamera.

Die Frau nickt, doch als Marie in den Sucher ihrer
Kamera blickt, beginnt sie, den Mund zu bewegen wie
mümmelndes Kaninchen. Die blauen Streifen vibrieren
so albern, dass Marie lachen muss, und sofort schlagen
sich alle Frauen auf die Schenkel.

«Hi-hi, hi-hi.»

Marie legt die Kamera erneut an, aber das verschlim-
mert alles nur noch, bald krümmen sich alle vor Lachen.

Eine riesige, tätowierte Frau, deren eine Brust aus dem

Baumwollkleid heraushängt, kommt zu ihnen und stellt sich vor Alice.

«Was sagt sie?», fragt Marie.

«Du gefällst ihr.»

«Sie mir auch.»

«Emma», stellt sich die Frau vor und fährt auf einer Sprache fort, die Marie nicht versteht.

«Was sagt sie?»

«Sie fragt, ob du ihr Zuhause sehen möchtest», übersetzt Alice.

Emmas Rentierzelt liegt ganz in der Nähe des Pfarrhauses. Davor sind Hunde an einer langen gespannten Leine angebunden. Jeder Hund hat einen eigenen Knoten, damit sie sich nicht gegenseitig zerfleischen. Der Pfarrer füttert sie gerade, mit gierigen Mundbewegungen lassen die Hunde die schleimigen, glatten, glänzenden Fische in ihren roten Schlünden verschwinden.

«Emma hat ihr Zelt mithilfe der anderen Frauen im Dorf selbst genäht», erklärt Alice. «Sie fragt, ob du die Blaubeeren probieren möchtest, die sie heute gepflückt hat.»

«Ja, gern.»

«Komm, wir beide gehen jetzt baden», schlägt Alice anschließend vor.

«Ich habe gar keine Badesachen dabei», erwidert Marie.

«Wir ziehen hier zum Schwimmen nie etwas an, die Sachen werden doch sowieso nur nass.»

«Willst du mitkommen?», fragt Marie Emma. «Schwimmen?»

Marie macht Kraulbewegungen mit den Armen. Emma schüttelt heftig den Kopf und kräuselt die Nase. Die blauen Linien werden nach oben gezogen, und die Sonnenstrahlen verwandeln sich in Schnurrhaare.

Marie und Alice gehen zwischen den Häusern hindurch zum Fluss. Auf der einen Seite breitet sich eine Bank aus weichem weißen Sand aus, auf der anderen ragt steil eine Felswand auf, von der Wasser herunterrauscht.

Alice zieht sich langsam aus, legt ihre Kleidung ordentlich zusammen und geht geradewegs in den Fluss hinein. Ihr nackter Körper schimmert wie das feinste, dünnste Porzellan, sie dreht sich um und winkt Marie zu.

«Komm!», ruft sie.

Alice ist so wunderschön, dass Marie sie am liebsten berühren würde. Sie greift ihre Kamera und macht ein Bild. Innerhalb kurzer Zeit hat sie eine ganze Filmrolle verknipst. Dann legt sie die Kamera beiseite, zieht sich aus, watet in den kühlen Fluss hinaus und auf den weißen Körper zu.

Auf dem Rückweg sammeln sie Mohnsamen. Marie ist glücklich. Sie spürt ein tiefes Verlangen nach Harald, das jedoch nach wenigen Minuten wieder verschwindet. Es hilft, hier neben Alice herzugehen. Es hilft, Samen zu sammeln. Es hilft, sich Harald als eine Art Opiumrausch vorzustellen, der eine Zeit lang ihre Sinne vernebelte. Sie denkt stattdessen an Ole, versucht, sich sein Gesicht in Erinnerung zu rufen, doch sie ist sich nicht mehr sicher, ob sie noch weiß, wie er aussieht. Es kommt ihr so vor, als hätte sie Dänemark schon vor Jahren verlassen, die

Sehnsucht wird mit jedem Tag geringer und der Abstand größer.

Später wird ein Brief in ihr Zimmer gebracht. Sie öffnet ihn so hastig, dass sie einzelne Wörter zerreißt. Er stammt von Ole und den Kindern. Die Freude ist eine Feder, die sie am Hals kitzelt. Marie verschlingt die Zeilen. Sie muss ihnen sofort schreiben, denkt sie und setzt sich hin, um zu antworten. Sie schreibt: «Was auch passiert, ich bin bei euch.» Dann gerät sie ins Stocken, legt den unfertigen Brief auf die Kommode, nimmt ihre Schuhe und ihre Jacke, um in die Berge zu gehen. Sie läuft schnell, gerät außer Atem, setzt sich auf einen Stein, starrt auf das Meer hinab, das von glänzenden kleinen schwarzen Inseln geschmückt wird, oh, diese ganze Schönheit, und die Sonne sinkt, aber nur, um wieder aufzusteigen, ohne auch nur annähernd den Horizont berührt zu haben.

Nachts träumt sie zum ersten Mal seit mehreren Wochen, dass sie nach Hause zurückkehrt. Am nächsten Tag ist sie von Wehmut erfüllt.

Es ist Ende Juli, als Marie weiterreist. Sie schenkt Emma ein Foto, das sie von ihr aufgenommen hat, und Emma weint so sehr, dass ihr die Tränen die Wangen hinabrinnen und sich die blauen Sonnenstrahlen um ihren Mund zu zerknitterten Linien zusammenziehen. Marie wendet das Gesicht ab, damit Emma nicht sieht, dass auch sie Tränen in den Augen hat.

Am ersten Tag im August versinkt die Sonne wieder hinter dem Horizont. Marie lässt die Tage verrinnen wie Wasser durch ein Sieb. Sie steht mitten auf einer Wiese in Banff und schneidet runde Bodenproben aus. Gras, Klee und kanadische Goldruten, die Vegetation ist feucht vom Tau, die Erde darunter aber trocken. Als sie fertig ist und die Leinenbeutel mit den neuen Proben im Rucksack liegen, geht sie zum Bahnhof zurück, vorbei an türkis-grünen Seen, wo die Leute angeln, während kleine Ausflugsboote mit Touristen über das Wasser sausen.

Inzwischen reist Marie mit dem Zug, wie sich andere Leute die Zähne putzen, morgens und abends. Sie fühlt sich nicht mehr wie eine Entdeckungsreisende auf dem Weg in unbekannte Gefilde, sondern wie eine Frau, die von der normalen Welt abgeschnitten ist. Sie landet immer in menschenleeren Abteilen, ohne andere Passagiere, mit denen sie sich unterhalten könnte. Sie beschäftigt sich krankhaft mit ihren Hühneraugen. Warzen, die wie kleine Pilze versuchen, in ihre Füße hineinzuwachsen. Ihre Kleidung riecht, und sie muss sich selbst fest in den Bauch kneifen, um daran festzuhalten, wer sie ist. Sie fährt behutsam mit den Fingern über ihre Schwangerschaftsstreifen. Es gibt sie, und wenn es sie gibt, gibt es auch die Kinder und Ole und das Haus und das Arbeitszimmer, das Mikroskop, die Staubmäuse, die Möbel, die Türen, die Küchenschränke, die Töpfe, die Spüle, und den Garten gibt es auch, und all die Grashalme gibt es und die Äpfel, die an den Bäumen hängen; sie wachsen, bis sie voller Fruktose sind, und die Hände der Kinder strecken sich nach den süßen Äpfeln, pflücken drauflos, schlagen die Zähne hinein, füllen den Mund mit Saft, und das Fruchtfleisch gleitet durch die Speiseröhre hinab bis in den Magen, der Säure bildet und rumort und den es deshalb auch gibt. Sie könnte umgeben von ihren Kindern zu Hause im Wohnzimmer sitzen und lesen, stattdessen sitzt sie hier allein mit ihren Erinnerungen, und jetzt fliegen die Gedanken in der Zeit zurück, vorbei am Vater im Sessel, dem Rauch von seiner Pfeife, der in der Bibliothek hängt wie der Geist in Aladins Höhle; Aases nackte Beine, ihrer aller Beine, die sich aneinanderreiben, im Bett, am Esstisch. Und Aase und Marie liegen bäuchlings auf dem Teppich, und die Bücher öffnen eine Tür direkt in den Dschungel, in die Vergangenheit und weiter in die Zukunft, und bis in sie selbst hinein, um dort zu verharren. Sie saugt die Luft tief in die Lungen und sieht aus dem Fenster, ein malerisches Tal, von einem breiten Fluss durchschnitten; Vögel kreisen um Wolkenkratzer, die aus dichtem Nebel auftauchen. Vancouver! Sie ist in einer Stadt in den Wolken angekommen.

Das Hotelbett ist angenehm weich, und Marie schläft so gut wie lange nicht mehr. Am nächsten Tag nimmt sie einen Bus zum Capilano Canyon, um an den beeindruckenden steilen Felswänden entlangzuwandern, die sich in die Berge hineinschneiden. Die Schlucht ist mit riesigen Zedern ausgekleidet. Marie fotografiert, ohne über das Motiv nachzudenken. Tausende Bilder, unendlich langsam von allein gewachsen, über Jahrhunderte entwickelt und gereift, und jetzt warten sie nur darauf, dass jemand sie festhält. Dicke, umgefallene Baumstämme, gigantische, raue Körper, die mit leuchtend grünem Moos bewachsen kreuz und quer zwischen Farnen liegen; eine Pflanze, die mit ihren schwarzen Beerentrauben an eine Stechpalme erinnert, windet sich überall hinein und hinaus. Marie schwitzt. Als sie zu einer kleinen Quelle gelangt, zieht sie sich aus und springt hinein. Sie legt sich zum Trocknen auf einen moosbewachsenen Stamm, als wäre sie selbst eine dickblättrige Schlingpflanze, und versucht, seine Form mit ihrem Körper nachzubilden, sie streckt die Beine in die Luft, bewegt sie in organischen Mustern, die den Ästen der Bäume folgen. Marie ist so versunken, dass sie nicht bemerkt, wie sie von Weitem beobachtet wird. Ein knackender Ast weckt sie aus ihrem elysischen Zustand. Sie dreht den Kopf und sieht den Rücken eines Mannes in einem weißen Pullover zwischen den Bäumen verschwinden.

Erst ist sie peinlich berührt, doch dann wächst ein Lachen in ihr, bis es aus ihr heraussprudelt. Im Grunde kann es ihr vollkommen egal sein. Sie steht auf, balanciert auf den enormen Baumstämmen und breitet die Arme aus, streckt sie in die Luft, hüpft hinab und setzt sich in das tiefe, weiche Moos. Kleine Tiere kribbeln, beißen und kitzeln, und das Moos bildet ein Kissen. Mit großem Appetit verspeist sie ihr Sandwich. Als sie sich wieder anzieht, um weiterzugehen, fühlt sich ihr Kopf so leicht an, als sei ihr ganzes Gehirn mit dem Himmel über ihr verbunden.

Marie orientiert sich auf der Karte, und als sie gerade die Suspension Bridge überqueren will, die an langen Stahldrähten über eine tiefe breite Schlucht gespannt ist, erblickt sie einen Mann. Sie grüßt, er nickt ihr zu. Glücklicherweise deutet nichts in seinem Gesicht darauf hin, dass er gerade gesehen hat, wie sie sich weiter unten am Berg nackt zwischen Bäumen und Moos rekelte. Er trägt einen kleinen Rucksack und keinen weißen Pullover wie die Gestalt, die sie verschwinden sah, sondern ein schwarz-rot kariertes Holzfällerhemd.

«Sie sind nicht von hier», stellt er fest.

«Nein, ich komme aus Dänemark», antwortet Marie.

«Gibt es dort Eisbären?»

«Nein. Obwohl Dänemark auf der Nordhalbkugel liegt, sind wir weit von der Arktis entfernt. Der Golfstrom sorgt für ein milderes Klima.»

«Der Golfstrom?»

«Der warme Meeresstrom, der wie ein Fluss durch den Nordatlantik fließt. Aber wo kommen Sie selbst her?»

«Ich bin hier geboren, aber meine Vorväter waren Iren.»

«Dann sollten Sie eigentlich wissen, dass es in Dänemark keine Eisbären gibt.»

Er ist groß und gut gebaut. Ein tiefer Spalt teilt sein Kinn und erinnert an die Schlucht in der Landschaft, die sie durchwandern, seine Augen sind dunkelblau. Sein

Gesicht ist nicht besonders schön, und dennoch hat er etwas Anziehendes. Vielleicht liegt es an seiner Haut, die braun und glatt ist und so zart aussieht, dass sie Lust hätte, die Hand auszustrecken und zu spüren, wie sie sich anfühlt. Er erzählt ihr, dass er schon seit vierzehn Jahren hier im Wald bei Vancouver wohne.

«Aber jetzt bin ich in Rente.»

Seine Lachfältchen breiten sich aus wie die Leitbündel eines Blatts. Fächerförmig.

«Sie sind Rentner?»

«Ja, ich bin fünfundsechzig.»

«Sie sehen viel jünger aus. Ich bin einundvierzig, aber ich fühle mich wie fünfundzwanzig.»

«Das hat mein Vater auch immer gesagt – ausgerechnet fünfundzwanzig.»

Er erzählt ihr, dass er Waldarbeiter gewesen sei, bis er sich selbst in Rente geschickt habe.

«Wenn Sie Lust haben, kann ich Ihnen einen Aussichtspunkt weiter oben zeigen. Da waren bisher nur wenig Menschen», sagt er.

Sie wandern über fast zugewachsene Pfade, steigen Hänge hinauf und glatte, verfallene Stufen hinab. Er geht voran, hält zurückschnellende Äste fest, bahnt ihr den Weg.

«Reisen Sie allein?»

«Ja.»

«Aber sind Sie verheiratet?»

«Ja», sagt Marie, «und wir haben vier Kinder.»

«Vier Kinder? Was in aller Welt machen Sie dann hier?»

«Ich arbeite. Ich bin Insektenforscherin, das ist meine Berufung. Einer Berufung kann man nicht entkommen, man trägt sie das ganze Leben lang in sich, egal ob man ihr folgt oder nicht.»

«Also steht die Liebe zu Ihrer Familie für Sie an zweiter Stelle?»

«Für mich gibt es kein Entweder-oder», antwortet sie.

Es ist, als hätte sie in ihrer Erinnerung eine Statue von Ole aufgestellt, es fällt ihr schwer, die Lust lebendig zu halten, den Körper warm. Seit Aklavik taucht nur Harald in ihren Fantasien auf. Jetzt richtet sich ihr hastig aufflammendes Begehren auf den Mann, der vor ihr steht. Stopp, denkt sie, sei vernünftig, er ist viel zu alt, schon vom Tod gezeichnet, Altersflecken breiten sich auf seinen Händen aus. Doch seine dunkelblauen Augen sind ein Meer, in dem sie versinkt, und er riecht ganz wunderbar.

«Ich muss Ihnen etwas gestehen», sagt er. «Ich habe Sie nackt auf einem Baumstamm liegen sehen. Ich kann dieses Bild nicht mehr löschen, es hat sich mir eingebrannt, kennen Sie so etwas?»

Marie weiß nicht, was sie sagen soll, sie spürt die Verlegenheit wie ein kochendes Meer in sich aufwallen. In der Ferne kann sie ein kleines Stück der Brücke und der dahinter aufragenden Berge erkennen. In einem Sumpf wächst eine große Pflanze mit glatten, rosettenförmigen Blättern, die länger sind als ihre Unterarme. Ihre Blüten sind gelb und langstielig, und sie riecht so übel, als würde der Gestank an den Nasenhaaren kleben.

«Skunk cabbage», erklärt der Mann.

«Ich sollte zurück, bevor es dunkel wird», sagt sie. «Ich muss den Bus erreichen.»

Traurigkeit legt sich auf seine Schultern, eine unsichtbare Mauer erhebt sich langsam zwischen ihnen. Er zeigt ihr auf der Karte eine Abkürzung den Berg hinab und reicht ihr zum Abschied höflich die Hand.

«Es war ein Vergnügen, Sie zu treffen», sagt er.

Sie lässt seine Hand schnell wieder los. Er wirkt enttäuscht, aber vielleicht bildet sie sich das auch nur ein.

Es gibt zwei Versionen der Wirklichkeit. In der einen greift er nach ihr und dreht sie begehrlich zu sich, zieht sie aus und küsst sie überall, bis sie sich selbst verliert. In der anderen Version lässt sie ihn stehen und hastet die Pfade hinab, als wollte sie vor sich selbst weglaufen.

Maries Notizbuch, 1948

*Ich fotografiere Bienen in Edmonton. Der Wind ist
sanft und mild, die Straßen sind schrecklich staubig.
Ich übernachte in einer kleinen, schäbigen Pension,
fahre nach Hudson's Bay und schneide tagsüber
Proben aus der moosreichen Heide.*

*Morgen fliege ich nach Churchill. Ich allein. Ich mag
die Einsamkeit so sehr und habe darüber nachgedacht,
ob ich mit diesem undefinierbaren Drang, allein zu
sein, geboren bin.*

Marie und der Pilot, der Mitte zwanzig ist, gleiten direkt unter einer dichten Wolkendecke entlang. Der Pilot ist klein und schmächtig, trägt einen Schnurrbart und einen Lederhelm.

«Lassen Sie uns landen und Lachse angeln!», ruft er.

Jetzt sitzen sie auf der Tragfläche. Der Pilot wirft die Angel aus. Noch bevor die Schnur ruhig im Wasser liegt, beißen die Fische an, man kommt gar nicht schnell genug hinterher. Marie sitzt neben ihm und erzählt Anekdoten aus Grönland – unter anderem, wie sie mit der Pistole Lachse fing, und der Pilot amüsiert sich köstlich, doch dann öffnet der Himmel plötzlich alle Schleusen.

Sie sind patschnass, als sie die Luke des Flugzeugs hinter sich zuziehen.

Churchill bietet einen traurigen Anblick, die Wolken hängen dicht und grau über den Baracken und Kornsilos. Die Straßen sind schmutzig, die Indianer und Inuit auf tragische Weise miteinander verfeindet. In der Stadt steht eine Bronzetafel zu Ehren des Dänen Jens Munk, dem ersten Europäer in der Region. Marie wohnt bei Mr. Grant, einem Entomologen. Grant ist ein fetter, träger Mann mit schlaffem Händedruck und künstlichem Lachen. Er erkundigt sich nur oberflächlich nach Maries Forschung. Ob er schüchtern ist oder einfach nur auf typisch männliche Weise von sich selbst eingenommen, kann Marie nur schwer durchschauen. Sie langweilt sich, während er über sich selbst redet, doch dann sagt er: «Sie sollten Dr. Newell treffen, der genau auf Ihrem Gebiet forscht. Er ist dabei, eine Bestimmungsliste von allen Moosmilben Nordamerikas zu erstellen.»

Maries Notizbuch, 1949

Ich habe die Erlaubnis bekommen, Dr. Newells Samm-
lung zu studieren und Material daraus auszuwählen,
das mit meinen Funden vergleichbar ist.

Besonders interessieren mich seine großen Sammlun-
gen aus Hawaii und Rhodesien.

Seine Methode ist anders als meine. Die Extraktion
führt er auf dieselbe Weise durch wie ich, aber
anschließend wird es komplizierter. Er nimmt die klei-
nen Wesen mit einer Nadel auf, montiert sie dann auf
ein Glas und klebt es auf ein Gegenstück mit Glyzerin.
Auf diese Weise kann man das Tier von beiden Seiten
betrachten.

Wenn man die Proben eingehender studiert, ist das
Glas allerdings schmutzig und voller Luftblasen, und
die Tiere liegen oft mit gebrochenen oder zusammen-
geklebten Beinen auf der Seite. Meiner Meinung nach
steht das Ergebnis in keinem Verhältnis zum lang-
wierigen Präparationsprozess.

Keiner seiner Tausenden Objektträger mit Moosmilben
wurde bestimmt, aber die Sammlung ist umfangreich,
und seine Kataloge sind wirklich gut.

Ein zähes Hühnchen schwimmt in einer faden Soße umher. Mr. Grant hat selbst gekocht.

«Haben Sie die Statue Ihres Landsmannes schon gesehen?», fragt er.

«Ja, ich bin heute daran vorbeigekommen, kennen Sie die Geschichte?»

«Nein, eigentlich nicht, muss ich zugeben.»

«Der dänische König Christian IV. entsandte Jens Munk 1619, um die sagenumwobene Nordwestpassage zu finden, die eine Abkürzung nach Indien sein sollte. Er verirrte sich mit seinen beiden Schiffen und siebzig Männern in die Hudson Bay, wo sie zur Überwinterung gezwungen waren. Im Laufe des Winters starb fast die ganze Besatzung an Skorbut, nur Jens Munk und zwei weitere Männer überlebten.»

«Spannend! Wie schmeckt Ihnen übrigens das Essen? Normalerweise kümmert sich meine Frau um derlei, aber sie ist für ein paar Tage bei ihrer Schwester zu Besuch, und zum Glück bin ich auch ein ausgezeichneter Koch, wenn ich das so sagen darf.»

Er lacht polternd. Sie lacht mit.

«Ich interessiere mich nur für Kriebelmücken», fährt er fort. «Allein hier in Kanada gibt es 165 Arten. Sie sind nur zwei bis sechs Millimeter groß und haben einen hohen, gebogenen Rückenpanzer, einen kleinen Hinterleib, kurze Antennen, aber starke und kurze Beine, so wie ich auch.»

Marie schielt diskret unter den Tisch, seine beiden dünnen Unterschenkel füllen die Hosenbeine bei Weitem nicht aus.

«Ihre Flügel sind im Verhältnis zu ihrer restlichen Größe breit, wodurch sie eher Fliegen gleichen als

Mücken. Und genau wie bei den Menschen beißen nur die Weibchen.»

Er lacht. Marie lacht nicht mit.

«Wir nennen sie auch Kribbelmücken», sagt sie.

Mr. Miller redet einfach weiter. «Ich konzentriere mich allerdings auf ihre Bekämpfung. Bei uns sind sie nervenaufreibend, aber vollkommen harmlos. In den Tropen können sie dagegen Flussblindheit auslösen. Letztes Jahr haben wir auf unzähligen Quadratmeilen DDT versprüht. Nächstes Jahr wollen wir es auf größeren Flächen testen.»

«DDT?»

«Insektenvernichtungsmittel.»

«Aber wenn Sie die Kriebelmücke ausrotten, töten Sie dabei ja auch andere Insekten.»

«Wenn ich ehrlich bin, glaube ich nicht, dass wir sie ganz ausrotten können, aber die Menge können wir durchaus reduzieren.»

«Ein merkwürdiges Paradox, wenn Sie die Tiere vernichten würden, die Sie Ihr halbes Leben lang studiert haben», bemerkt Marie.

Er sieht sie verständnislos an und isst dann selbstzufrieden weiter. Zwischendurch gibt er kleine genießerische Laute von sich.

«Nehmen Sie nach! Es ist genug da.»

Marie geht ans Meer. Sie hat einen halb fertigen Brief an Ole in der Tasche, den sie morgen früh vor ihrer Abreise aufgeben möchte. In der Bucht rollen die Wellen herein; wenn das Wasser auf die Klippen trifft, wird es zu Schaum, der in großen Bäuschen über den Sandstrand weht. Sie setzt sich auf eine flache Klippe und beendet den Brief: «Jetzt haben wir schon September. Meine Sammlung in der kanadischen Arktis ist beendet, im Norden steigt eine dünne Rauchsäule auf, als wollte sie den Weg nach Europa weisen», schreibt sie und setzt am Ende einen Punkt. Wenn alles mit einem kleinen schwarzen Punkt endet, kann etwas Neues beginnen. Sie verlässt Kanada, fährt aber immer noch nicht nach Hause, sondern weiter in die Vereinigten Staaten, *back to civilization*. Sie hat angefangen, auf Englisch zu denken und zu träumen.

Als Marie aufsteht, um zu gehen, flattert ein Trauermantel auf sie zu. Sie bleibt reglos stehen. Diesen großen, schönen Schmetterling gibt es auch in Dänemark, aber nur selten. Die Oberseite seiner Flügel ist samtbraun, und auf dem hellgelben Rand verläuft ein Band aus hellblauen Punkten. Er liebt süße Pflanzen, Blumen und fauliges Fallobst, lebt aber hauptsächlich von Baumsaft.

Die Dunkelheit senkt sich langsam über die Landschaft. Sie war wie besessen von Harald, aber jetzt, wo sie so weit im Süden ist, verdünnt sich ihr Begehren, und auch die Sonne kreist nicht länger rastlos über ihr. Sie hat den ganzen Sommer unter der arktischen Sonne verbracht, jetzt ist es eine Befreiung, dass die Nacht zurückgekommen ist.

1949–1954

Virum, Strødam

1949

«Es gibt zwei Möglichkeiten, das Universum zu studieren. Man kann ins All reisen und sein Leben riskieren oder in die unsichtbare Mikrowelt, deren Weltraum genauso groß und unendlich ist. In gewisser Weise dreht man einfach nur sein Fernglas um und blickt in die andere Richtung», hat sie gestern zu Ole gesagt, als sie im Garten saßen, in den nächtlichen Himmel emporsahen und nach Sternbildern suchten. In der Dunkelheit fanden ihre Hände zum ersten Mal seit ihrer Rückkehr wieder zusammen. Die Mädchen waren sofort umgänglich, denn obwohl sie sich sehr verändert haben, ist ihre Persönlichkeit dieselbe geblieben. Schwieriger war es, Zugang zu den männlichen Familienmitgliedern zu finden, dem kleinen Peder und dem großen Ole. Anfangs herrschte eine kühle Distanz zwischen Ole und ihr, doch jetzt hat der Alltag wieder begonnen. Peder versteift sich immer noch und windet sich wie ein Regenwurm, wenn sie versucht, ihn in die Arme zu nehmen. Solange sie ihn nicht festhält, erträgt er es mitunter, eine Weile auf ihrem Schoß zu sitzen. Als sie abreiste, konnte er noch kaum laufen, jetzt rennt er durch die Gegend und macht sich mit Worten verständlich. Es war ein Schock für sie, dass ihr Sohn sie als Fremde betrachtet, aber wie sollte es auch anders sein, wenn sie die Hälfte seines kurzen

Lebens weg war. Sie erkennt ihn umgekehrt ja auch kaum wieder. Er ist nicht mehr das Baby, das sie an ihre Brust legte, er ist ein Junge, der sie gegen eine andere austauschen will, und zwar gegen die Haushälterin, die am Tag vor Maries Ankunft verschwand und nach der er weiterhin ruft, wenn er nachts wach wird. «Mama», ruft er, und sie antwortet: «Ich bin doch hier, mein Schatz.»

«Nein», brüllt er. «Nein!»

Seine Augen sind rot geädert und die Stimmbänder rau vom vielen Schreien.

Vor ihrer Abreise hatte Marie dafür gesorgt, dass sich eine ältere Frau aus der Nachbarschaft um die Familie kümmert, die zwar kinderlos war, aber Erfahrung als Kinder- und Hausmädchen hatte. Doch die kleine Ida vertrieb sie mit ihren kindlichen Zurechtweisungen aus dem Haus, und Ole gab eine Anzeige auf und nahm stattdessen eine junge Haushälterin mit ihrem fünfjährigen Sohn auf.

«Sie war die Einzige, die auf meine Annonce geantwortet hat. Zum Glück ist sie eine so charakterstarke Frau, dass die Kinder sie sofort akzeptiert haben», hat Ole ihr erklärt.

Dass sie außerdem hübsch war und er ihr alle Türen des Hauses öffnete, hatte Marie niemand geschrieben oder erzählt.

«Warum in aller Welt wusste ich nichts von dem Wechsel?», hat Marie gefragt.

«Das hätte nichts geändert», antwortete Ole ihr ausweichend geantwortet. «Es gab keinen Grund, dich mit diesen Alltagsproblemen zu belasten, die keine reale Bedeutung für dich hatten. Du warst doch verreist!»

«Ich bin ihre Mutter! Ich finde durchaus, dass ich ein Anrecht darauf habe zu erfahren, wenn du einer anderen Frau erlaubst, meinen Platz einzunehmen und meine Kinder zu prägen.»

«Es war deine Entscheidung, auf Reisen zu gehen.»

«Hätte ich damals schon geahnt, was ich jetzt weiß, wäre ich nie gefahren.»

«Nicht?»

In dem Augenblick fühlte es sich wie die Wahrheit an, dass sie nicht gefahren wäre, denn die Eifersucht frisst alles auf, auch sie. Die Eifersucht auf die namenlose Frau, deren Gegenwart immer noch in allen Wänden und Dingen des Hauses hängt, zehrt an ihr, und sie leistet physische Widerstand. Sie schrubbt alles, sogar die Wände, die Holzvertäfelung und die Schlüssellöcher, die Schränke, sogar von innen, die Kinder, doch nichts hilft, die Hautzellen der Namenlosen, Unsichtbaren sind immer noch im Haus, als würden sie an Maries eigener Haut kleben. Und es treibt sie zur Verzweiflung, dass Oles Liebe und die der Kinder vor ihr liegen wie ein Stück trockenes, hartes, ungenießbares Brot.

«Das ist doch Unsinn. Unsere Liebe zu dir ist immer noch genauso groß wie vor deiner Abreise», hat Ole gesagt.

Aber das stimmt nicht. Er log, und sie wussten es beide.

«Ich hätte dir geschrieben, wenn ich gewusst hätte, dass du so einen Aufstand deswegen probst.»

Sie hat Lust gehabt, ihn zu schlagen, wie sie ihre Mutter geschlagen hatte, nachdem der Vater sie verlassen hatte. Und in dem Moment hasste sie ihn für das, was er in ihr auslöste, sie würde ihm niemals verzeihen, dass er die Unbekannte einziehen ließ. Niemals. Dieser Gedanke beruhigte sie.

Sie besann sich. Atmete tief durch, zählte bis zehn und bis zehn und bis zehn.

«Es ist eigentlich sonderbar, dass du sie am Tag vor meiner Rückkehr weggeschickt hast. Nach allem, was sie für dich getan hat? Deine Wäsche gewaschen, deine Kinder gekämmt, dein Essen gekocht. Und unser kleiner Peder sieht sie als seine Mutter an. War es nicht unnötig brutal, sie den Kindern auf diese Weise zu entreißen?»

«Jetzt ziehen wir einen Schlussstrich darunter. Sie wird nicht zurückkommen, das garantiere ich dir, und vergiss nicht, dass wir gar nicht erst in eine solche Situation gekommen wären, wenn du nicht verreist wärst.»

Sie überhört seine Provokation und beharrt: «Aber ich würde sie so gerne treffen und ihr dafür danken, dass sie sich gut um meine Kinder gekümmert hat. Und um dich.»

«Ich kenne dein Temperament, das würde nur zu einem unnötigen Streit führen», hat er erwidert.

Und genau in diesem Moment blitzte eine kurze Freude in seinem Gesicht auf. Er konnte sie unmöglich verbergen, aber er wäre eher gestorben, als es zuzugeben.

«Warum starrst du mich so komisch an?», fragte er.

«Du warst mit ihr im Bett.»

Er drehte sich hastig um, verließ erst das Zimmer, dann das Haus, sie hörte die Tür hinter ihm zuschlagen.

Sie hätte weinen sollen, doch was sie spürt, ist Hass.

Sie sieht rot, die Welt ist rot, der Tisch, die Tür, der Garten, die Bäume, die Tiere. Rot. Oberflächlich kann ihr

Zusammenleben vielleicht weiterhin funktionieren, aber sie wird sich ihm nie wieder hingeben.

Sie geht ins Schlafzimmer hinauf, schließt die Tür und die Augen, zieht ihr Kleid hoch und lässt eine Welle durch ihren Körper rollen, und mit der Welle kommen die Tränen, die sie im Kissen unter der Bettdecke erstickt. Ole hat sie gedemütigt, aber er zeigt keine Reue.

Maries Notizbuch, 1949

Ich bin wieder in Dänemark. Es ist Ende April.

Ich fühle mich, als wären meine Fesseln mit einer Leine zusammengebunden, meine Schrittlänge ist so kurz. Früher bin ich frei auf der Erde umhergewandert, jetzt tripple ich mit Mäuseschritten.

Gegen kurze Leinen und Rastlosigkeit sind alle Mittel erlaubt.

Die Stimmen der Kinder reiben an meiner Haut, schleifen sich ab wie auf rauem Papier, doch nachts, wenn sie zur Ruhe gekommen sind, verliebe ich mich in ihre Gesichter, keiner sieht ihnen an, dass sie sich tags-über streiten wie die Wilden.

Ich mache Spaziergänge im Wald, der Boden ist weiß von Buschwindröschen. Sie duften so zart und süß, aber man muss sich bis zu ihren kleinen Köpfen herab-beugen, um es wahrzunehmen. Früher bin ich immer zwischen den kleinen weißen Blüten auf die Knie gefallen. Jetzt habe ich nicht einmal mehr Lust, mich zu bücken.

Ich sammle eine Handvoll Erde auf, spreize die Finger, sodass die Erde zwischen ihnen hindurchrieselt; all die herabstürzenden kleinen Tiere.

Ole und die Kinder schlafen noch, Marie ist aufgestanden. Es ist halb fünf. Sie hat Kaffee getrunken und sich ans Mikroskop gesetzt. Ihr bleiben nur ein paar Stunden Arbeitsruhe, ehe die Kinder aufwachen. Morgen kommt eine Journalistin vom *Familie Journalen* zu Besuch. Das Interesse der Presse an ihrer Reise ist überwältigend. Sie hat bereits mehrere Interviews in Zeitungen und Wochenzeitschriften gegeben. Im September hatte sie von Ottawa aus eine Tonaufnahme für dänische Hörer gemacht, die schrecklich klang, und Marie stolperte gleich über mehrere Wörter, an die sie sich in ihrer Muttersprache nicht mehr erinnern konnte, wie beispielsweise «Benzin» oder «Außenbordmotor». Eigentlich steht sie nicht gern im Mittelpunkt, aber Interesse für ihre Forschung zu wecken ist wichtig, weshalb sie Interviews zusagt, solange sie keine Stelle hat und von Stipendien abhängig ist. Ole hat versprochen, mit dem Rest der Familie in den Wald zu gehen, damit sie ungestört ist. Wenn ihr die Kinder zwischen den Beinen umherlaufen, kann sie sich unmöglich konzentrieren. Und wenn sie sich öffentlich äußert, muss sie hellwach sein, um nicht über die geschickt ausgelegten Stolperdrähte zu fallen, die sich hinter manchen Fragen verbergen.

Gespräch, 1949

Zwischen Dr. Marie Hammer und der Journalistin Ann Ask vom Familie Journalen

Nach Ihrem langen Aufenthalt in Kanada sind Sie in die Vereinigten Staaten weitergereist?
Ja, aber erst habe ich die Niagarafälle besucht. Schon als Kind habe ich gedacht: Ich muss einen der größten Wasserfälle der Welt sehen, bevor ich sterbe, und nun war ich ja schon in Toronto. Es war ein malerischer Anblick. Das Wasser toste so laut wie eine Autobahn über den hufeisenförmigen Rand. Aber eigentlich befriedigt es mich nicht, Dinge aus der Distanz zu betrachten.

Sie hatten auch ein Stipendium für Aufenthalte am Smithsonian Institute in Washington und der Harvard University in Boston. Womit haben Sie sich dort befasst?
Ich habe mit den institutseigenen Sammlungen von Moosmilben gearbeitet und mich in die Untersuchungen und Zeichnungen vertieft, die amerikanische Forscher auf meinem Gebiet gemacht haben. Ich habe auch mit der Bearbeitung meiner unzähligen Proben aus Kanada begonnen, als Wissenschaftlerin brauche ich viel Ruhe, die Arbeit erfordert große Konzentration. Ich sitze den ganzen Tag am Mikroskop, denn die Moosmilben sind so winzig, dass ihre Körperteile für das bloße Auge nicht erkennbar sind, ihre Münder sind beispielsweise nur einen Millimeterbruchteil groß. Um die Arten zu bestimmen, verwende ich die meiste Zeit darauf, über-

aus genaue Beschreibungen der Tiere aus meinen Funden vorzunehmen. Bisher hat sich kaum jemand mit ihnen beschäftigt, deshalb habe ich oft Wesen unter dem Mikroskop, die vor mir noch nie jemand beschrieben hat.

Ich würde unseren Lesern gern einmal Ihre Tiere beschreiben. Wie sehen sie eigentlich aus?
Sie sind sehr unterschiedlich. Lassen Sie mich eins für Sie zeichnen.

Sie erinnert an eine Zecke.
Die Variationen sind unendlich, sogar erfindungsreich, einige sind mit großen Federn geschmückt, andere mit langen Haaren, die wie Antennen aus dem Panzer hervorragen. Sie sind so lustig, dass ich einige davon sogar vergrößert und als Vorlage für meinen Weihnachtsbaumschmuck genommen und aufgehängt habe. Wenn man sie unter dem Mikroskop sieht und das Licht sie erhellt, sind sie unglaublich schön, und es gibt eine schwindelerregende Zahl von ihnen, in einem normalen dänischen Wald allein mindestens 250 000 pro Quadratmeter. Und in den Nadelwäldern Schwedens reden wir von einer Million Exemplaren.

Wovon ernähren sie sich?
Von feinen, winzigen Algen im Boden. Auf einem durchschnittlichen Quadratmeter Waldboden kann es bis zu 1000 verschiedene Arten geben. Aber warum sie so unterschiedlich sind, und was für eine Aufgabe jede einzelne von ihnen erfüllt? Darüber wissen wir nach wie vor nur sehr wenig.

Wenn Sie ein neues Tier finden, sind Sie auch diejenige, die ihm einen Namen gibt?

Ja, gewissermaßen erinnert das daran, Kinder in die Welt zu setzen, sie existieren nicht, ehe sie durch einen hindurchgegangen sind. Ich bevorzuge Namen, die etwas über ihre Größe aussagen oder ihr außergewöhnliches Aussehen, ihre kriegerische Erscheinung oder ihre filigrane Schönheit, oder ich benenne sie nach dem Fundort oder einem bedeutungsvollen Menschen, den ich gerne ehren würde.

Sind Sie von einer gewissen Sammelwut besessen?

Zumindest ist es ein wenig berauschend, dass man der erste Mensch auf der Welt ist, der dieses Tier sieht, das da vor einem unter dem Mikroskop liegt.

Gibt es eine besondere Anekdote aus Ihrem Forscherleben in Amerika, die Sie mit uns teilen würden?

Lassen Sie mich mal überlegen, ja! Nach einer Vorlesung über mein Projekt, die ich an der Harvard University hielt, kam ein kleiner, dicker amerikanischer Professor zu mir. Er sagte, ich sei in die Gesellschaft Sigma Xi aufgenommen worden. Ich war zunächst skeptisch, erfuhr dann aber, dass es eine große Ehre ist und viele Nobelpreisträger Mitglieder sind oder waren. «Das wird in Ihrem Nekrolog stehen», erklärte der Professor. «Noch bin ich ja nicht gestorben», erwiderte ich.

Im Übrigen bin ich immer sehr skeptisch gegenüber Organisationen oder Bewegungen, die keine Frauen aufnehmen. Deshalb habe ich mich sehr über die Anerkennung gefreut, als Dänin bin ich ja auch für die Gleichberechtigung.

Also setzen Sie sich für Frauenrechte ein?
So würde ich das auch wieder nicht sagen.

Nicht?
Nein, ich interessiere mich nicht für frauenpolitische Fragen, Männer und Frauen sind nun mal unterschiedlich und sollten nicht über einen Kamm geschoren werden, die Geschlechterdiskussion ist meiner Meinung nach unsinnig. Das bedeutet aber nicht, dass ich es nicht ungerecht finde, wenn Frauen auf dem Gebiet der Naturwissenschaften diskriminiert werden, und ich verschließe auch nicht die Augen davor, dass die Ungleichbehandlung vor allem finanziell zutage tritt. Aber ich bin in erster Linie Forscherin, und deshalb konzentriere ich mich auf mich und meine Forschung.

Mittlerweile genießen Sie großes Ansehen.
Ja, das ist wohl so. Milbenexperten aus aller Welt schicken mir Tiere zu, sie kommen sogar nach Dänemark, nur um meine Sammlung zu studieren, aber damit verdiene ich leider nichts.

Manch einer würde sicher sagen, die Erkenntnis sei der Lohn des Forschers.
Erkenntnis mag eine Triebkraft sein, ein Lohn ist sie aber nicht. Ich kann beim Kaufmann ja nicht mit einer Zeichnung von einer Milbe bezahlen. Ich finde, man sollte den Forschern des Landes dieselbe Anerkennung zukommen lassen wie den Künstlern und im Staatshaushalt Fördermittel für die freien Forscher bereitstellen, die einen genauso großen wissenschaftlichen Beitrag leisten wie die fest angestellten.

Aber Sie kommen doch bestimmt auch ohne Fördergelder aus, als verheiratete Frau brauchen Sie schließlich kein eigenes Einkommen?
Viele der Künstlerinnen, die eine staatliche Förderung erhalten, sind auch verheiratet, es geht nicht um den Lebensunterhalt, sondern um eine Ermutigung, Anerkennung und Wertschätzung der großen Arbeit, die wir freien Forscherinnen für die Gesellschaft leisten.

Aber liegt das denn nicht in Ihrer eigenen Verantwortung, Sie könnten doch stattdessen einfach eine Festanstellung annehmen?
Dann hätte ich ja keine Zeit mehr für meine Forschung. Das wäre so, als müsste ein klassischer Musiker abends in einer Tanzbude spielen. Das würde auch niemand verlangen, oder? Man braucht Zeit und Raum, um sich in die eigene Arbeit zu vertiefen. Man braucht Konzentration, man kann nicht rund um die Uhr arbeiten und wie ein verwirrtes Huhn von einer Aufgabe zur nächsten flattern. Wir haben ohnehin schon genügend Verpflichtungen gegenüber Sammlungen, Kooperationen, Kollegen und auch durch die Vermittlung unserer Ergebnisse im In- und Ausland. Meine Haltung ist, dass Künstler und Forscher seriöse Menschen sind, die ihre Fähigkeiten und Talente ausgezeichnet selbst verwalten können.

Was tun Sie dafür, um diese Verhältnisse zu ändern?
Ich habe einen Brief ans Forschungsministerium geschrieben und darauf hingewiesen, dass einige von uns unentgeltlich für die Gesellschaft arbeiten. Wir publizieren und forschen wie alle anderen, aber aus eigenen Mitteln. Das ist einfach nicht angemessen.

Um noch einmal auf Ihre Reise zurückzukommen: Konnten Sie dort nützliche Kontakte zu anderen Forschern knüpfen?
Ja, in Harvard traf ich einen mexikanischen Forscher von der größten Universität in Mexico City. Er war so fasziniert von meiner Arbeit über die Tiere des Erdreichs, dass er mich für einen ganzen Monat auf Kosten seiner Universität nach Mexiko einlud. Das war ein großes Kulturerlebnis. Nach nur wenigen Tagen Arbeit fuhren wir zu einem Indianerfest in den Bergen. Indianer mit Federschmuck wirbelten in langen Umhängen mit Perlenstickereien und Fußketten mit Glöckchen und Rasseln herum. Und als ich später die Möglichkeit erhielt, auch die Maya-Ruinen Chichén Itzá zu sehen, habe ich meine Rückreise noch um ein paar Tage mehr verschoben. Inmitten der Ruinen steht die beeindruckende Pyramide des Kukulcán. Wenn man dort ist, reist man in die Vergangenheit, denn die Ruinen stammen aus der Zeit von 600–800 nach Christus, man läuft in der Geschichte umher. Unser Reiseführer erzählte uns, dass man in Chichén Itzá junge Mädchen, die zu Bräuten des Regengotts auserwählt und mit Gold behängt worden waren, von den Klippen hinabstürzte. Sie wurden bei dem Fall auf den Wasserspiegel getötet. Stellen Sie sich vor, das wären Ihre Töchter!

Ja, wie gut, dass wir inzwischen zivilisierter sind. Darf ich fragen, wie es für Sie war, Ihre Familie nach der langen Reise wiederzusehen? Ihre Kinder sind ja noch sehr klein?
Ich kam mit einer Amerikafähre zurück, die in Göteborg anlegte, und nahm von dort den Zug nach Dänemark. Sie standen alle am Hauptbahnhof und haben auf mich gewartet. Es war sehr rührend, meine älteste Tochter

hielt einen großen Blumenstrauß in den Händen, und mein Mann sprang in den Zug, um mich abzuholen. Ich hatte ein riesiges Netz Apfelsinen dabei, die hier seit dem Kriegsende ja nicht mehr aufzutreiben sind, weshalb die Mädchen ganz aus dem Häuschen waren. Mein Sohn Peder erkannte mich nicht mehr, das hat mich schwer getroffen. Es dauerte mehrere Tage, bis ich sein Vertrauen wiedergewonnen hatte.

Das muss eine große Belastung für Sie gewesen sein.
Meine Abwesenheit hat meinen Kindern aber auch viele große Erlebnisse beschert, auf die sie nicht hätten verzichten wollen. Natürlich war es aber eine gewaltige Umstellung, nach dem Reisen, all meinen Erlebnissen und dem Sammeln von Proben wieder in meine Rolle als Hausfrau zurückzukehren und trotzdem mit meinem Material weiterzuarbeiten, mit diesen Tausenden kleinen Tieren. Es dauert Jahre, das alles zu bearbeiten.

1949

Marie verabscheut Dekoration, aber die Kinder haben sich einen Weihnachtsbaum erquengelt. Außerdem hat sie ihnen versprochen, dass sie sich, sofern alle beim Haareschneiden stillsäßen, damit abfände, wenn hier und da ein paar Herzen, Girlanden und Sterne aufgehängt würden. Peder verweigert sich trotzdem.

«Ich glaube, der Junge fühlt sich unter der langen Mähne geborgen», sagt Ole.

Und Peders Haar wächst. Der Dezember ist wie im Flug vergangen. Sie haben eine kleine Gans vom Hof der Mutter bekommen, die gerade so in den Backofen passt. Jetzt liegt sie tot und gerupft da, und wo vorher ihre Organe saßen, ist sie jetzt mit Apfelstücken, Pflaumen und Zwiebeln gefüllt. Marie nimmt die Topflappen, öffnet den Herd und verneigt sich vor der Wolke aus heißem Dampf, die ihr entgegenschlägt, als Peder einen lauten Schrei ausstößt. Sie stürzt in sein Zimmer, gerade noch rechtzeitig, bevor Karen an seinen Haaren ziehen kann, in denen sie bereits ihre dünnen, beweglichen Finger vergraben hat. Ich muss sie ihm schneiden, ob er will oder nicht, denkt Marie. Sie befürchtet, dass er sonst in der Schule gehänselt wird. Gitta und Inga stehen starr und stumm und mit großen Augen da, hypnotisiert von dem Auftritt.

«Lass los», befiehlt Marie. «Und zwar sofort!»

«Aber er hat angefangen ...», mault Karen.

«Nur dumme Kinder hauen andere», sagt Marie und schickt mit den Augen grelle Blitze auf Karens Finger. Ihre Hände brennen, und sie lässt los. Dann beginnt sie zu schrumpfen, wird kleiner und kleiner, und Haut und Haare fallen ab, bis sie wie eine schleimige Nacktschnecke auf dem Teppich herumkriecht. Diese Schnecke hat kein Haus, aber ihr Hinterteil ist von einer fünf Millimeter dicken Hornscheibe bedeckt, dem Abdruck jenes Schneckenhauses, das ihre fernen Vorfahren getragen haben. Ihr Atemloch sitzt vorne neben dem Mantelschild, die Haut ist von glasklarem Schleim bedeckt. Die Schnecke hat ein so kleines Gehirn, dass es keine reale Bedeutung besitzt, sie ist einfach nur dumm. Mangelnde Intelligenz bedeutet Ausgrenzung. Dumme Kinder werden unmerklich erwachsen und befassen sich nur mit gleichgültigen Dingen, sie hinterlassen nichts, worauf künftige Generationen aufbauen können, abgesehen von neuen Nachkommen, die genauso dumm sind wie sie selbst.

Die Türklingel beendet das Drama. Marie wendet ihren Kindern den Rücken zu und geht in den Flur, um zu öffnen. Sie holt tief Luft, ehe sie die Hand auf die Klinke legt. Dort stehen Aase und Mogens und ihre Kinder, dabei haben sie Rotkohl, Milchreis und Geschenke. Aase sieht dünn aus, denkt Marie und sieht an sich selbst herab. Sie hat wohl auch abgenommen. «Kommt doch herein», sagt sie laut.

Der Abend läuft wie am Schnürchen, sie essen, tanzen um den Weihnachtsbaum, packen Geschenke aus und spielen Spiele, bis die Kinder erschöpft auf Sofas, Betten und Böden fallen und die Erwachsenen endlich in Ruhe reden können, doch an die großen Gesprächsthemen wagt sich niemand. Die Männer entschuldigen sich und verschwinden auf die Terrasse, während Marie und Aase Geschirr spülen.

«Warum forschst du eigentlich?», fragt Aase. «Du hast doch genug zu tun mit den Kindern.»

«Du arbeitest ja auch.»

«Stimmt, aber ich bekomme ein Gehalt. Ich weiß

schon, dass man sein Wissen lieber für etwas Nützliches einsetzen sollte, aber glaubst du, den Kindern tut es gut, wenn du sie so lange allein lässt, um zu reisen?»

«Wenn ich beweisen könnte, dass die Moosmilben eine große Bedeutung für die Bodenqualität haben, und das unserer Volkswirtschaft zugutekäme, würdest du mir nicht nahelegen, meine Forschung aufzugeben. Was meine Kinder angeht, streiten sie sich nicht mehr als deine und sind genauso gut erzogen. Und ich glaube, wir sind uns beide einig, dass es eine Verschwendung von Ressourcen ist, wenn man der Gesellschaft nichts zurückgibt, obwohl man lange Studien absolviert hat. Ich reise aus einer Notwendigkeit heraus, aber natürlich erlebe ich dabei auch viel. An meiner Stelle würdest du dasselbe tun. Aber du tust es nicht, und vielleicht ist das dein eigentliches Problem.»

«Du meinst, ich bin eifersüchtig auf dich?»

«Das habe nicht ich gesagt, das sagst du.»

«Dein Leben ist kein Traum, Marie. Es ist ein Arbeitslager. Und wann hast du dir eigentlich zum letzten Mal etwas Neues zum Anziehen gekauft? Als wir jung waren, mag es ja noch charmant gewesen sein, in zerrissenen Kleidern herumzulaufen, aber jetzt, wo alles an uns allmählich grau wird und hängt, müssen wir uns mehr Mühe mit unserer äußeren Erscheinung geben.»

«Wahrscheinlich sind wir einfach nur verschieden. Du hast dich im Gegensatz zu mir schon immer gern schick gemacht.»

«Ein neues Kleid könnte dir nicht schaden.»

«Das kann ich mir nicht leisten, meine Forschung wirft noch nicht genug ab. Mit den Artikeln und Aufsätzen verdiene ich nicht einen Pfifferling.»

«Aber du bekommst Forschungsgelder aus den großen Fonds.»

«Ja, deren Verwendung muss ich aber genau nachweisen.»

«Ole verdient doch Geld.»

«Das deckt unsere notwendigen Ausgaben, aber er verwaltet unsere Finanzen natürlich auch.»

«Mogens überlässt mir meine Einnahmen.»

«Ja, weil du dein eigenes Geld verdienst, das haben wir doch schon festgestellt.»

«Man hat dir doch auch Stellen angeboten, Marie. Das eigentliche Problem ist wohl, dass du nicht dieselben Kompromisse eingehen willst wie wir anderen. Du läufst lieber in einem Sack herum und verlässt deine Nachkommen monatelang, um deinem Intellekt zu dienen.»

«Weißt du was, liebe Schwester, ich bin deine Beleidigungen leid. Deine Niedertracht vergiftet alles. Deine Oberflächlichkeit reizt mich nicht, ich würde mich nie mit deinem mittelmäßigen Leben zufriedengeben.»

«Ich reise ja auch, genau wie du», erwidert Aase. «Aber ich würde meine Kinder nie meinen eigenen Ambitionen opfern.»

«Was bildest du dir eigentlich ein? Ich glaube, es ist besser, du gehst jetzt. Raus!»

«Aber. Marie ...»

«Ich möchte, dass du sofort mein Haus verlässt und dich nie wieder blicken lässt.»

«Tja, manche Menschen können die Wahrheit einfach nicht vertragen.»

«Ich meine es ernst, Aase. Und versuch nicht, mich zu kontaktieren.»

«Es wäre wirklich eine große Erleichterung für mich,

wenn du aus meinem Leben verschwinden würdest»,
erwidert Aase und macht auf dem Absatz kehrt.

Der Zorn geht mit Marie durch; sich ihr jetzt zu nähern,
ist so, als würde man zu nah an die Sonne fliegen.

Marie und Aase trennen sich, aber die Zwillingstren-
nung ist erst der Anfang, die beiden ziehen einen langen
Schwanz von zerbrochenen Beziehungen hinter sich her,
die rasseln wie leere Blechdosen. Ihr Zerwürfnis trifft
alle, die ihnen nahestehen. Die Kinder werden von ihren
Cousinen und Cousins getrennt, durch die jahrelange
Freundschaft der beiden Männer geht ein Riss, und die
Geschwisterschar bekommt eine offene Wunde, die nie
heilt, weil der Schorf ständig wieder abgekratzt wird.

Maries Notizbuch, 1949

Ich arbeite an drei großen Artikeln.

Wie ein getrenntes Puzzlespiel schwimmen die Kontinente im Basaltmeer der Ozeane, sagt Wegener.

Es sieht so aus, als könnte ich durch meine Funde Kanada und Grönland zusammenfügen, wie zuvor Grönland und Europa. An sämtlichen Orten habe ich dieselben Milben entdeckt, sodass alle drei Teile irgendwann miteinander verbunden gewesen sein müssen.

«Das ist Mama! Sie ist im Radio!», ruft Inga.

In dieser Sendung wird Dr. Marie Hammer von ihrem span-
nenden Leben als Forscherin auf Reisen erzählen. Bei ihrer
letzten Reise ging es um die Erforschung der mikroskopisch
kleinen Moosmilben. Im Gegensatz zu vielen anderen ent-
schied sie sich für ein Leben als Wissenschaftlerin, das für eine
Frau außergewöhnlich ist. Der Platz der Frau ist das Heim.
Erlauben Sie mir die Frage, Frau Hammer: Was bewegt eine
Frau dazu, ihr Haus und ihre Kinder zu verlassen, um sich
monatelang in entlegenen Winkeln der Welt niederzulassen?
Niederlassen wäre zu viel gesagt. Ich habe mich vier
Monate in Kanada aufgehalten, um meine Untersuchung
mikroskopischer Milben und Insekten im Erdreich fortzusetzen, die ich zuvor auch in Grönland vorgenommen
hatte. Wenn man wie ich Forscherin ist, kann man sich
nicht damit zufriedenzugeben, sich um den Haushalt
und die Kinder zu kümmern. Schon von klein auf habe
ich gedacht, dass ich nach meinen eigenen Vorstellungen leben will und nicht nur Hosen nähen oder über das
Leben anderer Menschen schreiben. Ich wollte etwas
Sinnvolles tun und gleichzeitig etwas erleben.

«Du warst doch ein ganzes Jahr weg, Mama», sagt Inga.

«Ich habe vier Monate lang Proben gesammelt, das
meinte ich.»

«Mama möchte nicht, dass die Leute auf sie herab-
sehen, weil sie uns so lange allein gelassen hat, deshalb
versucht sie, es zu verheimlichen», sagt Karen.

«Das ist doch Unsinn», erwidert Marie. «Ich schäme
mich kein bisschen dafür.»

«Nicht?»

«Hör jetzt auf damit, Karen. Du bist elf Jahre alt, was weißt du schon?»

«Ist das eine Drohung?»

«Nein, ein Befehl.»

Der Alltag kehrt wieder ein. Marie erfüllt all ihre häuslichen Pflichten, und die Lage beruhigt sich, sodass sie auch Zeit für ihre Forschung hat. Nach ihrem Bruch mit Aase verspürt Marie eine Erleichterung und Euphorie, die sie sonst nur vom Verliebtsein kennt. Doch nachdem sich das Freiheitsgefühl gelegt hat, wird sie von einer Sehnsucht gepackt, die sie herunterzieht, und sie droht in einem Sumpf der Gleichgültigkeit zu versinken. Aase zu verlieren, sei ein wenig so, als habe man ihr einen Arm amputiert, erklärt sie Ole. Wird er je wieder nachwachsen? Sie will lernen, mit einem Arm zurechtzukommen.

Seit ihrer Heimkehr fühlt sich Marie nicht mehr wohl im Haus, es ist, als würde es Widerstand leisten. Alles fing ganz unschuldig mit Tellern an, die über die Tischkante glitten, und Deckel, die auf ihre Finger fielen und einen pochenden Schmerz verursachten. Heute ist sie über eine mysteriös aufragende Diele gestolpert und gestürzt, ohne sich mit den Händen abfangen zu können. Jetzt wächst ihr eine eiförmige Beule auf der Stirn. Die Kinder lachen über ihre Tollpatschigkeit, und sie lacht mit.

Ihre Wut auf Ole will sich nicht legen. Sie hegt einen wachsenden Groll gegen ihn. Von ihrer eigenen Verliebtheit in Harald hat sie ihm nichts erzählt, denn im Vergleich zu Oles Untreue erscheint ihr die eigene Scham vollkommen unbedeutend. Marie spürt, dass er sich immer noch nach der Namenlosen sehnt. Überall findet sie Spuren von ihr. Das Nähkästchen ist neu organisiert, die Tassen und Gläser stehen anders im Küchenregal. Das Bettzeug ist falsch zusammengelegt. Sobald sie einen solchen Hinweis findet, gerät sie außer sich. Sie reißt hitzig alles aus dem Schrank, wenn sie erkennt, dass die andere ihre Finger im Spiel hatte.

«Was machst du da, Mama?», fragt Peder.

«Aufräumen», antwortet sie.

«Darf ich mitmachen?»

«Nein, lauf doch mal in den Garten, da liegt sicher irgendein Ast, der darauf wartet, gefunden zu werden.»

Solange Ole an die andere Frau denkt, lehnt Marie es ab, sich ihm voll und ganz hinzugeben. Sie legt sich hin und zieht ihr Kleid hoch, am liebsten mit dem Rücken zu ihm. Sie tut, als wären sie zwei Tiere, die ein notwendiges Paarungsritual durchführen. Sie erlebt eine gewisse körperliche Befriedigung, ohne Hingabe.

«Ich ziehe nächsten Monat vorübergehend aus, ich muss ein paar Dinge erledigen. Die Arbeitssituation hier ist einfach unerträglich», sagt Marie.

«Wo willst du hin?»

«Meine Tante auf Samsø hat viel Platz, es ist Sommer, und die Kinder sind ja sowieso bei deiner und meiner Mutter, so muss es auch bleiben, bis sich alles geregelt hat. Ich nehme mein Mikroskop mit.»

Und die Tage fliegen dahin. Marie sitzt auf Samsø und sortiert, zeichnet, beschreibt und tauft immer neue Arten, die große Menge der Moosmilben, die durch ihre Hände wandern, vom Licht ihres Mikroskops entwickelt. Es ist, als fände sie glitzerndes Gold in einem dunklen Fluss. Ihr Körper zuckt jedes Mal vor Freude, wenn sie wieder und wieder ein Tier sieht, das kein anderer Mensch zuvor zu

Gesicht bekommen hat. Sie genießt es, arbeitet hart und vergisst alles um sie herum. Doch eines Morgens erwacht sie mit nur einem Gefühl im Herzen: Es ist Zeit, wieder nach Hause zurückzukehren.

1951

Als Ole von der Arbeit zurückkommt, essen Marie und die Kinder zu Abend. Sie sitzen im Garten, und zur Feier des Tages darf jeder drei Frikadellen essen. Ihre Gläser sind bis zum Rand mit rotem Saft gefüllt. Ole setzt sich ans Tischende. Er riecht immer noch nach Büro.

«Die Staatliche Imkereiversuchsanstalt wird in C. F. Tietgens frühere Sommerresidenz verlegt, im Naturschutzgebiet Strødam in der Nähe von Hillerød, in ein großes, herrschaftliches Landhaus mit riesigen Wäldern und Feldern ringsherum», erzählt er.

«Großartig. Bekommen wir dann eine Dienstwohnung?», fragt Marie.

«Das glaube ich nicht.»

«Könntest du nicht wenigstens fragen?»

«Ich will nicht zu unverschämt wirken.»

«Ich finde, du solltest fragen.»

«Eigentlich gibt es dazu aber doch gar keinen Anlass, wir haben ja schon ein Zuhause.»

«Ja, aber hier spukt es.»

«Was bedeutet spuken?», fragt Inga.

«Das geht dich nichts an», sagt Ole.

Unser Haus wird von der Namenlosen heimgesucht, denkt Marie.

«Seit meiner Heimkehr habe ich mich nicht wieder hier eingelebt», sagt Marie.

«Nein, das ist mir klar geworden, als du aus dem Schlafzimmer ausgezogen bist.»

Es ist nicht mehr unser Bett, wenn du es mit einer anderen geteilt hast, antwortet sie ihm in Gedanken.

«Ich verkaufe das Haus nicht», sagt Ole.

«Wir können es doch vermieten.»

Tags darauf bekommt Ole tatsächlich eine riesige Dienstwohnung am südlichen Ende von Strødam angeboten. Als würde jemand eine schützende Hand über sie halten. Eine Woche später fahren sie mit den Kindern zur Besichtigung.

«Wir werden in einem Schloss wohnen!», ruft Inga aus.

«Der Garten und der Park werden von Gärtnern gepflegt», erklärt Ole.

«Dann können wir beide uns auf unsere Arbeit und die Familie konzentrieren», sagt Marie lächelnd. «Das ist ja wunderbar!»

Ole bewegt sich, als würde er fliegen. Er wirkt glücklich und energisch, und die kleinen, fröhlichen Augen sind wieder lebendig.

«Aber wenn wir hier so isoliert wohnen, lernen wir ja gar nicht den Umgang mit anderen Menschen», sagt Gitte.

«Dann ist es doch gut, dass ihr einander habt», entgegnet Marie.

Eine Herde Sikahirsche zieht am Gebäude vorbei, und die Kinder kreischen begeistert und schwärmen aus, keiner behält seine missmutige Miene auf, sie wird spätestens in der Einfahrt abgeworfen. Die Kinder sind begeistert von den Pferden, die vor dem Haus grasen, und von den Schafen und Kühen und Rehen und kleinen Eichhörnchen, die überall herumspringen.

«Und im Winter kann man auf den Seen Schlittschuh fahren und im Sommer darin baden», sagt Marie.

«Ich komme nur mit, wenn wir die Rikki-Tikki-Tavis bekommen!», sagt Inga.

«Was ist ein Rikki-Tikki-Tavi?», fragt Peder.

«Mama wurden von einer alten Studienkameradin zwei Schleichkatzen angeboten. Sie hat sie am Roten Meer vorm Ertrinken gerettet», antwortet Karen.

«Können die in Dänemark überleben?», fragt Gitte.

«Ja», antwortet Marie.

«Mama hat Ja gesagt!»

«Ich habe nicht dazu Ja gesagt.»

«Sie hat Ja gesagt», wiederholt Peder.

«Also gut, aber denkt dran, dass es keine Kuscheltiere sind.»

Einen Monat später zieht die Familie nach Strødam. Von drei Seiten sind sie von Wald umgeben, das Grundstück hat fünfzehn Hektar Land. Das Ehebett bleibt im Haus in Virum stehen.

«Die Mieter brauchen ja auch ein Bett», sagt Marie. «Lass uns zwei Einzelbetten kaufen. Immer wenn du dich umdrehst, federt auch meine Seite, und umgekehrt.»

«Na schön», sagt Ole, «du hast ja sowieso keine Lust mehr.»

«Die Dinge verändern sich eben», sagt Marie.

«Als wir uns kennengelernt haben, konntest du kaum die Finger von mir lassen.»

«Damals war ich viel neugieriger auf diesem Gebiet», sagt Marie. «Jetzt, wo ständig vier Kinder auf mir herumkrabbeln, habe ich das Bedürfnis, meinen Körper für mich zu haben.»

«Es gehört auch zu den ehelichen Pflichten, das Bett zu teilen.»

«Aber das tun wir doch.»

«So kann man das eigentlich nicht nennen. Zurzeit vergehen ja Monate dazwischen.»

«Ich sage jetzt nichts dazu, was man tun und lassen sollte, aber ich bin zu rein gar nichts verpflichtet. Lass uns doch einen Kompromiss finden. Wir vereinbaren einen festen Tag, was hältst du von Mittwoch?»

«Ausgezeichnet.»

«Und jetzt Kopf hoch. Du bist und bleibst mein kleiner Knirps, was auch passiert.»

«Diesen Kosenamen konnte ich ehrlich gesagt noch nie leiden. Das klingt, als würdest du mit einem Kind reden.»

«Ich mag ihn.»

«Mach doch, was du willst. Machst du ja sowieso.»

«Was hast du gesagt?»

«Ach, nichts.»

Als Ole ein Klavier kauft, schweben die Kinder vor Euphorie wie kleine Federn. Doch als es ernst wird, hat nur Karen Lust, darauf zu spielen. Die anderen sind genauso unmusikalisch wie Marie. Karen übt jeden Tag, aber obwohl Marie weiß, dass es notwendig ist, nervt sie das ständige, unrhythmische Hämmern, das aus dem Wohnzimmer dringt.

Die Rikki-Tikki-Tavis flitzen im Garten umher und graben überall Gänge. Sie erweisen sich als lustige Tiere, die den Kindern viel Spaß bereiten. An diesem Tag sind sie besonders aktiv, als würde das Klavier ihnen gute Laune machen.

Ida ist spontan zu Besuch gekommen. Marie und sie haben sich schon seit zwei Jahren nicht mehr gesehen, aber es fühlt sich an, als wäre es erst gestern gewesen.

«Ich kann mich bei diesem Lärm nicht konzentrieren», klagt Marie. «Ich hab dieses unerträgliche Gehämmer noch Stunden später im Ohr.»

«Wenn man nicht übt, fließt die Musik nie richtig dahin», sagt Ida.

«Ich weiß. Natürlich soll sie üben dürfen, die Frage ist nur, wo wir anderen uns währenddessen aufhalten sollen. Lass uns in mein Büro gehen, da hört man das Geklimper am wenigsten.»

Sie gehen die Treppe hinauf, in das große Büro, die Topfpflanzen breiten sich überall aus, die Regale sind mit Büchern und Keramik vollgestellt.

Auf Maries Schreibtisch liegt ein weißer Umschlag mit einem offiziellen Stempel.

«Das sieht spannend aus.»

«Es ist eine Mahnung.»

«Weshalb wirst du gemahnt?»

«Das Arctic Institute hat meine Reise gefördert, und ich habe mich im Gegenzug dazu verpflichtet, einige wissenschaftliche Artikel zu schreiben. Jetzt drohen sie damit, 20 Prozent des Stipendiums zurückzufordern, wenn ich nicht bald etwas abgebe.»

«Wenn ich mich recht entsinne, arbeitest du unter Druck besser. Das schaffst du bestimmt problemlos. Hast du eigentlich noch Bilder aus unserer Studienzeit?»

«Sie stehen genau hier.»

Marie zieht ein Fotoalbum aus dem Regal, blättert zu den Fotos und hält bei Thorssen inne, streicht mit den Fingern über sein Gesicht. Vorsichtig, als würde sie ein echtes Gesicht liebkosen.

«Als ich mit ihm zusammen war, war ich eine andere.»

«Diejenigen, mit denen wir zusammen sind, formen uns, aber wenn sie verschwinden, sind wir wieder mit uns selbst allein. Was vermisst du an ihm?»

«Mir kam es so vor, als würden wir alles schaffen, solange wir nur zusammen waren. Ich war beinahe besessen von ihm.»

«Ja?»

«Na ja, aber es war trotzdem unmöglich. Er hatte sich dem Heiligen Geist versprochen.» Marie lacht.

«Du bist ganz verändert, wenn du lachst», sagt Ida.

«Gut, dass du hier bist. Ole hat einen anderen Humor als wir. Wir können besser ernst miteinander sein.»

«Aber ihr respektiert euch gegenseitig. Du bist die einzige Frau, die ich kenne, die Kinder hat und gleichzeitig auf einem so hohen Niveau forscht. Das ist ja gewissermaßen auch sein Verdienst. Und ihr verreist immer noch gemeinsam. Wo wart ihr dieses Jahr?»

«In Südeuropa. Oles altes Kindermädchen Beb hat auf die Kinder aufgepasst. Aber das hat auch seinen Preis. Inga war so wütend darüber, dass wir an ihrem Geburtstag nicht da waren.»

«Ihr hättet die Kinder vielleicht mitnehmen können?»

«Das war eine Reise für Erwachsene, aber vor zwei Jahren hatten wir Peder tatsächlich mit auf Rhodos.»

«Wie war das?»

«Wir sind in einem herrlichen Tal gewandert, dessen Hänge von Millionen Schmetterlingen bedeckt waren, sie sind überall umhergeflattert. Wir mussten den Mund geschlossen halten und durch die Nase atmen, so viele Schmetterlinge waren es.»

1952

Von ihren Schwestern trifft Marie nur noch Bitten. Sie hat mittlerweile vier Kinder und arbeitet als Landschaftsarchitektin. Die Sehnsucht nach Aase bedrückt Marie nicht mehr. Bitten interessiert sich für Maries Arbeit. Sie ist nicht so voreingenommen wie die anderen.

An diesem Tag haben sich die beiden im Dyrehaven verabredet, um einen Spaziergang im alten Jagdrevier von Frederik III. zu machen; der Wildbestand umfasst 2000 Tiere, darunter Rothirsche, Damhirsche und Sikahirsche.

«Als würde man in einem Gemälde aus dem Goldenen Zeitalter umherwandeln», sagt Marie.

«Aase und Mogens sind gerade von der dritten dänischen zentralasiatischen Expedition nach Afghanistan mit Haslund-Christensen zurückgekehrt. Der Prinz höchstpersönlich war auch dabei», erzählt Bitten.

«Konnte Aase sich am Gymnasium freinehmen?», fragt Marie.

«Ja, das war kein Problem.»

«Ist Haslund-Christensen denn nicht tot?»

«Er ist unterwegs gestorben, Carl Krebs hat die Leitung übernommen. Unsere Aase war das einzige weibliche Expeditionsmitglied. Das ist doch mal was.»

«Ja, damit kenne ich mich aus.»

«Natürlich, aber du bist eine ganz eigene Liga.»

«Ob Frau oder nicht, ich bin jedenfalls der einzige Wissenschaftler auf der Welt, der die Moosmilbenfauna der arktischen Gebiete so eingehend kennt. Und ich bin stolz, dass die letzte meiner drei Arbeiten über die Moosmilben Nordamerikas jetzt endlich veröffentlicht wird.»

«Das ist wirklich toll.»

«Es war auch harte Arbeit. Wenn du wüsstest, wie lange ich gebraucht habe, die über hundert verschiedenen Arten zu registrieren und zu beschreiben, um meine Annahme von den Parallelen zwischen den grönländischen und kanadischen Moosmilben zu bestätigen. Jetzt ist meine Theorie über eine zusammenhängende Fauna endlich bekräftigt worden.»

«Aber was wirst du als Nächstes machen?»

«Ich werde meine Sammlung von Bodentieren in anderen Gebieten fortsetzen, die denen in der Arktis klimatisch ähneln, und Südamerika ist sehr naheliegend. Das Klima in den Bergen ist kalt und trocken, und das Gebiet hängt geografisch mit Kanada zusammen, ist aber trotzdem so weit weg, dass der Erdboden eine ganz andere Beschaffenheit hat, sodass ich die neuen Ergebnisse leicht mit meinen früheren vergleichen könnte.»

Maries Notizbuch, 1952

*Der Carlsbergfonds und der Allgemeine Staatliche
Wissenschaftsfonds haben mir Mittel zur Verfügung
gestellt, damit ich nach Argentinien und Bolivien
reisen kann, und durch Ejner Mikkelsens Vermittlung
konnte ich Kontakt zu dem argentinischen Minen-
besitzer und Multimillionär Thomas J. Williams und
seinem Fonds Fundación Williams herstellen, der die
geologische und biologische Forschung im argentinischen Teil der Anden fördert. Der Fonds unterstützt
auch Ole finanziell, sodass er mit den Paläontologen
Christian und Valdemar Poulsen reisen kann, Vater
und Sohn. Auf diese Weise sind wir jetzt eine kleine
Expeditionsgruppe geworden. Wir interessieren uns
alle für die Verbreitung von Tierarten über große
Distanzen. Die Poulsens wollen Fossile, geologische
Abdrücke und Spuren von früheren Organismen finden.*

*Ich habe angefangen, Spanisch zu lernen, es ist kinder-
leicht, ich kann bereits einen einfachen spanischen
Roman lesen.*

*Ich ernte Wertschätzung von ausländischen Kolle-
gen. Fachliche Anerkennung bedeutet mir alles. Ein
Insektenforscher vom Smithsonian Institute schrieb
mir unlängst, meine Arbeit werde wie ein Monument
meiner selbst stehenbleiben.*

Marie erkennt sich nicht wieder, wenn sie nackt vor dem Spiegel steht, sie ist fünfundvierzig, und ihr Körper nimmt allmählich die gleiche Form an wie Almas, gedrungen und plump. Das Leichte, Flinke ist verschwunden. Ich möchte nicht wie ein altes Weib aussehen, denkt sie. Aber der Körper lässt sich nicht beirren. Sie klatscht sich auf die Schenkel. Wie Aase jetzt wohl aussieht? Breiten sich auch auf ihrem Gesicht die Falten aus wie Wurzeln unter einem Baum? Die Zeit ist eine Maus, die gerade aus einer Falle entschlüpft ist und über den Boden flitzt. Wohin ist sie eigentlich verschwunden?

Marie geht ins Wohnzimmer. Ole sitzt am Schreibtisch und zeichnet. Marie ist außergewöhnlich tatkräftig, das war eine ihrer Eigenschaften, der er verfiel, wie er einmal sagte, aber jetzt scheint ihn ihre Stärke und Entschiedenheit zu irritieren. Sie würde am liebsten alleine reisen, aber wenn sie bedenkt, was letztes Mal passierte, als sie für längere Zeit weg war, hält sie es doch für besser, dass er mitkommt. Sie müssen nur noch eine Lösung für die Kinder finden.

«Peder kann bei Bitten bleiben», sagt Marie. «Und Beb würde hier die Mädchen hüten. Inzwischen sind sie ja so groß, dass sie fast allein auf sich aufpassen können.»

«Aber sie prügeln sich immer noch wie kleine Kinder», sagt Ole. «Beb kann nur schwer dazwischengehen. Sie wird auch nicht jünger.»

«Sie ist doch noch so agil. Man merkt ihr gar nicht an, dass sie Mitte sechzig ist. Das wird kein Problem sein, und die Mädchen sind nicht mehr so wild, seit sie angefangen haben, Formen zu entwickeln», sagt Marie. «Aber ist es nicht seltsam, dass Beb nie geheiratet hat? Obwohl sie so viele enge Freundschaften hat, Kreuzworträtsel löst und mit deiner Mutter zusammen englische Klassiker liest, muss sie ein einsames Leben haben.»

«Immerhin raucht sie und legt Patiencen», sagt Ole.

Marie lacht.

«Was ist denn jetzt so lustig?»

«Nichts. Die Kinder mögen sie, und das ist das Wichtigste. Und sie lässt sich nicht so leicht verunsichern, sie hat schließlich auch auf dich aufgepasst!»

«Sich auf Kosten anderer zu amüsieren, ist nicht nett, Marie.»

Marie hat den Eindruck, dass sie das Gleichgewicht in ihrer Ehe wiederfinden. Die Anziehungskraft zwischen ihnen besteht weiterhin, aber die Kluft zwischen ihnen wird immer größer. Vielleicht würde ihnen ein gemeinsames Erlebnis helfen. Etwas, das neue Fäden zwischen ihnen spinnt. In den letzten Jahren hat sie ihre Leidenschaft mehr dem Mikroskop gewidmet als ihm.

«Es gehört auch zu den ehelichen Pflichten, das Bett zu teilen», hatte er lachend gesagt. Diesmal kann Marie nicht lachen. Er sagt es wie im Scherz, aber Rauch entsteht nur da, wo auch ein Feuer brennt, denkt sie. Wenn sie nachts keine Lust dabei spürt, findet sie sich einfach nur damit ab. Tagsüber nutzt sie jede Gelegenheit, um herablassend über Männer und ihre primitive Sexualität zu sprechen.

Ole ignoriert ihr Gerede, und wenn es ihm zu viel wird, macht er einen Ausflug und kehrt mit einem neuen Kunstwerk oder einem seiner Künstlerfreunde zurück.

Zusammen mit ein paar Gleichgesinnten hat er eine Zeitschrift für junge dänische Kunst gegründet.

«Die Kunst bewahrt den Menschen davor zu degenerieren, nicht die Wissenschaft», sagt er. «Denn nur in der Kunst entstehen ganz neue Träume, und das ist es, was unsere Welt weiterentwickelt.»

Marie ist nicht besonders an moderner Kunst interessiert, aber zutiefst begeistert von Kunsthandwerk, vor allem aus anderen Kulturen. Gebrauchsgegenstände sind ihr lieber als Wandschmuck.

Das Schindeldach des Hauses ist undicht. Wenn es regnet, läuft das Wasser überall hinein, und die Kinder flitzen umher und stellen Eimer und Töpfe dorthin, wo es am meisten tropft.

«Aber wo um alles in der Welt ist Peder?», fragt Marie.

«Der ist mit seinen Autos verschwunden, ich glaube, er wollte zu dem kleinen Teich gehen», antwortet Gitte.

Der Regen prasselt herab wie in den Tropen. Marie verzichtet auf Regenmantel und Schirm und geht rasch in den Garten, zum Teich. Sie kann Peder nirgends finden und ist bereits komplett durchnässt. Als sie sich umdreht, um zurückzugehen, entdeckt sie ihn, er hat sich unter einer Hecke verkrochen und baut kleine Wege aus Ästen, die er um eine Pfütze herum in den Boden steckt, in der ein kleiner Salamander herumschwimmt. Der Regen klingt ab, jetzt nieselt es nur noch ein bisschen. Marie wischt sich das Gesicht ab.

«Ist das eine Stadt?», fragt sie.

«Ja», antwortet er.

«Wer wohnt darin?»

«Mädchen.»

«Mädchen? Keine Jungen?»

«Nein. Die Mädchen in der Stadt mögen keine Jungs.»

«Nicht?»

«Nein.»

«Komm», sagt sie. «Du bist ja triefnass.»

Marie nimmt seine Hand, und sie gehen zum Haus. Seine Hand ist weich und warm. Wie ein kleines, haarloses Tier, denkt sie.

Karen macht gerade Fingerübungen auf dem Klavier, Peder sitzt hinter ihr und spielt mit seinen Autos, die er immer wieder zusammenstoßen lässt.

«Kannst du nicht woanders hingehen?», fragt Karen.

«Nein», antwortet Peder. «Ich wohne auch hier.»

Karen schiebt ihn genervt mit dem einen Fuß weg. «Jetzt verzieh dich schon.»

Inga kommt ins Zimmer. «Das Mittagessen ist fertig.»

Peder schiebt weiter seine Autos durch die Gegend.

«Hasst Mama Männer?», fragt er.

«Ja», antwortet Karen.

«Aber ich bin ein Junge.»

«Ja, und was wirst du später sein?»

«Ein Mann?»

«Genau.»

«Aber sie hat mich selbst geboren, deshalb hasst sie mich nicht.»

«Sicher?», fragt Karen.

«Hör doch auf», sagt Inga.

«Was meinst du?»

«Du setzt ihm Flausen in den Kopf. Irgendwann glaubt er noch daran.»

«Tu ich nicht», sagt Peder. Aber seine Stimme hat einen schrillen Ton, die Flausen sind längst da.

«Doch, tust du», sagt Inga.

«Nein», sagt Peder.

«Doch!», sagt Inga.

«Jetzt quälst du ihn», sagt Karen.

«Du hast angefangen, vergiss das nicht», sagt Inga und schwingt ihr Bein nach vorn.

«Hast du mich gerade getreten?»

«Nein. Ich habe nur mein Bein bewegt.»

«Du hast mich getreten!»

«Habe ich nicht.»

Karen zieht ihren Rock hoch. «Und was ist das dann?», fragt sie.

«Ich sehe nichts.»

«Da!» Karen deutet mit dem Finger auf ihr Schienbein.

Inga beugt sich herab und starrt darauf. «Da ist doch gar nichts», sagt sie.

In dem Moment schnellt Karens Knie hoch. Inga schreit und fasst sich an die Nase, das Blut bespritzt sie beide. Sie wälzen sich auf dem Boden herum, Fäuste treffen auf Muskeln und Mägen, Haut wird zerkratzt, an Haaren gezogen.

Peder schlüpft gerade leicht wie der Wind mit seinen Autos zur Tür heraus, als Marie hereinflattert wie ein großer, zorniger Vogel.

«Schluss jetzt!», brüllt sie.

1954–1955

Südamerika

Maries Notizbuch, 1954

Rechnung in Dollar

Hotel und Frühstück 51,20
Straßenbahn 1,00
Briefmarken 2,30
2 Bastfiguren 12,00
Umhängetuch 38,00
Gürtel für Peder 12,00
Machete 16,00
Korb 33,00
Bonbons 0,20
4 Apfelsinen 1,50
1 Ananas 5,50
Belegtes Brot 0,50
Taxi zum Strand 5,00
2 Pepsi Cola 1,20
Taxi 5,20
Abendessen 16,90

Maries Notizbuch, 1954

Der 10 000 Tonnen schwere Liberty-Frachter Nevada überquert den Atlantik in einunddreißig Tagen. Um uns ein bisschen zu bewegen, traben Ole und ich auf diesem Monstrum von Schiff herum. Fliegende Fische springen über enorme Wellen, und der Kapitän verfolgt einen riesigen Wal, damit wir ihn fotografieren können. Ich mache fünf Fotos. Ein Albatros begleitet uns. Der Vogel der Meeresgötter.

Dunkle, zigarrenähnliche Umrisse tauchen über dem Wasser auf. Erst kann man nur schwer erkennen, was es ist, sie erinnern an fliegende Stöcke. Doch als sie das Deck treffen, haben wir keinen Zweifel mehr, zehn Zentimeter große Heuschrecken klatschen auf uns herab. Wir segeln mehrere Tage lang durch den großen Schwarm. Was machen sie hier, so weit vom Gras entfernt? Auf dem Meer können sie nicht singen, sie werden irgendwann umkommen. Der Gesang des Todes ist stumm.

Weil wir zum ersten Mal den Äquator überqueren, müssen wir uns der traditionellen Linientaufe unterziehen. Man bindet uns Tang auf den Kopf, aus dem uns Salzwasser in die Augen tropft, die Tränen des Meeres. Lang leben König Neptun und Königin Amphitrite!, ruft der Ring aus Menschen, der uns umschließt, das Lachen ist ein Strahl, der uns überall trifft, wir werden mit Ketchup bespritzt und auf die Planke geschubst. «Ins Meer mit ihnen!», rufen die Leute. Und wir stürzen hinab. In die große Dunkel-

heit, in die kalten Schatten der See, als ich auf dem Wasser aufkomme, schmerzt es, als hätte mich das Meer geohrfeigt. Als wir wieder auftauchen, schaukeln wir auf der Oberfläche wie gleichgültiger Müll, und trotzdem lachen wir. Hauptsächlich, weil wir überlebt haben. Der Meerestod soll der schönste Tod von allen sein, der Ozean ist die Gebärmutter der Welt, und er ist überall.

Wir zupfen uns die letzten Reste Seetang aus dem Haar und bekommen beide einen Taufschein von König Neptun überreicht. Ole ist jetzt der «Hammerhai», ich bin der «Lotsenfisch». Unter dem Gewicht unserer neuen Namen fallen uns die Augenlider schnell zu, und wir fallen bewusstlos in die schwankenden Kojen. Am Himmel hängt ein Mond aus Silber.

In Bahía Blanca in Argentinien wird Weizen geladen.

In Buenos Aires steht der Chauffeur unseres Mäzens Thomas J. Williams bereit, um uns quer durch das Land in die Anden zu fahren. Welch Luxus, obwohl die Wege voller Schlaglöcher sind und ich mich ganz gerädert und schwindelig fühle, als wir endlich ankommen.

Kleine Windhosen wirbeln über den Sand, der Himmel ist glutrot, die Wolken stapeln sich wie Teller.

Wir werden in der Estanzia El Sosneado bei Don Pedro in der westlich gelegenen Provinz Mendoza wohnen. Die Vegetation ist trocken. In den Nebentälern wachsen vier Meter hohe Kakteen, alles andere ist Staub, nur entlang des Atuel-Flusses wird die Natur etwas grüner. Ich nehme Proben dort, wo der Boden von stacheligem Gras bedeckt ist.

Wir reiten den Berg hinauf und suchen nach weiteren grünen Flecken, das Tal mit den blauen Wasserpfützen liegt unter uns. In 3600 Metern Höhe verschwindet die Vegetation, eine Schneelandschaft offenbart sich. Auf unseren knochigen Maultieren reiten wir blauweißen Gletschern entgegen, durch hohe Eislamellen. Es ist eiskalt, feiner Neuschnee stiebt um uns auf, die Berge sind die schwarzen Zähne der Erde. Hier gibt es nirgends geeignete Orte, um Proben zu nehmen.

Ich muss einsehen, dass ich nicht in den Höhenlagen suchen sollte.

Don Pedro schickt Ole und mir einen jungen Ingenieur und ein paar Gauchos ins Tal zur Quelle des Atuel. Wir werden von einem Chor quakender Frösche empfangen und weißen und blauen Schmetterlingen, die an Pfützen Feuchtigkeit tanken. Doch es gibt überall Sinkhöhlen, tiefe Krater. Man sieht sie erst, wenn man schon am Rand steht. Mein Körper erstarrt vor Angst, wenn ich in diese schwindelerregenden Abgründe blicke. In meiner Vorstellung bricht der Boden unter mir weg, und ich falle. Mein Herz bleibt nur für den Tod stehen, aber ich will ihm noch nicht in die Augen sehen, nicht jetzt, nicht jetzt. Nachts schlafen wir eng umschlungen ein, zum ersten Mal seit Jahren. Normalerweise kann ich nicht schlafen, wenn mir ein anderer Mensch so nah ist, das habe ich mir in der großen

Kinderschar abgewöhnt, in der ich aufgewachsen bin. Immer irgendein anderer Fuß, zu dem man Stellung beziehen muss, aber wo ist der eigene?

Ole und ich können gut zusammen reisen, wir haben denselben Rhythmus. Wir sind uns einig, Touristen zu meiden, wir wollen die Natur, die Tiere und die Menschen hier am liebsten allein erleben. Wir sind beide vom Kunsthandwerk fasziniert, von dem, was direkt aus der Erde kommt und von Menschenhand geformt wird. Die Bedeutung, die in den Lehm hineingeritzt wird, und das merkwürdige Gefühl, das plötzlich entsteht und das wir Geist nennen.

Die Poulsens sind eine sehr angenehme Reisegesellschaft. Genau wie ich interessieren sie sich beide für die Theorie der Kontinentaldrift, die von den dänischen Geologen nach wie vor nicht ernst genommen wird.

Im argentinischen Teil der Anden gibt es große Gebiete mit Basaltsäulen. In fünftausend Metern Höhe bekommen wir alle Kopfschmerzen und müssen langsam gehen, um nicht ohnmächtig zu werden. Die Luft ist dünn, weil sie weniger Sauerstoffmoleküle enthält. Wir machen eine Pause an einem rauschenden Bach. Ich beuge mich vor und merke nicht, dass mir mein Dolch aus der Tasche gleitet, jener Dolch, den mir Knud Rasmussen schenkte und den ich stets als unersetzbaren Schatz bei mir getragen habe. Ich schreie den Bach an, suche im eiskalten Wasser, das ungerührt zwischen den spitzen Steinen weiterrauscht.

*Meine Hände sind blau vor Kälte. Bald werden die
Erfrierungen einsetzen, ich kann meine Finger nicht
länger spüren. Lass meine Hände abfallen wie welke
Blätter von Bäumen, denke ich und schließe die Augen.
Ole kniet sich vor mich und pustet auf meine Finger,
dann zieht er mich hoch und steckt meine Hände in
seine Taschen. Wenn ich die Augen schließe und mich
konzentriere, kann ich noch immer den schwarzen
Schaft in der Hand fühlen. Langsam strömt die Wärme
zurück in meine Finger, und in diesem Moment liebe
ich ihn wieder.*

*In Bolivien habe ich Proben in 5500 Metern Höhe
gesammelt.*

*In Peru erlebe ich mein erstes großes Erdbeben. Man
sollte es nicht glauben, aber die Erde kann wirklich
beben. Obwohl sich kein tiefer Riss im Boden auftut,
ist das Beben so stark, dass Gegenstände verschoben
werden und umstürzen, und als die Tiere, die wir sind,
machen wir uns zur Flucht bereit, aber wohin?*

*Wieder in Mexiko, fahren wir nach Chiapas an der
Grenze zu Guatemala, um den sagenumwobenen
dänischen Mayaforscher Frans Blom in San Cris-
tóbal de Las Casas in der Sierra Madre de Chiapas
zu besuchen. Mit seiner Hilfe sammle ich Proben in
den Bergen unweit seines Hauses. Frans und seine
Schweizer Frau, die Fotografin Trudi Blom, haben
ihr Heim als kulturelles und wissenschaftliches Zentrum mit Platz für zahlende Übernachtungsgäste
eingerichtet. Das Casa Na Bolom ist ein altes Kloster*

mit weiß gekalkten Wänden. Ein Bogengang verläuft um einen Patio mit Lianen und Rosen. Jeden Morgen wird eine große Wanne, die mitten im Innenhof steht, mit Wasser gefüllt. Erst badet Blom, dann seine Frau Trudi und zuletzt die Gäste. Mit dem restlichen Wasser werden die Rosen gegossen.

Trudi ist die Herrin über das Anwesen. Wie eine Amazone thront sie bei Tisch vor Kopf, und auf jeder Seite ihres Throns ist ein großer bissiger afghanischer Windhund angeleint. Sie trägt ein changierendes Kostüm, das an einen Kettenpanzer erinnert und dessen zahlreiche Spitzen wie in Blut getaucht scheinen. Sie ist mit Schmuck überladen, ihre Nägel sind rot und das Gesicht stark geschminkt, ihr rot bemalter Mund spricht in gebieterischem Ton. Sie erinnert an eine göttliche Herrscherin, die völlige Unterwerfung verlangt. Mit funkelnden Augen beobachtet sie das Essverhalten ihrer Gäste, und als ein deutscher Missionar vermeldet, er schaffe seine Portion nicht, sagt sie: «Dann bekommen Sie auch kein Dessert.» Wir bleiben eine Woche hier.

Nach einer siebenmonatigen Reise kehren wir mit südamerikanischer Keramik beladen zurück. Ole hat einen guten Riecher für solche Dinge. Während ich meine Proben gesammelt habe, hat er die lokalen Märkte ausgekundschaftet. Am Ende haben wir mehr gekauft, als wir tragen können. Schließlich geben wir es auf, alles selbst zu schleppen, und schicken das meiste nach Hause.

Meine Jagd war auch überaus ergiebig. Ich kann es kaum erwarten, nach Hause zu kommen und zu sehen, was ich alles gesammelt habe. Die Stille, die sich in meinem Inneren einfindet, wenn ich meine unsichtbaren Beutetiere behutsam und sorgfältig unter das Mikroskop lege, gehört nur mir allein.

1957 – 1962

Strødam, Hillerød

1957

Die Schale mit Erdbeeren steht mitten auf dem Tisch, ein zarter, süßlicher Duft steigt in die Nase. Marie streut Zucker darüber. Die roten Beeren schwimmen in einem fettigen weißen Meer. Weiße Tropfen hängen in den Mundwinkeln, alle schlürfen schweigend. Inga wird als Erste fertig. Sie schiebt den Teller beiseite und lächelt zufrieden.

«Kannst du die Post holen?», fragt Marie.

«Ich muss Hausaufgaben machen», antwortet Inga.

«Du kannst doch wohl trotzdem die Post holen», sagt Ole.

«Ihr behandelt mich wie ein Kind.»

«Du bist ein Kind», erwidert Marie.

«Ich bin fünfzehn», sagt Inga, «und du bist unverschämt.»

«Was bildest du dir ein!»

Maries Stimme ist scharf und kalt wie ein frisch geschliffenes Messer. Gitte springt so hastig auf, dass ihr Stuhl umfällt. «Ich mache das.»

«Nein, Inga macht das gleich», sagt Ole.

«Aber ich stehe doch schon», sagt Gitte.

«Du machst das, Inga», sagt Marie. «Und du setzt dich wieder hin, Gitte!»

Inga wirft drei Briefe vor Ole und Marie auf den Tisch, der Zorn schwelt noch immer in der Luft. Mit hitzigen Bewegungen reißt Marie die Umschläge auf. Dann ändert sich ihre Miene, und ein Lächeln breitet sich auf ihrem Gesicht aus.

«Was in aller Welt?», sagt sie. «Ich fasse es nicht!»

«Was denn?», fragt Gitte.

«Ich habe ein großes Stipendium bekommen!»

«Was ist ein Stipendium?», fragt Peder.

«Eine Anerkennung für jemanden, der etwas Besonderes getan hat», antwortet Marie.

«Hat Mama etwas Besonderes getan?», fragt Peder.

«Ja, sie verlässt uns doch die ganze Zeit und reist durch die Gegend, um unsichtbare Tiere zu sammeln. Das machen andere Mütter nicht», antwortet Inga.

«Was ist das für ein Stipendium?», fragt Ole.

«Das Tagea-Brandts-Reisestipendium in Höhe von 10 000 Kronen! Es geht an Frauen, die einen besonderen Einsatz für die Kunst oder Wissenschaft geleistet haben, und ich bekomme es für meine Arbeit mit den Moosmilben.»

«Herzlichen Glückwunsch, Marie», sagt Ole. «Ich kann ihnen nur recht geben, dein Einsatz ist wirklich bemerkenswert.»

«Zusammen mit den 7000 Kronen, die ich vom Wissenschaftsfonds bekommen habe, kann ich es mir leisten, noch einmal nach Südamerika zu fahren.»

«Willst du schon wieder weg?», fragt Karen.

Ole lehnt sich auf seinem Stuhl zurück und verschränkt die Arme über der Brust.

«Ich habe ja nur auf der Ostseite der Anden Proben gesammelt und ausschließlich unbekannte Arten gefunden. Wenn ich die Wanderung der Moosmilben nachweisen will, muss ich versuchen, auch dort einige der Tiere zu finden, die ich an anderen Orten der Welt gefunden habe, und deshalb muss ich zurückkehren und auch auf der Westseite Proben nehmen.» Marie blickt verträumt. «Ich könnte nach Feuerland weiterreisen, ich würde so gern einmal den südlichsten Teil von Südamerika besuchen.»

«Warum heißt es Feuerland?», fragt Peder.

«Einige Entdeckungsreisende, die zur Südspitze von Südamerika gesegelt waren, haben Tausende von kleinen Feuern an Land brennen sehen und das wie eine Ankunft in einem Land aus Feuer beschrieben», erklärt Ole.

1957

Marie und Bitten haben eimerweise Beeren im Garten gepflückt, jetzt stehen sie in der Küche und kochen rote und schwarze Johannisbeeren, Himbeeren und Stachelbeeren ein.

«Übrigens habe ich Ausschnitte für dein Sammelalbum dabei», sagt Bitten. «Laut der *Frederiksborg Amts Avis* hast du ‹internationale Berühmtheit› als Forscherin erlangt, und im *Aftenbladet* gibt es ein ganzseitiges Porträt von der ‹weltberühmten dänischen Mikrofauna-Expertin›. In der *Berlingske* war heute auch ein großer Artikel über dich. Du bist eine bedeutende Persönlichkeit, Marie.»

«Danke, das ist wirklich nett von dir.»

«Aber wie kommst du eigentlich mit deinen Proben aus Südamerika voran?»

«Ich habe so viele lustige und unbekannte Familien und Arten gefunden. Eine mit großen Federn, die vom Panzer abstehen, eine mit seltsamen Zapfen und eine andere mit langen Antennen, aber es gibt vor allem eine interessante Art, die wiederholt auftaucht: die *Mucronothrus nasalis*. Davon habe ich in Argentinien mehr als von jeder anderen Art gefunden, und sie ist vollkommen identisch mit einer Milbe, die ich in Grönland gesammelt habe, und auch in der Nähe von kalten Quellen in den Alpen. Als ich mich eingehender damit beschäftigt habe, stellte sich heraus, dass sie auch von einem deutschen Wissenschaftler beschrieben wurde, der sie auf einer Insel vor Bergen entdeckt hat. Allen Funden ist gemein, dass sie aus Quellgebieten kommen, wo die Temperatur zwischen fünf und sieben Grad beträgt.»

«Es klingt vollkommen unwahrscheinlich, dass du

am Atuel-Fluss eine Milbe findest, die mit einer europäischen Art identisch ist, da liegt doch ein ganzer Ozean dazwischen?»

«Ganz genau. Deshalb bin ich vor zwei Monaten nach Lappland gereist, um meine Theorie zu überprüfen, und da habe ich sie an einem Schmelzwasserbach gefunden. Daraufhin dachte ich, wenn es sie in Lappland gibt, muss es sie auch in Dänemark geben. Und dann bin ich einfach zu den Quellen im Rold Skov gefahren und habe sie auch da gefunden! Und vor vierzehn Tagen habe ich eine Probe von der Quelle des Gudenåen untersucht, und da war sie wieder. Ihre Verbreitung deckt sich also nicht mit der Verbreitung der Quartären Eiszeit.»

«Aber wie erklärst du dir diese Übereinstimmungen dann?»

«Die Milben sind so mikroskopisch klein. Wenn sie austrocknen, sterben sie, und sie können nicht mit Staub durch die Luft transportiert werden wie beispielsweise Spinnen, aber auch nicht auf nassen Baumstämmen über das Meer, weil sie kein Salzwasser ertragen. Sie können sich nur über Obst oder Gemüse oder über die Erde verbreiten, oder sie müssen laufen, und das dauert ewig, wenn man nur 0,2 Millimeter lang ist.»

«Und was bedeutet das?»

«Genau das würde ich gerne herausfinden, aber jetzt haben wir genug über meine Forschung gesprochen, du weißt, ich könnte ewig weiterreden. Erzähl mir lieber, wie es mit der Gartenarchitektur vorangeht.»

Maries Notizbuch, 1957

Jetzt habe ich all meine Funde von der Expedition nach Südamerika beschrieben. Mein gesammeltes Material ist enorm. 30 000 Moosmilben, davon 24 000 in Argentinien und 6000 in Bolivien, verteilt auf 129 Arten. Die Ergebnisse meiner ersten Expedition sind vielversprechend. Ich habe eine Fülle neuer Arten entdeckt, aber bislang gibt es nur einzelne Übereinstimmungen zwischen der Mikrofauna hier und in den arktischen Gebieten, die ich früher besucht habe, insgesamt elf.

Gespräch, 1958

Zwischen Dr. Marie Hammer und der Journalistin Ann Ask vom Familie Journalen

Frau Dr. Marie Hammer, Sie sind gerade von Ihrer zweiten Reise nach Südamerika zurückgekehrt. Welche Länder haben Sie diesmal besucht?
Panama, Ecuador, Peru, Chile und Argentinien.

Auf dieser Reise sind Sie fünfzig Jahre alt geworden. War es nicht traurig, an einem runden Geburtstag so weit von zu Hause weg zu sein?
Eigentlich war ich noch nie besonders selbsteingenommen, deshalb hat mich das nicht berührt. Ist es etwa eine Leistung, geboren worden zu sein? Wenn überhaupt, dann die Leistung meiner Mutter. Nur dass mein alter Freund, der Vizeadmiral Vedel, bei uns zu Hause vorbeikam, um mich zu überraschen, und meine Tochter Inga einen riesigen Blumenstrauß von ihm entgegennehmen musste, hat mir sehr leidgetan, und meiner Tochter war es unangenehm.

Könnten Sie uns etwas über den Anfang Ihrer Reise erzählen?
Ich bin mit einem Frachtschiff über den Atlantik gefahren. In Guayaquil in Ecuador sollte das Schiff Bananen laden, und ich bin an Land gegangen. Die Besatzung meinte, ich sei wahnsinnig, sie sagten, ich würde niedergestochen werden, und sie müssten auf dem Markt von Lima nach meinem Schrumpfkopf Ausschau halten. Sehr

lustig. Aber in Wirklichkeit hatte ich keine Probleme. Ein paar Tage später war ich im Hochland von Ecuador.

Können Sie beschreiben, welcher Anblick Sie dort empfing?
Sehr reizvolle, schneebedeckte Berggipfel und graublaue Rauchwolken über terrassierten Berghängen, grasendes Vieh. Ich wohnte und arbeitete einige Wochen am Fuß des sechstausend Meter hohen Vulkans Cayambe in einer Hacienda namens Persillo, die einem dänischen Brauer gehört. Die dortigen Bedingungen waren ausgezeichnet, aber gleichzeitig hat es mich betroffen gemacht, die Indios in Lehmhütten neben der stinkenden Gosse leben zu sehen, während sie Kartoffeln, Mais, Bohnen und Gerste anbauten und knorrige Äste, Farn, Moos und wilde Orchideen aus dem Urwald holten und als Brennholz benutzten. Bis neun Uhr morgens haben sie auf ihren eigenen Feldern gearbeitet, dann mussten sie auf der Hacienda antreten und im Akkord arbeiten. Sie waren ja eine Art Zinsbauern und gehörten zu dem Landgut, und das ist eine ziemlich ungerechte Lebenssituation, aber als Gast konnte ich mich nicht einmischen.

Hatten Sie auch Kontakt zu den Einheimischen?
Nur beim Erntefest. Da kamen mindestens eintausend Indios in roten Ponchos, dicken Hemden, Perlen um die Handgelenke, die Damen trugen Männerhüte und große Umhängetücher, ich habe die armen, zerlumpten Menschen aus den Lehmhütten kaum wiedererkannt. Ein großes Blasorchester spielte, und ein paar angetrunkene junge Männer liefen umher und spielten Toreros. Alles war sehr fröhlich, bis ein paar echte Stiere dazukamen. Schon nach wenigen Minuten bohrte der eine sein Horn

in den Oberschenkel eines Mannes, ein anderer nahm einen Mann mit den Hörnern hoch, sodass er durch die Luft wirbelte, sein Enddarm wurde aufgerissen. Er starb am nächsten Tag im Krankenhaus.

Was für ein Schock!
Es kam noch schlimmer, denn eine Frau im Publikum wurde von hinten von einem Horn getroffen. Sie lag ganz blau im Gesicht mit einem Säugling da, der weiter an ihrer blutigen Brust saugte. Keiner half ihr. Ich musste einspringen. Ich rief so lange um Hilfe, bis eine Gruppe Männer kam und sie wegtrug. Ich hoffe, dass man ihr geholfen hat, aber sicher weiß ich es nicht. Ich wurde noch Tage später von Albträumen geplagt. Es gibt überall Ungerechtigkeit.

Sie können wunderbar Geschichten erzählen, Ihre Beschreibungen sind so detailliert.
Ich habe ein bisschen geschummelt. In den letzten Tagen habe ich in meinen Tagebüchern nachgelesen, und weil ich meine Erlebnisse sehr genau beschrieben habe, hilft das dem Gedächtnis natürlich auf die Sprünge, fast fühlt es sich an, als wäre ich wieder da.

Sie haben Dinge erlebt, die kein Tourist erlebt. Aber wie war es, allein als Frau zu reisen, hatten Sie denn nie Angst?
Nein, ich fürchte mich nur selten. Ich habe einen guten Instinkt für Gefahren. Bisher bin ich nur ein einziges Mal von einem Mann belästigt worden. Im Norden Perus musste ich mir ein Taxi mit einem Handelsreisenden teilen. Anfangs war er freundlich und redselig, aber nach einiger Zeit legte er seine Hand auf meinen Oberschen-

kel und erzählte mir mit seinem schlechten Atem, eine
so schöne Frau wie mich habe er noch nie gesehen. Da
wurde ich skeptisch, denn ich bin immerhin fünfzig, und
obwohl ich jünger aussehe, kann man mich wohl kaum
als Schönheit bezeichnen. Ich schob seine Hand weg und
sagte, es sei nett von ihm, mir solche Komplimente zu
machen, aber ich könne seine Gefühle leider nicht erwi-
dern. Wir fuhren schweigend weiter. Kaum hatte ich die
Augen geschlossen, kam seine Hand wieder angeschli-
chen und legte sich auf mein Bein. Da gab ich ihm einen
Klaps auf die Finger, woraufhin er so erschrocken aussah,
dass ich dachte, jetzt hätte er es endlich verstanden. Im
Hotel bestand er jedoch darauf, das Zimmer neben meinem zu beziehen, und lag mir damit in den Ohren, dass er
mich zum Essen einladen wolle. Da bekam ich genug. Ich
machte auf dem Absatz kehrt, verließ das Hotel und das
Zimmer, das ich schon bezahlt hatte, und stieg in einen
Bus nach Pacasmayo, das wie ein weißer Möwenklecks in
einem grünen Tal lag. Ich mietete mich in einem kleinen
Kellerraum ohne Fenster, Wasser und Eimer ein. Ich war
richtig erschüttert, denn es war das erste Mal auf meinen
zahlreichen und langen Reisen, dass es mir Probleme
bereitet hatte, als Frau allein unter Männern zu sein.

Warum hatten Sie genau diesen Ort ausgewählt?
Das Gebiet war für mich interessant, weil durch die
warmen Quellen ein besonderes Biotop entsteht, und
geschichtlich betrachtet ist es auch faszinierend, weil
hier der Inkakönig von den Spaniern verraten und
erdrosselt wurde. Sie fürchteten die Macht des Königs,
und deshalb fingen sie ihn und sperrten ihn ein, aber es
gelang ihm dennoch, ein kleines Haus mit Gold zu füllen,

sodass er das von den Spaniern verlangte Lösegeld zahlen konnte. Trotzdem verurteilten sie ihn zum Tode. Er flehte um sein Leben und ließ sich darauf ein, getauft zu werden und den christlichen Glauben anzunehmen, und dann erdrosselten sie ihn. Das große Verbrechen, das damals begangen wurde, ist bis heute nicht gesühnt, ich habe deutlich gespürt, wie dort immer noch die Ungerechtigkeit lodert. Alle, die diesen Ort besuchen, sollten ein Wegzeichen hinterlassen, um die schmachvolle Tat zu verurteilen. Ich habe meine eigene Art und Weise gefunden, den ungerechten Tod des Inkakönigs zu markieren; ich habe eine der Milbenarten, die ich nahe der Stadt gefunden habe, nach ihm benannt, sie erhielt den Namen *Multoribates atahualpensis*.

Ich habe gelesen, dass Ihre Tochter mit Ihnen gereist ist?
Nach meinem Erlebnis mit diesem aufdringlichen Mann habe ich nach Hause geschrieben. Meine Einsamkeit muss aus dem Brief gesprochen haben, denn mein Mann handelte schnell. Er schrieb kurze Zeit darauf zurück, der Staatliche Wissenschaftsfonds habe ihm bewilligt, dass meine Tochter Gitte zu mir reisen und mich begleiten dürfe. Ich müsse sie lediglich in Lima abholen.

Sie haben vier Kinder. Wie entscheidet man, welchem von ihnen dieses große Erlebnis zuteilwird?
Das hat sich von selbst ergeben: Peder ist noch zu klein, um eine solche Reise allein zu meistern, und die älteren Kinder gehen schon ihre eigenen Wege. Gitte war erst fünfzehn, aber schon selbstständig genug. Sie kam nach zwei Tagen Reise vollkommen entspannt in Peru an. Ihr nordisches Aussehen und ihr langes blondes Haar weck-

ten überall große Bewunderung. Plötzlich verlagerte sich alle Aufmerksamkeit von mir auf sie. «Sie sind hübsch», sagten die Leute, «aber Ihre Tochter ist noch viel hübscher.»

Und wo ging die Reise dann hin?
Wir fuhren mit dem Bus nach Cusco in viertausend Metern Höhe, das dauerte die ganze Nacht. Frühmorgens wurden wir an einem Hotel abgesetzt, ein schlaftrunkener Hotelier gab uns ein Strohbett unter dem Dachboden, die reinste Offenbarung, wenn man durchgefroren und müde ist. In den nächsten acht Tagen fuhren wir weiter mit dem Bus und dem Postauto über die Anden. In einem kleinen Gasthof schliefen wir in einem Raum, der nur durch eine Wand aus Gaze von den übrigen Zimmern getrennt war. Ich machte mir ein wenig Sorgen, weil sich ein betrunkener Indio beim Abendessen so aufdringlich meiner Tochter genähert hatte, dass ich dazwischengehen musste. Zum Glück passierte aber nichts.

Darf ich fragen, wann Sie sich auf Ihren Reisen am meisten gefürchtet haben?
Wie gesagt fürchte ich mich fast nie, aber ich bin auch nicht leichtsinnig. Ich interessiere mich sehr für die lokalen Kunsttraditionen. In Cusco sprach mich ein Mann an, der mir einige Kunstwerke zeigen wollte. Ich bat ihn, sie mit ins Hotel zu bringen, solche Vorsichtsmaßnahmen treffe ich.

Und in Cusco haben Sie auch Milben gesammelt?
Das mache ich ja überall, und hier fand ich eine sehr eigenartige Milbe. Sie hat lange Haare auf der Unterseite

des Körpers, zwischen denen sich eine dicke geleeartige Schicht befindet. Ich habe sie nach dem Machu Picchu getauft: *Machuella ventrisetosa*. Aber jetzt rede ich wohl zu viel?

Nein, nein, fahren Sie fort!
Dann erzähle ich weiter, aber Sie müssen sagen, wenn Sie müde werden.

Ja, natürlich.
Wir haben Peru verlassen, sind durch Bolivien zum Titicacasee gefahren und haben halt in Puerto Montt gemacht. Wir wollten bis nach Feuerland reisen, aber ich hatte es nicht mehr geschafft, vorher noch Kontakte dorthin zu knüpfen.

Ist es Ihnen noch gelungen?
Ja, denn auf einem Platz mitten in der Stadt habe ich zufällig einen Ingenieur kennengelernt, der in Feuerland arbeitete. Er hatte zwei Jahre in Dänemark gelebt, und obwohl er meine Bitte äußerst merkwürdig fand, war er bereit, uns weiterzuhelfen. Er meinte allerdings, es werde schwierig sein, an den Ölquellen Milben zu sammeln. Es gebe dort ausschließlich Männer, und wir würden sicher nur schwer eine Unterkunft finden. Als ich erwiderte, ich sei als einzige Frau zwischen fünfundvierzig Männern auf der Grönlandexpedition gewesen, sagte er, er wolle sich darum kümmern. Kurz darauf flogen wir hin. Meine Tochter und ich konnten auf einer Estanzia wohnen, deren Besitzerin eine Frau war. Wir wurden wie feine Damen behandelt, bekamen Tee und frische Brötchen ans Bett serviert und durften uns ein eigenes Reitpferd

aussuchen. Ein Russe von der Petroleumgesellschaft zeigte uns das Gebiet um die Quellen. Meine Ergebnisse aus Feuerland waren richtig gut, und finanziell kostete mich die Reise nichts. Und es war wirklich eine Freude, mit meiner Tochter zusammen zu reisen. Wir fanden einen angenehmen Rhythmus zusammen. Sie ist unter meinen Kindern wohl diejenige, deren Charakter am meisten mit meinem harmoniert.

Und wie war es diesmal für Sie, nach so vielen Monaten nach Dänemark zurückzukehren? Mittlerweile haben Sie ja schon einige Erfahrung damit.
Das große Interesse der Presse hat mich überwältigt. Am meisten hat mich jedoch berührt, dass meine zweit-älteste Tochter Inga während meiner Abwesenheit von zu Hause ausgezogen war, um auf eine Landwirtschafts-schule in Bornholm zu gehen. Plötzlich hatte ich das Gefühl, das Leben wäre an mir vorbeigezogen, aber das stimmt natürlich nicht. Es vergeht ganz einfach, so ist das mit dem Leben.

Maries Notizbuch, 1958

Bitten hat angerufen. Aase wurde von Königin Ingrid dazu auserwählt, Prinzessin Margrethe in der letzten Gymnasialklasse in Biologie zu unterrichten. Die Königin wünscht, dass Aase der Prinzessin auch von der Dritten Zentralasiatischen Expedition berichtet. Auf mich rieselt kein königlicher Staub, nur ganz gewöhnlicher, während ich den lieben langen Tag allein am Mikroskop sitze und mit meinen Proben aus Peru, Chile und Patagonien arbeite, es ist eine unüberschaubare Tätigkeit, obwohl in diesen Proben weniger Moosmilben enthalten sind als auf der vorherigen Expedition, insgesamt:

9000 aus Peru
8000 aus Chile
2400 aus Patagonien

Und inmitten von alldem erhalte ich einen Anruf. Mein geliebter Freund Vedel ist tot. Ich habe das Gefühl, mir wäre alles entrissen worden, was wir miteinander teilten, die Kajüte und der besondere Blick auf die Dinge. Vedel besaß die Gabe, die kleinen Dinge in der Natur zu sehen und sich dafür zu begeistern. Wir waren von denselben Dingen fasziniert, hielten immer an denselben Stellen an, um zu verweilen und zu staunen. Ohne ihn wäre die Siebte Thule-Expedition keine so sichere Reise für mich gewesen. Und wenn wir nachts in der Kajüte lagen und die Wellen sanft und langsam unter dem Schiff dahinwogten, lauschte ich seinem Atem, der sich wie ein Stempel hob und senkte, in meinen Ohren, in mir. Ich kann immer noch in seinem Rhythmus atmen.

Heute habe ich ein kleines, nasses, schmutziges Blatt gefunden. Ich legte es auf ein weißes Blatt, um es zu fotografieren, und dachte: Mein Gott, wie schön das ist.

1960

Marie kann fast so lange arbeiten, wie sie will, jeden Tag, denn jetzt wohnt nur noch Peder zu Hause. Oft sitzt sie von früh bis spät mit den Augen über dem Mikroskop in ihrem Arbeitszimmer und wird wie immer von anderen Verpflichtungen unterbrochen, die mittlerweile aber auf ein überschaubares Maß geschrumpft sind.

Heute kommt Milthers zum Kaffee. Er wirkt fast wie ein alter Mann, obwohl er erst Anfang fünfzig ist. Sein Haar ist grau und seine Haltung gebückt, aber er kann sich im Nu verwandeln, aufrichten und auf magische Weise Raum einnehmen. Sobald er den Mund öffnet, ist das Ältliche sofort wieder verschwunden, und er steht jung und gerade vor ihr, mit seiner Kamera und seiner guten Laune. Menschen aus der eigenen Vergangenheit sind wie Zeitmaschinen, man kann mit ihnen gemeinsam zurückreisen, denkt Marie, als sie die Birnentorte aus dem Ofen nimmt.

«Hast du die neuen Forschungsergebnisse gesehen, die zeigen, dass die Erdoberfläche aus Platten besteht?», fragt Milthers. «Sie besagen, dass sich nicht die Kontinente im Verhältnis zu den Ozeanböden bewegen, sondern die Lithosphärenplatten, auf denen sich die Kontinente befinden.»

«Ja», sagt Marie. «Aber das Seltsame ist, dass die dänischen Geologen trotz der neuen Beweise an ihrer Vorstellung von der Unbeweglichkeit der Kontinente festhalten.»

«Irgendwann muss der Druck auch für sie zu groß werden, die Plattentektonik erlebt doch gerade fast überall der Welt einen Siegeszug. Wie geht es mit deinen Milben voran?»

«Der Nachteil daran, mir einen Namen gemacht zu haben, ist, dass mir jetzt andere Forscher ihr Material schicken, das bestimmt werden soll, und das kostet mich viele Monate Arbeit und Tausende Kronen, denn ich brauche eine Woche dafür, eine Art zu zeichnen und zu beschreiben, und ich arbeite kostenlos und schicke alles auf eigene Rechnung zurück, oder besser gesagt, das Porto zahle ich vom Gehalt meines Mannes. Aber ich erlebe auch lustige Dinge. Vor ein paar Tagen wurde ich eingeladen, Opponentin bei einer Disputation in Kalkutta zu sein.»

«Und, wirst du hinfahren?»

«Nein, aber es ist trotzdem schön, eingeladen zu werden.»

«Kannst du nicht einen Studenten damit beauftragen, dir bei den praktischen Dingen zu helfen?»

«Ich erhalte tatsächlich Anfragen von welchen, aber ich sage ihnen ab, weil ich nichts zahlen kann. Der Carlsbergfonds unterstützt mich ein wenig, aber das reicht bei Weitem nicht, und meine Kollegen ermutigen mich dazu, bei wissenschaftlichen Fonds Förderungen zu beantragen, um mein Material zu bearbeiten, aber ich bekomme nur Absagen. Vor Kurzem habe ich Professor Spärck aus der Zoologie um Hilfe gebeten, aber der antwortete: ‹Wenn Sie finanzielle Probleme haben, können Sie doch einfach aufhören und sich einen Job suchen. Niemand hat Sie darum gebeten zu forschen.›»

«Er hat noch nie ein Blatt vor den Mund genommen.»

«Meine Position hat aber auch Vorteile, denn ich habe meine Freiheit, und niemand sagt mir, was ich tun und lassen soll. Es ist wirklich ulkig, meine Tage als Hausfrau haben sich zu einer grauen Masse vermischt, ich kann sie nicht auseinanderhalten, Tage werden zu Jahren. Meine Zeit am Mikroskop hat eine ganz andere Intensität. In meiner kleinen Welt, die für alle anderen unsichtbar ist, wimmelt es nur so von seltsamen Wesen. Ich bin glücklich, wenn ich sehe, wie sich schwere Milben vorwärtsschieben wie kleine Panzer oder Pseudoskorpione seitwärts krabbeln, die Beute hocherhoben in ihren Scheren, oder wie Muschelkrebse mit einer Schale, die wie Opale schimmert, im Wasserfilm umherwuseln. Ich versuche, mich selbst daran zu erinnern, dass das Leben aus einer bemessenen Zahl von Tagen besteht, die wie Perlen auf eine Schnur aufgezogen wurden.»

«Ja, daraus besteht das Leben. Aus Tagen.»

Maries Notizbuch, 1960

Der Tod verfolgt mich.
Milthers ist am 2. März gestorben. Jetzt ist auch meine
Mutter tot. Als Milthers von uns ging, habe ich geweint,
aber meine Mutter kann ich nicht beweinen. Sie hatte
ein kompliziertes Wesen und ein schwieriges Leben.
Liebe gab sie uns nicht, aber Stärke. Sie war stark, und
sie brachte uns Mädchen bei, dass wir uns den gesell-
schaftlichen Normen zum Trotz durch harte Arbeit
selbst versorgen können. Und aus jeder von uns ist
etwas geworden.

Mich schmerzte es, Aase bei der Beerdigung zu sehen.
Aber Bitten stellte sich zwischen uns, damit wir nicht
aneinandergerieten. Man hätte glauben können, dass
wir uns äußerlich voneinander entfernt hätten, aber
seltsamerweise war das Gegenteil der Fall. Ich bekam
einen Schock, als ich sie sah. Wir trugen genau die
gleichen Farben, es war, als würde ich in den Spiegel
blicken. So merkwürdig.

Wir beerdigten unsere Mutter und gingen anschlie-
ßend wieder getrennter Wege, ohne ein Wort mit-
einander gewechselt zu haben.

«Strødam stürzt bald zusammen, und der Staat kann sich die Renovierung nicht leisten, deshalb muss es verkauft werden», sagt Ole.

«Ich ziehe nicht wieder nach Virum», erwidert Marie.

«Aber was sollen wir mit einem riesigen Palast, wenn wir nur zu zweit sind?»

«Dann müssen wir uns ein anderes Zuhause suchen. Ich möchte in der Natur leben.»

Als der Umzugswagen zwei Monate später ankommt, ist es, als säße jemand auf ihrem Brustkorb. Ich kann diesen Ort nicht verlassen, denkt sie. Ihr Körper schmerzt, er wehrt sich, ihr Herz zerbricht. Sie sitzen schweigend nebeneinander, als Ole vor ihrem neuen Zuhause in Roland bei Fredensborg vorfährt. Ein kleiner Bauernhof auf einem Naturgrundstück, das überwiegend mit Gras bewachsen ist. Es hat Potenzial, wie der Makler sagte, und liegt hübsch von Feldern umgeben in einer welligen Landschaft.

«In Strødam sind wir mitten ins Paradies eingezogen, hier müssen wir es uns selbst schaffen, das hat auch etwas Faszinierendes», sagt Marie.

Sie stehen auf dem Hofplatz, die Möbel sind schon gekommen. Ihre beiden Einzelbetten, die vorher in unterschiedlichen Ecken standen, werden jetzt hintereinander aufgereiht.

«Das passt am besten zu dem länglichen Raum», sagt Marie. «Wir können Fuß an Fuß liegen. Dann kann der eine in Ruhe lesen, ohne dass das Licht den anderen blendet.»

Ole hat einen Bauern von einem benachbarten Hof angeheuert, um einen 200 m² großen See in einer sumpfigen Niederung unterhalb des Hauses auszuheben. Nach und nach wird sich der See mit Fischen, Fröschen, Salamandern und Schwimmkäfern füllen, und Ringelnattern, Libellen und andere Insekten werden sich ansiedeln. Der See ist Teil ihres Plans, einen großen Garten mit einer üppigen Vegetation anzulegen.

«Der Garten soll sich wie ein wildes Naturgebiet entwickeln, mit den besten Lebensbedingungen für Bienen, Insekten, Schmetterlinge, Igel, kleine Vögel, Spechte, Kuckucke, Eulen und Fasanen», sagt Marie.

Ole ist vollkommen ihrer Meinung.

Während die Arbeit am See voranschreitet, fangen sie an, einen Wald mit mehreren Tausend Bäumen zu pflanzen und den großen Garten mit Beeten und Blumen anzulegen. Marie hat eine ausführliche Skizze angelegt und alles in Etappen geplant, und Bitten hat ihnen dabei geholfen, die Pflanzen so zu wählen, dass vom Frühjahr bis zum Herbst immer etwas blüht.

«Wenn wir von Anfang an alles richtig anlegen, wird das Paradies von selbst gedeihen», sagt Marie.

Maries Notizbuch, 1961

Meine Arbeit mit den Tieren aus Südamerika hat mich nicht viel klüger gemacht. Ich habe drei Artikel in der Zeitschrift Biologiske Skrifter publiziert, die von der Königlichen Wissenschaftsgesellschaft herausgegeben wird. Meine Schlussfolgerung bleibt dieselbe wie nach der ersten Südamerika-Expedition. Obwohl ich 350 neue Arten gefunden habe, gibt es unter den südamerikanischen und den arktischen Moosmilben nach wie vor nur 11 verwandte Arten.

Einige höchst eigentümliche Arten von den Juan-Fernández-Inseln an der Ostküste Chiles haben mich auf den Gedanken gebracht, dass sie, wenn sie nicht mit Arten von der nördlichen Halbkugel verwandt sind, mit jenen auf der südlichen verwandt sein müssen. Und wenn das stimmt – gibt es diese Arten dann auf der anderen Seite des Pazifischen Ozeans in denselben Breitengraden, an Orten mit einer Mikrofauna, die der Südamerikas gleicht?

1962

«Hallo, mit wem spreche ich?»

«Professor Brandt Rehberg. Sie haben sich um eine Förderung beworben, damit Sie die Moosmilbenfauna in Südamerika und Neuseeland miteinander vergleichen können?»

«Ja, das stimmt.»

«Warum, meinen Sie, sollte eine dänische Wissenschaftlerin mit dänischen Mitteln Moosmilben erforschen, die sich auf der anderen Seite der Erde befinden?»

«Weil ich die einzige Wissenschaftlerin auf der Welt bin, die auf der nördlichen Halbkugel und in ganz Südamerika Moosmilben gesammelt hat. Meine Forschung nimmt ihren Ausgangspunkt in Dänemark, weil ich Dänin bin, aber sie ist nicht nur eine heimische Angelegenheit, sondern auch eine internationale und umfasst mehrere Kontinente. Wenn die dänische Forschung keine globale Perspektive hat, können wir auch nicht behaupten, wir würden uns weiterentwickeln.»

«Aber ist es wirklich notwendig, dass Sie selbst in der ganzen Region umherreisen?»

«Wenn ich eine seriöse Untersuchung vornehmen soll, setzt das voraus, dass ich mich auch in der betreffenden Region aufhalte und vor Ort eine Sammlung durchführen kann, das kann ich ja nicht vom heimischen Schreibtisch aus erledigen.»

Zwei Wochen nach dem Telefonat ruft Brandt Rehberg erneut an. «Herzlichen Glückwunsch, Sie bekommen ein Stipendium, obwohl die jüngeren Mitglieder im Vorstand der Meinung waren, Sie hätten schon genug bekommen», sagt er.

«Dann ist es ja gut, dass nicht die Jungen bestimmen», antwortet Marie.

«Wir haben Ihnen trotzdem eine Förderung bewilligt, weil wir reichlich Resultate gesehen haben für die Gelder, die wir Ihnen früher zugesprochen haben.»

«Ich bin sehr dankbar für die Anerkennung. Bitte geben Sie das an die Jury weiter.»

Maries Notizbuch, 1962

Ich habe ein Zimmer und einen Arbeitsplatz im Bishop Museum in Honolulu, Hawaii, bekommen. In den kommenden fünf Wochen werde ich die hiesige Samm-lung der heimischen Moosmilben studieren.

Heute habe ich einen Vortrag über mein weltweites Projekt gehalten.

Der Museumsdirektor, ein kleiner, untersetzter Mann mit breiten Oberarmen, geht nachts zwischen drei großen Projektoren hin und her und fängt Insekten. Sie kommen aus allen Richtungen, fliegen direkt auf die Projektoren zu und setzen sich auf die Gläser. Die unheilvolle Anziehungskraft des Lichts lockt so viele kleine Wesen in den Tod. Zwanzig Zentimeter lange Gespenstschrecken und Schmetterlinge, groß wie ein aufgeschlagenes Buch, kleben in dicken Schichten übereinander, als würden sie versuchen, die Licht-lücken im dunklen Gewand der Nacht zu schließen. Ich folge dem Direktor auf den Fersen und gewöhne mich schnell daran, die Tiere abzustreifen.

Gestern setzte sich ein riesiger Schmetterling auf meinen Rücken. «Es sieht aus, als hätten Sie Flügel», bemerkte der Direktor.

Ich habe Ausflüge auf die Nachbarinseln gemacht. Der Kīlauea-Vulkan raucht nach seinem letzten Ausbruch noch immer. Die üppige Vegetation und Wildnis von Kauai steht in einem jähen Kontrast zu Fidschi. Dort

sammelte ich Material auf den trockenen, grasbe-
wachsenen kleinen Bergen, und an der Südküste habe
ich endlich ein Korallenriff gesehen. Ich konnte es
nicht fassen, ich glaubte, ich stünde mitten in einer
Fantasielandschaft, aber sie war wirklich. Einige
der schönsten Riffe der Erde breiteten sich direkt vor
meinen Augen aus. Ich stand in Rock und Gummi-
stiefeln im Wasser und sah Schwärme von gestreiften
und gepunkteten Fischen in originellen Formen und
Farben im kristallklaren Wasser zwischen meinen
Beinen umherschwimmen, als sich eine Lederschild-
kröte näherte. Sie paddelte direkt auf mich zu; mein
Kindheitstraum, einmal Akupara begegnen zu dürfen,
die nach der hinduistischen Mythologie die Welt auf
ihrem Rücken trägt und das Gleichgewicht zwischen
Erde und Meer aufrechterhält.

1962

Neuseeland

Briefe, 1962

An
Dr. O. Hammer, Roland, Fredensborg, Denmark, Europe

Von
M. Hammer c / o E. Stagaard, Kerikeri, Bay of Islands,
New Zealand

4. 11.
Ihr Lieben, wie ich mich darauf freue, bei meiner
Ankunft in Kerikeri einen Brief von euch zu bekommen.
Jetzt sitze ich in einer erbärmlichen kleinen Kammer
und kann mich kaum umdrehen.

5. 11.
Ich habe Fidschi am frühen Sonntagmorgen mit dem
Flieger verlassen und bin nach 4 ½ Stunden in der Luft
in Neuseeland gelandet. Dort wurde ich von meinen
privaten Mäzenen Ellis und Barbara Stagaard abgeholt,
die mir versprochen haben, während meines Aufent-
haltes für mich zu sorgen. Ich wohne umsonst hier, was
sehr großzügig ist, sonst würde es mich mindestens
50–60 Kronen am Tag kosten, und sie verlangen nichts
im Gegenzug. Ellis Stagaard ist ein großer, herzlicher

Mann, der in einer Metzgerei arbeitet und von sieben
Uhr morgens bis sechs Uhr abends weg ist. Ich kenne
die Stagaardfamilie aus Nordseeland, weil Oberst Jens
Stagaard, Ellis' Vater, der Schlossverwalter in Kronborg
und ein Freund meiner Familie war. Stagaards Frau
Barbara ist gerade 35 Jahre alt geworden, sie ist unge-
heuer liebenswürdig, gastfreundlich und unkompliziert.

6. 11.
Heute schüttet es. Ich war beim Friseur und habe
zwanzig Aerogramme gekauft, die jetzt zum Trocknen
auf meinem Bett liegen. Anschließend bin ich zum War
Memorial Museum gegangen, um Dr. Cooper zu treffen,
mit dem ich korrespondiert habe. Er gab mir einen Liter
Alkohol, in dem ich meine Tiere konservieren kann und
mit dem ich jetzt einige Zeit auskommen werde. Ich
mache mir ein wenig Sorgen wegen meiner hohen Aus-
gaben in den letzten Tagen, ich muss sehen, wie es wird,
wenn ich aus den Städten herauskomme.

Dieser Teil von Neuseeland ist herrlich, grasbewachsene
wellige Hügel mit verstreuten Noah-Bäumen und
Büschen und von Tausenden Schafen gezierte Hänge.
Das Klima ist subtropisch und exotisch für uns Dänen,
hier wachsen Apfelsinen und Grapefruits, die man direkt
von den Bäumen pflücken kann!

Heute bin ich zu einem kleinen Fluss auf dem zwanzig
Acre großen Grundstück spaziert, habe mich durch eine
dichte Vegetation aus Farnen, Bambus, Lianen, dickem
Brombeergestrüpp und vielen verschiedenen Bäumen
gekämpft. Zum Glück war Ellis Stagaard heute schon

um halb vier dort unterwegs, um einen Pfad für mich zu
bahnen. Man landet in einer unbekannten Welt, wenn
man endlich die vier Meter hohe Böschung hinabgelangt,
die zum Fluss führt, und in einer mit einem saftigen
Moosteppich und niedrigen, kitzelnden Farnen bewach-
senen Schlucht steht. Ich habe Proben genommen.

Am Nachmittag sind Barbara Stagaard und ich zum
Strand bei der Bay of Island gefahren, wo die Maori den
Pakt mit England unterschrieben.

Das Meer ist so tief und klar.

Heute Nacht konnte ich nur schwer einschlafen. Es war
hundskalt, ich zitterte, meine Gedanken kreisten um
alles Furchtbare, was passiert sein könnte, weil in letzter
Zeit kein Brief von euch an mich kam.

7. 11.
Immer noch kein Brief von euch.

8. 11.
Die beiden Kinder der Stagaards haben heute Morgen
einen solchen Lärm veranstaltet, dass Barbara krank ins
Bett gegangen ist. Ellis badete sie und kochte etwas, und
wir plauderten ein paar Stunden. Es gibt nichts, was sie
nicht für mich tun würden. Er hat einen Freund ange-
rufen, damit ich unterschiedliche Obstsorten probieren
kann, die ich noch nicht kenne, er hat Spargel und Erd-
beeren für mich gekauft, und jetzt will er mit mir zum
Strand fahren, um Austern zu sammeln. Ellis spricht von
seinen Eltern und Schwestern, als wären sie die liebens-

wertesten Wesen aller Zeiten, und ich glaube, das sind
sie auch. In dieser Familie liebt man einander sehr innig.
Das berührt mich, und ich habe das Gefühl, mir selbst
hat eine solche Nähe gefehlt.

Jetzt hoffe ich aus ganzem Herzen, dass alles in Ordnung
ist.
Ohne euch könnte ich nicht leben.

Herzliche Grüße
Marie

An
Dr. O. Hammer, Roland, Fredensborg, Denmark, Europe

Von
M. Hammer c/o E. Stagaard, Kerikeri, Bay of Islands,
New Zealand

9. 11.
Liebe alle, vielen Dank für euren Brief, der gestern
ankam. Mir hat niemand erzählt, dass euer Vater gar
nicht zu Hause ist, aber jetzt, da ich weiß, dass er bald
wieder zurückkehrt, kann ich erleichtert aufatmen.
Inga, könntest du, mein liebes kleines Mädchen, denn
nicht während deiner zwei- bis dreistündigen Zugfahrt
lesen? Diese Zeit darf nicht vergeudet werden, nutze jede
Minute, die du hast, das Leben ist so kurz.

Ich freue mich darauf, nach Hause zu kommen und
wieder im Haushalt zu arbeiten, und gleichzeitig bin ich

traurig, weil es dort nicht mehr so nett sein wird, wenn ihr bald alle aus dem Haus seid. Aber jetzt habe ich ja einen Führerschein und werde euch besuchen.

Die Stagaards sind wirklich außergewöhnlich nett. Gestern bin ich mit Barbara und den Jungen in einen Nationalpark im Urwald gefahren. Ich habe die großen, tausend Jahre alten Kauri-Bäume gesehen, deren Stämme einen Durchmesser von bis zu zwei Metern haben. Außerdem gibt es hohe Silbereichen und seltsame fremde Bäume, die mit Lianen bewachsen sind. Der Boden ist von einem Moosteppich bedeckt, der so hoch wächst, dass es aussieht wie kleine Grashügel. Dies ist mit Abstand der schönste Wald, den ich je gesehen habe. Ich habe eine Menge Moosmilben gefunden und bin sehr zufrieden.

12. 11.
Barbara, die so schrecklich nett ist, hat mir ein Tapa-Tuch aus Tonga geschenkt, das sie eigentlich verkaufen wollte und für das sie viel Geld hätte bekommen können, darüber hatten wir vorher einmal gesprochen. Kannst du, Ole, vielleicht ein paar gute skandinavische Autoren in englischer Übersetzung finden, Hamsun zum Bei-spiel? Denn Barbara interessiert sich sehr für Kunst und Literatur und sagt, die skandinavische Literatur würde nie bis hierher gelangen. Sie hat einiges von Karen Blixen gelesen.

Das Leben mit den Gästen, die kommen und gehen, ist hektisch, es bleibt nicht viel Zeit, um sich auszuruhen. Barbara hat gesagt, ich könne Weihnachten bei ihren

Eltern in Nelson verbringen. Ihre Großzügigkeit kennt wirklich keine Grenzen.

Du liebe Güte, kleiner Peder, vermisst du mich? Ich vermisse euch alle ja auch sehr und würde am liebsten direkt nach Hause kommen. Grüßt all die netten Menschen zurück, die mir auch Grüße haben ausrichten lassen.
Ich soll auch von den Stagaards grüßen und sagen, sie würden mich gern für immer hierbehalten, deshalb habe ich jetzt eingewilligt, noch eine Woche zu bleiben.

Herzliche Grüße an euch alle,
Marie

An
Dr. O. Hammer, Roland, Fredensborg, Denmark, Europe

Von
M. Hammer c/o E. Stagaard, Kerikeri, Bay of Islands, New Zealand

14. 11.
Meine lieben Großen und Kleinen, Ole schreibt, jetzt sei ich schon so lange weg, dass es sich gar nicht mehr lohnen würde zu schreiben.

Ihr müsst wissen, dass es das schönste Erlebnis meiner gesamten Reise war, mit euch zu telefonieren, aber ich war so enttäuscht, Ole nicht mehr hören zu können. Dabei hatte ich sogar fünf Minuten bekommen, obwohl *ich nur für drei bezahlen musste, wie mir die Telefonistin erklärte.*

Habt ihr Karens Geburtstag gefeiert? Hier waren wir alle krank und mussten uns übergeben. Es war die Spargelsuppe. Ich blieb den ganzen Montag im Bett. Ich habe zwanzig neue Proben vorbereitet, also war die Reise trotzdem keine Zeitverschwendung. Ansonsten passiert nicht viel. Während ich warte, helfe ich im Haushalt, wasche dreimal am Tag ab, wische die Böden, räume auf, gebe den Kindern etwas zu essen usw., und natürlich unterhalte ich mich mit Barbara, die nicht nur sehr hübsch, sondern auch überaus intelligent ist. Sie redet mit mir über die Wiedergeburt, an die sie fest glaubt. Sie sagt, wir beide hätten ein gemeinsames früheres Leben gehabt! Darüber könnte ich jetzt viel erzählen, aber damit warte ich lieber noch.

Ich dachte, Neuseeland sei ein modernes Land wie die USA, aber in Wahrheit liegt es in vielerlei Hinsicht hundert Jahre zurück. Auckland erinnert an eine Stadt aus dem vorigen Jahrhundert. Das Reisen in diesem Land ist kompliziert, und ich muss die restliche Reise selbst von hier aus planen. Busfahrkarten müssen im Voraus bestellt werden, die Hotels scheinen aufgrund der Ferienzeit ausgebucht zu sein. Ich hoffe, ich bekomme keine allzu großen Schwierigkeiten.

Ole, leider kann ich dich nicht am 1. März in Bombay treffen. Es ist besser, wir treffen uns stattdessen in Bangkok, damit wir zusammen ein Visum für Kambodscha bekommen. Wahrscheinlich hast du im Winter mehr

Zeit als ich, um dich in die Kultur Indochinas einzulesen, falls nicht, werde ich die Reise trotzdem genießen können.

Peder, du musst mir mal wieder schreiben und von deinem Mofa, deiner Abendschule und deinen Tageskursen erzählen. Ich kann dir gar nicht in Gedanken folgen, wenn ich nicht weiß, was du machst.

Gitte, du darfst mir auch ab und zu ein paar nette Worte schicken.

Inga, du schreibst ja von selbst, was mich sehr glücklich macht.

Karen hat auch versprochen, mir wieder zu schreiben, darauf freue ich mich.

Ich erwarte nichts von euch, aber ihr macht mir eine Freude damit.

Vermutlich wird das meine letzte lange Reise. Ich finde, es wird allmählich beschwerlich.
Ich bin immer bei euch.

Herzliche Grüße,
Marie

PS: Also sehen wir uns am 1. 3. in Bangkok. Viele Leute sagen, Bangkok sei interessanter als Indien, sauberer, und ohne die vielen toten Menschen auf der Straße.

An

Dr. O. Hammer, Roland, Fredensborg, Denmark, Europe

Von

*M. Hammer c / o Director Richardson, Forest Research
Institute, Roturoa, N. Z.*

20. 11.

*Liebe alle, jetzt bin ich in Roturoa, dem Hauptsitz der
Maori mit ein paar alten und einigen neueren Häusern
sowie einem «Dorf», das als eine Art Freiluftmuseum
dient. Die Gegend ist berühmt, weil es hier warme
Quellen gibt und man direkt ins Erdinnere blicken kann.
Es riecht überall nach Schwefel.*

*Gestern habe ich Proben zum Trocknen aufgestellt und
wurde herumgeführt. Überall gibt es große blubbernde
Schlammlöcher und dampfende Risse in der Erde. Zwei
Geysire blasen wie zwei große Erdwale heißen Dampf in
die Luft. Aber es ist bei Weitem nicht so beeindruckend,
wie ich es mir vorgestellt hatte.*

*Liebe Inga, du glaubst nicht, wie froh ich bin, dass du zu
Hause bist und dich um den Rest unserer kleinen Familie
kümmerst. Vielen Dank dafür, mein Schatz, auch dafür,
dass du für Ole und Peder sorgst, unser Zuhause warm
und sauber hältst und kochst. Es tut mir wirklich leid,
dass ich selbst nicht da sein kann, aber zum Glück kommen Peder und du ja gut miteinander aus. Glaubst du,
du könntest auf ihn aufpassen, wenn Ole nach Bangkok
und Indien reist? Es würde mich so beruhigen, wenn du
zu Hause bist. Du kannst deinen Mogens doch bestimmt*

eine Weile entbehren, wenn du nach Weihnachten für einige Zeit nach Fünen reist? Ich würde dich auch dafür bezahlen. Ansonsten muss Gitte in dieser Zeit zu Hause bleiben.

Liebe Gitte, ob du wohl an den Wochenenden nach Hause fährst? Ich hasse den Gedanken, dass meine Didda nicht mehr da ist. Wenn ich an unsere Südamerikareise zurückdenke, finde ich, es gab so viele schöne Momente, zu Hause natürlich auch, aber in Südamerika hatten wir so viel Gesprächsstoff und so viel Zeit, was zu Hause nicht immer so ist. Es war so gemütlich, wenn du in mein Bett gekrabbelt bist, um dir die Zehen zu wärmen, oder weil du dich vor den Ratten gefürchtet hast. Und was Ingas Worte betrifft, dass du uns nichts anvertrauen könntest, glaube ich, da liegst du falsch, ich finde, in Wirklichkeit bilden wir ein mehr oder weniger harmonisches Ganzes. Wenn die Familie über die ganze Welt verstreut lebt, so wie die Stagaards, fällt es ja auch leichter, einander zu lieben.

Ich hoffe, dass ich Peder eines Tages auch einmal mitnehmen kann. Warum schreibst du mir nicht, mein Schatz?

Ole, falls du doch nicht nach Bangkok kommst – ich hoffe aber immer noch inständig, dass es klappt –, überspringe ich Hongkong, von den Philippinen nach Bangkok ist es kein großer Umweg.

Ole, ich empfehle dir, Folgendes für die Reise einzupacken: eine Zahnbürste, einen Kamm und einen Wasch-

lappen. Außerdem einen Schlafanzug, drei Sets Unterwäsche, ordentliche Reisekleidung, einen Regenmantel,
zwei Hemden, die man lufttrocknen kann, und einen
Pullover für die Heimreise, eine Hose für schmutzige
Züge und Busse, Strümpfe, die nicht gestopft werden
müssen und die man leicht waschen kann, am besten
nicht aus Wolle, die müffeln schnell. Und für mich den
blauen Glockenrock und ein paar Filme für die Kameras.
Den Rest habe ich dabei.

2. 1.
Ich habe einen netten Brief vom Bishop Museum in Neuguinea erhalten – sie schreiben, dass sie sich auf meinen
Besuch freuen – und von Szent-Ivany, meinem künftigen
Gastgeber in Papua-Neuguinea. Er fragt besorgt, ob ich
schon die spezielle Einreisegenehmigung für das Land
hätte. Wie hilfsbereit sie doch alle sind.

Das ist mein letzter Brief aus Neuseeland. Morgen reise
ich nach Sydney weiter und schon am Abend nach Port
Moresby.

Ich hoffe, ihr haltet schön zusammen und helft einander.

Ich habe auf meiner Reise so viele Menschen getroffen
und so vieles gehört und bin zu dem Schluss gekommen,
dass das Leben für die meisten Menschen eine große
Tragödie ist.

Viele Grüße an euch alle,
Marie

1962–1963
Hawaii, Fidschi, Hongkong, Neuguinea

Maries Notizbuch, 1963

Ich sitze im Flugzeug nach Neuguinea und bin so gespannt darauf, was mich erwartet. Mir wurden ein Glas Orangensaft und anschließend ein lang ersehntes Mittagessen serviert. Ich bin wahnsinnig hungrig, weil ich seit gestern nichts mehr gegessen habe. Das Essen besteht aus einem großen roten Steak, das verdorben riecht, ich nehme nur einen Bissen und lasse den Rest liegen. Ich bekomme nur ein gekochtes Ei auf einem feuchten Stück Toastbrot, zwei faulige Tomaten und eine halbe Grapefruit mit trockenem Fruchtfleisch herunter, und ein zähes Brötchen, das sich nur mit Mühe auseinanderreißen lässt, dazu eine Tasse lauwarmen Tee.

1963

Jetzt sinkt das Flugzeug. Eine rote Sonne bringt langsam kleine, weiche grüne Inseln und grasbewachsene Berge zum Vorschein. Die feuchte Wärme schlägt Marie wie ein großer Flügel ins Gesicht, als sie aus dem kleinen Propellerflugzeug aussteigt. Als sie die Wartenden sieht, hat sie keinen Zweifel, wer Dr. Jozsef Szent-Ivany ist. Seine braunen Augen, die von einem dunklen, dicken Brillengestell umrahmt werden, verfolgen ihre Ankunft so konzentriert, als wäre sie eine unbekannte Schmetterlingsart, die man nicht aus den Augen lassen darf. Jozsef Szent-Ivany und seine Frau sind genau gleich groß, aber während er viel Fleisch auf den Rippen hat, ist sie eher knochig. Sie trägt einen cremefarbenen Hut, der einen Schatten auf ihr Gesicht wirft.

Sie streckt Marie einen blütenweißen Handschuh entgegen. Um sie herum staubt die Erde, und die Palmen am Rande der Landebahn wogen.

Marie drückt den Handschuh, aber es fühlt sich an, als wäre er leer, so schlaff ist der Händedruck.

«Verzeihen Sie, es ist nicht so, dass ich nichts zu sagen hätte, aber mein Englisch ist sehr schlecht», sagt Frau Szent-Ivany.

«Setzen Sie sich hinein, der Chauffeur nimmt Ihre Koffer. Möchten Sie noch etwas von der Stadt sehen, ehe wir Sie am Hotel absetzen?», fragt Jozsef Szent-Ivany.

Seine Frau sitzt wie eine Statue auf dem Rücksitz neben Marie. Als Jozsef Szent-Ivany seinen schweren Körper auf den Beifahrersitz hievt, schaukelt das Auto wie ein Schiff. Sie fahren an einigen Frauen vorbei, die lediglich mit Grasröcken und Blumen bekleidet sind, breite, tätowierte Streifen gehen strahlenförmig von der Mitte ihres Gesichts aus und verlaufen weiter über die nackten Brüste und Bäuche. «Hier wohnen 5000 Weiße und 7000 Eingeborene», erklärt er. Die Stadt besteht lediglich aus einer Hauptstraße mit einzelnen verstreuten Häusern. In diesen wenigen Häusern können unmöglich so viele Menschen wohnen, denkt Marie. Ob sich die restliche Bevölkerung in den Büschen versteckt? Das Auto passiert einen niedrigen Bergkamm, und die Landschaft breitet sich vor ihnen aus, sie blickt über die Bucht, in der kleine grüne Inseln treiben wie Seerosenblätter. Hier und da ragen schwarze Klippen auf. Aus der Nähe betrachtet verwandeln sie sich in Schiffswracks.

Die Devon Lodge ist eine kleine schmuddelige Herberge.

«Wir haben nur noch ein freies Zimmer», sagt der Besitzer. «Sie müssen nur einen symbolischen Betrag dafür zahlen, denn es ist im Prinzip besetzt.»

«Besetzt?»

«Ja, aber es steht leer. Vor ein paar Monaten habe ich es an einen Amerikaner vermietet. Er hat für ein ganzes Jahr im Voraus gezahlt. Er sagte, er wolle länger hier bleiben, weil er eine Expedition in den Dschungel plane, um noch einmal den Asmat-Stamm zu besuchen, zu dem er vor dreißig Jahren als einziger Außenstehender Kontakt hatte. Aber zwei Wochen nach seiner Ankunft verschwand er spurlos.»

«Wie dramatisch! Aber warum räumen Sie dann nicht das Zimmer aus und schicken seiner Familie die Sachen?»

«Die Familie hofft, dass er eines Tages wieder auftaucht. Sein Vater war kurz nach seinem Verschwinden hier und bat mich inständig, alles so zu belassen. Er legte sogar eine zusätzliche Summe auf den Tisch.»

«Glauben Sie, dass er wieder auftaucht?»

«Die Wahrscheinlichkeit geht gegen null. Sein Begleiter und er gerieten in eine starke Strömung, die ihr Doppelkanu vom Fluss aufs offene Meer hinaustrieb. Er glaubte, er könne an Land schwimmen, band sich ein paar leere Dosen um, damit er Auftrieb erhielt, und sprang ins Wasser. Seine Leiche wurde nie gefunden, weshalb er theoretisch ans Ufer gelangt sein könnte, und sollte er tatsächlich wieder auftauchen, würde es auch keinen guten Eindruck machen, wenn ich sein Zimmer geräumt hätte.»

«Er könnte von Krokodilen gefressen worden sein», sagt Marie.

«Einige vermuten auch, es wären die Kannibalen gewesen», sagt Szent-Ivany.

In der ersten Nacht wacht Marie mehrmals auf, es ist heiß und triefend feucht im Zimmer, und sie glaubt ständig zu hören, dass jemand die Türklinke herunterdrückt. Schließlich steht sie auf, knipst das Licht an und öffnet den Schrank. Der Hotelier hat zwei Fächer für sie freigeräumt und einige Bügel für Blusen. Sie beginnt, ihre restlichen Sachen auszupacken. Seltsam, dass der vorige Gast mit so vielen feinen Hemden auf eine Expedition gegangen ist, denkt sie. Sie streicht mit der Handfläche über die weißen Hemden. Steif und zugleich weich. An der Qualität besteht kein Zweifel. Ihre Finger blättern weiter durch Hosen, Strümpfe, Schuhe. Ein gewöhnlicher Anthropologe besitzt keine solche Garderobe. Es riecht nach Geld. Sie entdeckt den Koffer, der unter dem Bett liegt. Ordentlich verschlossen liegt er dort und wartet darauf, dass sie ihn öffnet. Nein, sagt sie sich dann, das wäre eine zu große Grenzüberschreitung.

Tags darauf holt Jozsef Szent-Ivany sie nach dem Frühstück ab. Sie fahren aus der Stadt heraus und am Strand entlang, an einigen Booten vorbei, die nah an der Küste schaukeln. Sie sind gebaut wie zwei lange, schmale Kanus, zwischen denen ein Deck mit einem Haus liegt. Ob der verschwundene Mann wohl in einem solchen Boot den Fluss entlanggesegelt ist?, überlegt sie.

Szent-Ivany spricht vom Lebenszyklus der Schmetterlinge, die vollkommene Verwandlung fasziniere ihn, sagt er. «Eier, Larve, Puppe, Imago. Wie andere Insekten auch hat der Schmetterling zusammengesetzte Augen, den scheuen unter ihnen kann man sich wegen ihres mehrdimensionalen Blicks unmöglich nähern.»

Die Wörter strömen nur so aus ihm heraus.

«Gibt es hier wirklich noch Kannibalen?», fragt Marie.

«Wir haben viele primitive Stämme, die isoliert im Urwald leben. Einige ernähren sich auch von Menschenfleisch. Aber sie essen niemanden, der zufällig bei ihnen vorbeispaziert, sondern nur Menschen, die auf andere Weise gestorben sind. Macht Ihnen das Angst?»

«Nein, eigentlich nicht. Bis ins 19. Jahrhundert hinein hat man in Europa ja auch versucht, Krankheiten mit Präparaten von verstorbenen Menschen zu heilen. Der dänische König Christian IV. hat beispielsweise ein Pulver eingenommen, das aus zermahlenen Schädeln von Kriminellen hergestellt war, um seine Epilepsie zu heilen.»

«Hier hat das eher spirituelle Gründe. Die Gimi-Frauen

aus dem Hochland essen ihre verstorbenen Männer, um sie nicht verwesen zu lassen. Sie erweisen ihnen die letzte Ehre, indem sie sie essen, denn wenn man seine Verwandten beerdigt, hindert man den Geist der Verstorbenen daran weiterzuleben.»

«Wie das wohl schmeckt?»

«Menschenfleisch?»

«Ja.»

«Wie Schweinefleisch, habe ich gehört.»

Das Dorf, in das sie kommen, besteht aus einer dichten Ansammlung von Holzhütten auf hohen Pfählen mit Wellblechdächern. Es wimmelt von Hunden und Kindern, alles ist chaotisch und schmutzig, und es stinkt nach Exkrementen. Marie hat das Auto kaum verlassen, als eine heftige Übelkeit sie überkommt. Das Blut sackt aus dem Kopf, sie muss sich übergeben.

«Gibt es hier eine Toilette?», fragt sie.

«Der Chauffeur wird Ihnen den Weg zeigen.»

Marie folgt dem Chauffeur hinter eine Hütte und findet ein stinkendes, von ein paar großen Blättern bedecktes Loch in der Erde. Die Übelkeit erfasst sie in Wellen, es muss der winzige Bissen fauligen Fleisches im Flugzeug gewesen sein, mehr brauchte es nicht, denkt sie.

«Ich habe mir den Magen verdorben», sagt sie, als sie leichenblass und verschwitzt wieder zum Auto zurückkehrt.

«Wir fahren Sie zurück zum Hotel», sagt Jozsef Szent-Ivany.

«Danke», sagt Marie. «Bitte entschuldigen Sie die Umstände.»

Szent-Ivanys Frau nickt. Ihr neutraler Gesichtsausdruck liegt glatt wie eine frisch gebügelte Tischdecke auf ihrem Statuenantlitz, weiß und nichtssagend. Marie konzentriert sich auf die kühle, reine Haut der Frau, die ihr dabei hilft, die Übelkeit einzudämmen.

Marie sitzt auf der überdachten Terrasse vor dem Hotel nahe der Toilette, zu der sie in einem fort pendelt. Sie trinkt ein Glas Milch, hat jedoch keinen Appetit; sie liest ein wenig und steht auf, um noch ein Glas zu holen. In der Bar sitzt die neunjährige Tochter des Besitzers an einem Tisch und zeichnet. Sie könnte Dänin sein, ihre Haut ist hell, und die Augen sind blau, ihr blondes Haar ist stramm geflochten.

«Wo ist dein Vater?», fragt Marie.

«Gehen Sie bitte, sehen Sie denn nicht, dass ich zu tun habe?», antwortet die Tochter und verscheucht Marie mit einer Handbewegung, als wäre sie ein Insekt. Marie tritt einen Schritt zurück, als hätte ihr das Mädchen eine schallende Ohrfeige verpasst. Sie ist so überrascht, dass ihr die Sprache wegbleibt, sie dreht sich einfach um und geht wieder zurück zu ihrem Tisch. Auf ihren Reisen war das Verhalten der Weißen überall von einer hochmütigen Herrenmenschenmentalität durchtränkt, aber so direkt und noch dazu von einem Kind hat sie es noch nie erlebt. Sie muss an die Familie eines Multimillionärs denken, bei der sie in Washington übernachtet hatte. Die zwölfjährige Tochter hatte eines Tages verkündet, Marie dürfe das schwarze Hausmädchen gerne treten, wenn es einen Fehler mache. Erst war sie perplex gewesen, dann wütend, doch sie hatte es auf sich beruhen lassen, weil sie von der Gnade ihrer Gastgeber abhängig war. Das kann doch nicht wahr sein, denkt sie, egal ob sie noch ein Kind ist oder nicht, sie muss sich anständig benehmen. Sie steht auf und marschiert zurück zur Bar, doch das Mädchen ist weg.

Ein Gewitter zieht heran. Die kleinen sanften grünen Inseln sind vom Regen verschleiert und verschwinden schließlich ganz in den gefährlich aufgepeitschten Wellen. Blitze zucken quer durch die Bäume, die Kokospalmen schaukeln und werfen riesige, fächerförmige Blätter ab. Das Wasser schlägt auf den Wegen Blasen, doch die Ureinwohner laufen unbeirrt durch die Gegend, die Kleidung klebt ihnen nicht am Körper wie eine zweite Haut, weil sie an die Umgebung angepasst ist und das Wüten der Naturgewalten ihr nichts anhaben kann. Die Weißen dagegen flitzen wie verwirrte Mäuse vom Strand weg und kommen vollkommen durchnässt im Hotel an. Um sieben Uhr abends kann Marie sich nicht mehr auf den Beinen halten. Sie geht auf ihr Zimmer und legt sich aufs Bett, deckt sich mit einem feuchten Laken zu und fällt in einen tiefen Schlaf. Draußen singen die Zikaden, Vögel gurren dunkel. Sie wacht um fünf Uhr auf und muss auf die Toilette, schläft bis sieben weiter und muss noch einmal, doch anschließend ist sie fast wieder gesund. Um neun Uhr frühstückt sie, sie ist vorsichtig und begnügt sich mit etwas getoastetem Brot und Tee. Dann zieht sie sich an, packt ihre Ausrüstung zusammen und macht sich bereit für einen Ausflug mit Szent-Ivany und seiner Frau. Sie wirft einen Blick unter das Bett. Der Koffer des vorherigen Gastes ist nicht mehr fest verschlossen. War jemand hier? Hat sich die Putzfrau daran zu schaffen gemacht? Wenn Marie gern herumschnüffeln würde, könnte sie den Deckel ein wenig anheben und einen Blick hineinwerfen. Sie schüttelt den Gedanken ab, verlässt das Zimmer und schließt die Tür hinter sich.

Noch immer hängen schwere dunkle Wolken über den blauen Bergen. Der heftige Regen hat mehrere Erdrutsche verursacht. Marie steigt aus dem Auto und betritt die Gummiplantage. Sie holt ihre Ausrüstung hervor, kratzt vorsichtig ein paar welke Blätter mit den Händen weg und versucht, eine Probe auszustechen, aber die Erde zerfällt zwischen ihren Händen. Nach einigen Versuchen gelingt es ihr. Frau Szent-Ivany sitzt im Auto, ganz die Statue. Wenn Marie sie ansieht, blickt sie nur leer zurück. Dieser weiße Blick, wenn das Auge wie ein glattes Ei ist. So sieht man alles und nichts. Jozsef Szent-Ivany steht neben Marie und beobachtet alles durch seine dicken Brillengläser.

«Möchten Sie noch an anderen Orten Proben sammeln?», fragt er.

«Ja, können wir tiefer in den Regenwald hinein?»

«Selbstverständlich.»

Als die Dunkelheit über den Dschungel hereinbricht, fahren sie zum Haus der Szent-Ivanys, um zu Abend zu essen. Die Klinke der Eingangstür ist aus Wildschweinhauern gefertigt, der breite Flur mit Schemeln dekoriert, deren Beine aus Holz geschnitzte Vögel sind. Von Vögeln getragen, denkt Marie. Die üppige Mahlzeit wird auf Silbertellern serviert.

«Ich habe arrangiert, dass Sie morgen in einem Kanu aus einem ausgehöhlten Baumstamm den Fluss herunterfahren können», sagt Szent-Ivany.

Als Marie wieder im Hotel ankommt, packt sie die Ernte des Tages aus und stellt die Proben zum Trocknen auf. Es ist so warm und feucht, dass der Schweiß von ihrem Kinn tropft und wie dünne Bäche am Oberkörper und den Oberschenkeln herunterrinnt. Erst um zwei Uhr nachts ist sie so weit und kann ins Bett gehen. Ein gewaltiges Gewitter lässt Wasserkaskaden vom Himmel fallen, die sie fast die ganze Nacht wach halten, Wirklichkeit und Traum fließen ineinander, und sie steht aus dem Bett auf und steigt direkt in den ausgehöhlten Baumstamm, der jetzt den Fluss entlangfährt, vorbei an offenen Häusern mit Strohdächern, und da, zwischen Bananenstauden und Betelnusspalmen, läuft ein seltsames schwarzes und dicht behaartes Schwein umher. Sie kommen an Einheimischen vorbei, die im Dschungel Bäume roden. Kurz vor einem rauschenden Wasserfall lenkt der Kanuführer das Boot ans Ufer. Als sie an Land gehen, kommt ein grüner Jeep auf sie zugefahren, und ein weiß gekleideter Mann springt heraus.

«In dieser Gegend trifft man nur äußerst selten andere Menschen», sagt er. «Philip Connor.»

«Und was machen Sie hier?», fragt Marie.

«Ich leite ein Camp direkt da drüben.» Er deutet mit dem Finger in die Richtung.

«Sie arbeiten mit der Abholzung?»

«Ja.»

«Sie rotten Tiere aus?»

«Kommen Sie von einer dieser Organisationen?»

«Nein, ich bin Insektenforscherin.»

«Hier wuchert die Natur so sehr, dass sie alles erobern würde, wenn wir sie nicht daran hindern.»

«Ihrer Meinung nach vollbringen Sie also eine gute Tat?»

«Gewissermaßen schon.»

«Was für eine sonderbare Verdrehung der Tatsachen.»

Er überhört ihren säuerlichen Kommentar. «Hätten Sie Lust auf einen Drink?»

«Ja, gerne.»

Sie stapfen gerade durch hohes Gras, das auf tiefem Morast wächst, als Marie mit ihrem einen Fuß versinkt. Sie zieht ihn mit einem saugenden Geräusch heraus, doch der Schuh bleibt im Boden stecken. Connor fängt sie auf, ihr Körper an seinem, er duftet metallisch und würzig. Ihre Sinne erwachen, und ihr wird schwindelig. Mit Connors Hilfe gelangt der schlammverschmierte Schuh schnell wieder an seinen Platz, braun und schwer.

«Jetzt haben Sie einen Klumpfuß», sagt er lachend.

Marie muss kichern und verliert erneut die Balance. Er greift sie um die Taille und zieht sie an sich. Die Zeit bleibt stehen, setzt wieder ein und bewegt sich langsam voran, bis seine Lippen den ihren ganz nah sind. Sie schließt die Augen. Die weichsten, süßesten Lippen verschmelzen mit ihren.

Als sie die Augen wieder öffnet, steht er zum Glück in höflichem Abstand von ihr entfernt. Sie beißt sich auf die Unterlippe, die wie nach einem Kuss geschwollen ist. Ihr Körper ist ein elender Verräter. Wie kann sie einem Baummörder verfallen? Sie gehen schweigend weiter. Kurz darauf erreichen sie das Camp. Maries Herz klopft so heftig, dass sie all ihre Kraft aufwenden muss, um ihren Körper wieder zu beruhigen. Sie konzentriert sich auf die konkreten Dinge und hält Abstand von Connor. Sie sieht ein grünes Segeltuch, das über einen Tisch gespannt wurde, und ein paar Stühle, einige Holzhäuser ohne Wände und einen kleinen, geschlossenen Schlafverschlag mit Fensterläden. Sie sieht das Glas, sie sieht seine Hände, seine Finger sind lang, stark, schön, nein! So nicht. Sie sieht nur das Glas, ja, sie betrachtet das Glas und den Strahl, als er Ananassaft direkt aus der Dose einschenkt.

«Prost», sagt sie.

«Auf Ihre Schönheit!»

Sie errötet und ist froh, dass das Getränk keinen Alkohol enthält, so kann sie sich gut beherrschen. Sie plaudern höflich, Marie trinkt den süßen gelben Saft, so schnell sie kann, und steht nach einer Viertelstunde wieder auf.

«Vielen Dank», sagt sie. «Der Kanuführer wartet, wir müssen zurück, bevor es dunkel wird.»

«Ja, natürlich.»

Sie weicht seinem Blick aus, der den ihren sucht.

Als sie auf der Rückfahrt im Baumstamm sitzt, spürt sie nur den Abdruck seiner Lippen. Die Erleichterung, dass sie rechtzeitig entkommen ist, breitet sich in ihr aus, und sie ist stolz, standhaft geblieben zu sein. Sie ist verheiratet, das darf sie nicht vergessen, aber sie denkt nur an seinen lieblichen Mund, die verräterische Lust ihres Körpers.

Maries Notizbuch, 1963

1. 2.

*Ich war die ganze Nacht krank. Um eins habe ich eine
Tablette genommen. Um 3 Uhr bin ich wieder aufgestanden, um sechs weitere Tabletten zu nehmen, weil
ich vor Schmerzen nicht schlafen konnte, um 6 Uhr
weitere sechs, dann war das Glas leer.*

*Um zehn wachte ich auf und erlitt einen Schock; mein
ganzer Unterleib und meine Oberschenkel waren von
riesigen lila Quaddeln übersät, in deren Mitte sich
ein kleinerer, dunkler Punkt befand, wie von einem
Milbenangriff. Aber eigentlich fühlte ich mich gesund.*

*Ich ging zur Post, wo kein Brief für mich lag, fühlte
mich müde und kehrte zur Lodge zurück. Jetzt sitze ich
hier und schwitze und lese.*

2. 2.

*Die Quaddeln auf meinem Körper sind größer gewor-
den, sie breiten sich aus, während ich schreibe. Meine
Hände sind von Hitzepickeln übersät. Ich werde fast
panisch, aber eigentlich geht es mir ja ausgezeichnet.
Es juckt im Grunde gar nicht.*

Ich besuche den Markt.

*Ich gehe zwischen den Eingeborenen aus den Nach-
schlagewerken meiner Kindheit umher. Sie sind
nackt bis auf einen Lendenschurz und ein Büschel
grüner Blätter, die den Spalt zwischen ihren Pobacken*

bedecken. Die Frauen tragen Schmuck aus Muscheln,
schmale Bänder zieren ihre Arme und Lenden. Um
den Hals tragen sie mehrere Perlenketten übereinander,
und ihre Köpfe sind mit kunstvollen Perücken aus
Stroh, Paradiesvogelfedern, Perlen, Muscheln oder
Schneckenhäusern, Farnen, Flechten und Blumen
bedeckt. Auf dem darunterliegenden Haar sitzt etwas,
das an altmodische Badekappen aus Gummi erin-
nert. Die meisten von ihnen sind im Gesicht und auf
Brust und Armen tätowiert. Keiner trägt Schuhe. Vor
meinem inneren Auge taucht Aase auf, ich sehe sie dort
in der Bibliothek stehen, mit einem lebenden Paradies-
vogel auf dem Kopf, und ein dummer Gedanke fährt in
mich: Ich wünschte, sie wäre jetzt hier.

4. 2.
Die seltsam stechende Sehnsucht nach Aase ist weg.
Die roten Flecken auf meinem Kopf wandern weiter
über meinen Körper, groß wie Fünf-Öre-Stücke.

Wieder habe ich meinen Tag im Hotel vergeudet. Der
Hotelbesitzer und seine Tochter haben mir Gesellschaft
geleistet. Er hat sehr lebendig von den Hexenjagden
erzählt, die hier stattfinden. Letzte Woche wurde ein
sechsjähriges Mädchen am Wegrand außerhalb des
Dorfs gefunden. An Rücken, Po und Oberschenkeln
hatte sie tiefe Wunden. Das Ganze begann angeblich
damit, dass ein Mann im Dorf des Mädchens unter
schrecklichen Magenschmerzen litt und die Diag-
nose kaikai lewak erhielt, «das Herz fressen». Eine
Krankheit, die entsteht, wenn eine Hexe schwarze
Magie anwendet, um heimlich das Herz des Opfers

zu entfernen und aufzuessen, um sich seine Virilität einzuverleiben. Das Mädchen, die Tochter einer Frau, die früher desselben Verbrechens angeklagt worden war, wurde als Hexe identifiziert, eine Gruppe Männer sperrte sie ein, zog sie aus und schnitt tagelang mit glühenden Messern Stücke aus ihrer Haut heraus.

«Wenn das jemand meinen Kindern antäte, würde ich ihn umbringen», entfuhr es mir. Der Hotelbesitzer betrachtete mich distanziert, doch seine kleine, hochmütige Tochter, die kürzlich noch so unverschämt zu mir gewesen war, lächelte.

5. 2.

Ich habe Fieber bekommen. Mein ganzer Unterkörper ist entzündet und rotblau. Ich wurde nach Goroka in die Klinik geflogen. Meine Beine sind geschwollen, und ich bin blaulila von den Milbenbissen, die sich bis zur Lende ausgebreitet haben. Der Arzt ist erschüttert und zeigt mich einem Spezialisten, der noch nie etwas Vergleichbares gesehen hat. «Das können keine Milben gewesen sein», murmelt er immer wieder. «Ich wurde von Trombidiae gebissen, von kleinen roten Milben», wiederhole ich beharrlich. Er verordnet mir Tabletten und eine Salbe. «Es ist wichtig, dass Sie sich ausruhen.»

Also liege ich jetzt hier unter dünnen Laken mitten in den Tropen und friere.

Ich bemitleide mich selbst. Der Koffer liegt immer noch unter dem Bett. Es schadet ja doch keinem, wenn ich einen kleinen Blick hineinwerfe.

7. 2.

Als ich heute Morgen aufwachte, ging es mir besser, aber jetzt habe ich wieder Durchfall. Ein weiterer Tag ist vergangen, an dem ich nur in der Lodge war und geschrieben und gelesen habe. Die Proben sind allmählich ausgetrocknet. Am späten Nachmittag habe ich es nicht mehr im Haus ausgehalten und bin zur Bank und zur Post gegangen. Endlich ein Brief von Ole, dem alten Mistkäfer!

8. 2.

Ich habe den Koffer geöffnet. Er enthielt nichts Überraschendes. Ich wollte ihn gerade wieder schließen, als ich das Tagebuch entdeckte. Michael Rockefeller, stand in einer säuberlichen Handschrift darauf. Das gibt es ja nicht, denke ich. Ich hatte doch von seinem Verschwinden gehört. Warum habe ich nicht eins und eins zusammengezählt? Ich hatte sogar die Nachricht über die Rockefeller-Familie gelesen, die eine umfangreiche Suchaktion in Gang setzte, ohne auch nur eine Spur von Michael Rockefeller zu finden. Ich habe zwischen seinen zurückgelassenen Dingen gelebt und seine Kleidung angefasst. Ich weiß nicht, was ich davon halten soll. Befinde ich mich in Wirklichkeit auch in Lebensgefahr, wenn ich in diesem Land umherreise?

9. 2.

Heute breche ich von hier auf.

Auf dem Flugplatz steht ein Mann, dessen Genitalien in einen Beutel verpackt sind, der von einem schönen Hüftgürtel aus roten Perlen herabhängt. Sein langes,

schmutziges Haar ist zu unzähligen Zöpfen geflochten.
Um acht Uhr startet die Maschine nach Wau, ein kom-
binierter Fracht- und Passagierflug. Auf der rechten
Seite befinden sich richtige Polstersitze für die Weißen,
auf der linken Seite Metallsitze für die Einheimischen.
Obwohl wir nur sieben Weiße sind und sechs Plätze frei
bleiben, dürfen die Einheimischen nicht darauf sitzen.
Das ist ungerecht, was ich auch laut äußere, ohne dass
jemand reagiert.

Ich war in Neuguinea, jenem Ort auf Erden, der mich
als Kind in meinen Fantasien so sehr beschäftigt hat.
Jetzt freue ich mich darauf, in Bangkok meinen kleinen
Knirps wiederzusehen.

1963–1981

Roland, Fredensborg

Marie schiebt das Hähnchen in den Ofen. Es ist das erste Abendessen seit ihrer und Oles Heimkehr, bei dem die ganze Familie versammelt ist. Sie hat sich Mühe mit dem Essen gegeben, zum Dessert hat sie Sahnepudding mit Beeren aus dem Garten gekocht, und bald kommen die Kinder. Inga und Gitte haben schon vorher vorbeigeschaut, aber Karen hat Marie seit einem ganzen Jahr nicht gesehen, sie fand immer irgendwelche Ausflüchte, es scheint fast so, als miede sie den Kontakt. Marie versteht nicht, warum. Peder wohnt nach wie vor zu Hause, bleibt aber am liebsten für sich, und mitunter vergehen Tage, ohne dass sie ihn sieht, er verschwindet auf seinem Mofa, sobald er seine Eltern erblickt, und antwortet nur einsilbig.

«Er muss sich ja abnabeln. Im Tierreich verschwinden die Jungen, ohne sich auch nur ein Mal umzudrehen», sagt sie zu Ole.

Doch es ist trotzdem merkwürdig, denn sie kann sich noch genau sein Gewicht in Erinnerung rufen, als er mit drei Jahren an ihrem Bein hing und nicht mehr loszuwerden war.

Die Gespräche hüpfen am Tisch hin und her wie Flöhe. Die Mädchen freuen sich, einander wiederzusehen, doch obwohl die ständigen Streitereien und Prügeleien aufgehört haben, schwelen die Konflikte noch unter der Oberfläche. Gitte behält Marie immer im Auge und ist die Erste, die sich genauer nach ihrer Reise erkundigt. Die anderen wirken mehr oder weniger desinteressiert.

«Also habt ihr es geschafft, euch in Bangkok zu treffen?», fragt Gitte.

«Ja, nachdem Ole sich endlich dazu aufraffen konnte, ein Ticket zu buchen. Man muss sich ja immer von Neuem aneinander gewöhnen, erst nach etwa einer Woche hatten wir uns wieder zusammengerauft. Währenddessen haben wir bunte Tempel besichtigt und sind auf Elefanten geritten.»

«Nach Thailand waren wir uns aber wieder uneinig», sagt Ole.

«Du wolltest nach Indien und Burma, ich wollte zuerst nach Kambodscha und Nepal.»

«Aber dann fand sich die Lösung von ganz allein. Ein dänischer Diplomat stellte uns dem iranischen Landwirtschaftsminister vor, der mich in den Iran einlud, um die Imkerei in seinem Land zu besichtigen. Unser Kompromiss war, dorthin zu reisen.»

«Wirklich ein schönes Land. Überall auf den Feldern und in den Obstgärten stehen Bienenstöcke, und blaugrüne Vögel mit langen Schwänzen jagen die Bienen. Doch als wir gerade im vornehmen Wohnzimmer eines wohlhabenden Imkers an einem Tisch saßen, der sich unter Honigkuchen und französischem Nougat bog, stand ich plötzlich auf und sagte: ‹Ich war jetzt seit acht Monaten nicht mehr in Dänemark. Jetzt möchte ich wieder nach Hause in meinen Garten.›»

Sie lachen.

«Ich muss euch etwas erzählen», sagt Karen.

«Raus damit», ermutigt Ole sie.

«Ich weiß nicht genau, vielleicht sollte ich lieber noch warten.»

«Sag es doch einfach», sagt Marie.

«Ihr werdet Großeltern.»

Plötzlich herrscht völlige Stille am Tisch.

Dann zwitschern die Stimmen wild durcheinander. Marie zieht sich auf ihrem Stuhl zurück, und auch ihr Blick ist in sich gekehrt. Sie versucht gar nicht, ihre Verärgerung zu verbergen. Sie ist so voller Geschichten, all dem, was sie in den vielen Monaten der Einsamkeit in sich aufgesogen hat und unmöglich in den Briefen unterbringen konnte, die sie von unterwegs aus nach Hause geschrieben hat. Jetzt stiehlt ihr ein ungeborenes Kind die ganze Aufmerksamkeit. Ihre Enttäuschung ist wie ein Tropensturm.

«Freust du dich denn nicht, Mama?», fragt Gitte.

«Natürlich freut sie sich», antwortet Inga.

«Ja, doch», sagt Marie. «Herzlichen Glückwunsch, Karen. Möge dein Kind hübscher werden als dieses ungemein hässliche Baby des Pfarrers in Aklavik, das aussah wie ein Schwein ohne Hinterkopf.»

«Hört, hört!», ruft Peder.

Karen wirkt verletzt.

«Was ist denn?», fragt Marie.

«Du kannst es einfach nicht lassen», sagt Inga.

Marie gelingt es nicht, sich zu beherrschen, weil die Enttäuschung an ihr zerrt. Alles zersplittert, auch das Gespräch, und ehe sie es sich versieht, sind alle Stühle leer. War es ihre Schuld, dass die Mädchen so früh nach Hause gegangen sind? Morgen wird alles vergessen sein, sagt sie sich, als sie Fuß an Fuß mit Ole im Bett liegt. Er schnarcht leise. Sie schließt die Augen so fest, als würde sich eine Faust um die Augäpfel ballen. Als sie einschläft, öffnen sich die Fäuste wieder und geben die Tränen frei, doch sie wacht nicht auf.

1965

Das Telefon verstummt, nur um erneut zu klingeln. Ole lässt seinen Bleistift fallen, steht auf und nimmt ab.

«Es ist Aase», ruft er.

«Wer?», ruft Marie.

«Deine Schwester Aase. Sie ist am Telefon.»

Maries Augen lösen sich widerwillig wie Saugglocken vom Mikroskop. Sie steht auf und schleicht vorsichtig über den Flur und die Treppen herunter.

«Was will die bloß, sie hat doch seit Jahren nicht mehr angerufen», murmelt Marie.

Sie ergreift den Hörer.

«Marie?»

«Ja?»

«Ich weiß, dass wir nicht mehr miteinander sprechen, aber ich musste dich anrufen. Unser Vater hat beschlossen, wieder zu heiraten.»

«Zu heiraten? Wen denn?»

«Frau Jensen.»

«Aber er steht doch kurz vor dem Tod?»

«Er ist alt, Marie, aber er hat hoffentlich trotzdem noch ein paar gute Jahre vor sich.»

«Ja, das sage ich doch. *Kurz* vor dem Tod.»

«Sie wird die Hälfte von unserem Erbe bekommen. Dazu müssen wir Stellung beziehen.» Aase spricht laut und schnell.

«Hast du schon mit den anderen geredet?»

«Noch nicht.»

«Wir müssen uns treffen.»

«Genau. Ich kann gerne einen Rundruf starten.»

«Abgemacht.»

«Und wie geht es deinen Kindern?»

«Über diesen Punkt sind wir längst hinaus.»

«Da hast du recht.»

Innerhalb von zwei Monaten ist ihr Vater Niels in sich zusammengefallen. Vielleicht bringen sie ihn erst mit ihrer Forderung ins Grab, dass nicht die Hälfte ihres Erbes an Frau Jensen fallen soll, denkt Marie. Ausnahmsweise sind sich alle Geschwister einig. Sie haben einen Brief geschrieben, in dem sie Frau Jensen gebeten haben, auf der Stelle auszuziehen. Obwohl sie seit fünfundvierzig Jahren mit ihrem Vater in einem Haus lebt, waren die beiden nie offiziell ein Paar.

«Es macht einen habgierigen und unsympathischen Eindruck, dass Sie unseren Vater so plötzlich heiraten wollen, jetzt, da er im Grunde schon mit einem Fuß im Grab steht», haben sie bei einem späteren Treffen mit ihr argumentiert.

«Ich bin kein Aasgeier. Ich habe mein ganzes Leben mit ihm verbracht, ohne irgendwelche Ansprüche zu stellen», erwiderte Frau Jensen.

«Ja», sagte Trolden spitz. «Aber jetzt tun Sie es.»

Frau Jensen brauchte nicht mehr als eine Stunde, um all ihre Sachen zu packen. Marie bekam beinahe Mitleid mit ihr.

Inzwischen ist Niels ernsthaft erkrankt. Er kommt nicht mehr allein zurecht, er vermisst Frau Jensen und braucht bei allem Hilfe. Marie setzt all ihre überschüssigen Kräfte dafür ein, mit ihren Schwestern zu kommunizieren.

Keine von ihnen ist besonders glücklich über die Wendung, die der Fall genommen hat.

«Ich habe wirklich keine Zeit für so was»,sagt Løn.

«Ich muss mich um meine Karriere kümmern», sagt Trolden.

«Marie und Bitten können die Pflege organisieren, sie haben ja Zeit, weil sie keiner festen Arbeit nachgehen», sagt Aase. «Marie bestimmt selbst über ihre Zeit, und Bitten, du arbeitest ja nur halbtags.»

Marie ist außer sich. Auch sie hat überhaupt keine Zeit für die Pflege des Vaters. Ihr Sehvermögen hat dramatisch nachgelassen, es ist ein Wettlauf mit der Zeit, denn schlimmstenfalls werden ihre Augen so schlecht, dass sie ihre Arbeit ganz einstellen muss. Die Schwestern insistieren, aber Marie bleibt stur. Sie gibt keinen Millimeter nach. Sie muss ihr Material aus Hawaii, Fidschi, Neuseeland und Neuguinea sortieren und beschriften. Das kann nicht warten. Die endlosen Diskussionen und Intrigen ermüden sie alle. Am Ende geben sie auf.

«Die beste Lösung wäre, wenn wir Frau Jensen bitten würden, wieder zu ihm zu ziehen», sagt Bitten.

«Vielleicht haben wir ihr unrecht getan?», fragt Marie.

«Dann sollten wir uns einfach entschuldigen», antwortet Løn.

«Ich kann mit ihr sprechen», sagt Trolden. «Aber dann müssen wir entscheiden, welche Befugnisse ihr mir gebt, um etwas mit ihr zu vereinbaren.»

Sie einigen sich darauf, Frau Jensen ein Zimmer im Obergeschoss anzubieten und ihr den Segen zu erteilen, den Vater zu heiraten und das Haus zu erben. Frau Jensen möchte das Zimmer nicht, erklärt sich jedoch bereit, wieder in den Keller zu ziehen. Sie lebt am besten unter ihm in der Dunkelheit.

Niels und Frau Jensen heiraten, aber keines der Kinder ist eingeladen. Er blüht noch einmal kurz auf, ehe er völlig abbaut. Ein Jahr nach der Hochzeit stirbt er. Am Tag nach der Beerdigung bietet Frau Jensen das Haus im Paradiesviertel per Anzeige zum Verkauf an und zieht aus. Niemand weiß, wohin. Niemand interessiert sich genug für sie, um sie zur Tür zu begleiten. Die kleine Frau mit den unendlich vielen grauen Röcken verschwindet, wie so viele andere Frauen in dieser Zeit, unmerklich im Keller, durch die Hintertür und spurlos aus der Geschichte.

Marie spürt, dass Niels' Tod sie anders trifft als der Tod der Mutter. Sie trauert nicht ganz so intensiv, aber der Verlust erschüttert sie so stark, dass sie zwischendurch das Gefühl hat, der Boden würde unter ihr wegbrechen; ein Abgrund, der sich für immer aufgetan hat. Sie wünschte, es gäbe wirklich Geister, damit sie ihn wiedersehen könnte.

Neuerdings nimmt sie Zucker in ihren Kaffee, drei kleine weiße Würfel werden in dem schwarzen Getränk aufgelöst. Für einen kurzen Moment verdrängt der Zuckerrausch alles.

Maries Notizbuch, 1967

Mein Material aus Neuseeland wurde in drei Artikeln veröffentlicht und in der Reihe Biologische Schriften der Königlichen Wissenschaftsgesellschaft herausgegeben. Insgesamt 400 Seiten.

In Neuseeland habe ich 19 000 Moosmilben gesammelt, verteilt auf 312 Arten, darunter 244 ganz neue Wesen.

Meine dortigen Kollegen nennen mich jetzt die Mutter der Milben. Das ist wie eine zarte Feder an meiner Wange.

Ich hatte mich ja darüber gewundert, dass eine Milbenart, Mucronothrus nasalis, *in Südamerika so weit verbreitet war. Ich habe sie im Atuel-Tal in Argentinien gefunden und jetzt auch hier, auf der anderen Seite der Erdkugel, in Neuseeland. Das lässt sich nur so erklären, dass die Länder auf der südlichen Erdhalbkugel nördlich der Antarktis miteinander verbunden gewesen sein müssen. Da ich diese Art auch an mehreren Orten auf der nördlichen Halbkugel gefunden habe, muss sie schon im Triaszeitalter auf dem Superkontinent Pangaea verbreitet gewesen sein, was bedeutet, dass sie sich durch die Bewegung der Kontinente ausgebreitet hat. In diesem Fall muss Wegeners Theorie von der Kontinentaldrift stimmen und* Mucronothrus nasalis *mindestens 200 Millionen Jahre alt sein.*

Ich liege nachts wach, weil sich meine Gedanken
so wild im Kreis drehen wie hundert verschiedene
Karusselle.

Hat diese kleine Milbe wirklich so viele Jahre lang
unverändert überlebt?

Halte ich den Schlüssel zu einem der großen Rätsel
dieser Welt in den Händen?

Marie und Ida sitzen am See im Garten in Roland, die Fasane kollern, die Enten schnattern, und all die übrigen Vogelstimmen weben ihre Töne in den Wind.

«Ist es nicht sonderbar, dass man Kinder zur Welt bringen und aufziehen kann und ihr Wesen trotzdem so anders ist, dass einem ihre Art zu denken wie eine fremde Sprache vorkommt?»

«Man braucht seine Kinder doch nicht zu verstehen, um sie zu lieben», erwidert Ida.

«Manchmal denke ich, wenn ich nicht so oft weg gewesen wäre, hätten sich meine Kinder harmonischer entwickelt. Ihnen fehlt unser Selbstbewusstsein und Draufgängertum.»

«Ist das nicht ein Problem, das in jeder neuen Generation auftaucht? Ich finde, eure Kinder haben schon mit der Muttermilch ein außergewöhnliches Gespür für die Länder und Kulturen der Welt aufgesogen.»

«Und genau deshalb sollten sie mutiger sein.»

«Mehr so wie du, meinst du? Hast du eigentlich gesehen, dass dein Reisebegleiter Valdemar Poulsen einen Artikel veröffentlicht hat, der die Idee von der Kontinentaldrift stützt?» Ida schenkt sich Kaffee in die weiße Porzellantasse nach.

«Inzwischen ist die Theorie ja auf der ganzen Welt akzeptiert, nur in Dänemark hinken ein paar Geologen noch hoffnungslos hinterher», erwidert Marie. «Die Meeresgeologen sind sich bereits einig, dass der Ozeanboden an den mittelozeanischen Rücken auseinanderweicht, die sich durch das aufsteigende Magma aus dem Erdinneren bilden, und auch andere Geologen beschreiben nun die Kontinentaldrift als Plattentektonik.»

«Also haben inzwischen einige ihre Meinung geändert,

aber trotzdem waren Poulsen und du die Ersten, die das neue Paradigma von der geografischen Verbreitung der Tiere und Pflanzen hierzulande bekannt gemacht haben.»

«Ja, wer hätte das gedacht? In meinen früheren Artikeln habe ich immer betont, dass die geografische Verbreitung der Moosmilben durch die Kontinentaldrift erfolgt ist. In Dänemark konnte ich damit niemanden beeindrucken, aber im Ausland hat es Aufmerksamkeit erregt. Vor einiger Zeit hat mir John Anthony Wallwork geschrieben, ein Insektenforscher von der University of London, er habe meinen Artikel mit *considerable interest* gelesen. Offenbar gibt es Übereinstimmungen zwischen meiner Arbeit und seinen Ergebnissen über die Verbreitung der Moosmilben in der Antarktis. Kürzlich hat er mir dann einen Sonderdruck mit seinen neusten Veröffentlichungen geschickt und eine Zusammenarbeit vorgeschlagen.»

«Und was hast du ihm geantwortet?»

«Dass ich es in Erwägung ziehen würde. Ich fühle mich natürlich geschmeichelt, aber ich weiß schlichtweg nicht, ob sich eine gemeinsame Veröffentlichung mit ihm für mich lohnen würde. Meine Forschung und Sammlung ist ja viel umfassender als seine.»

«Es kommt ja nicht immer nur auf die Größe an, Marie.»

«Nein, du hast recht, ich denke ja auch darüber nach, er ist immerhin ein sehr anerkannter Wissenschaftler.»

Maries Notizbuch, 1967

Kontinente

Die Erdkruste ist wie die Schale eines hart gekochten Eis.

Sie besteht aus fünfzehn Kontinentalplatten, die sich immerzu bewegen, ohne jedoch einem bestimmten Muster zu folgen.

Die Kontinente der Erde leben ein zyklisches Leben.

Alle 250 Millionen Jahre sammeln sich die Kontinente zu einer großen Landmasse, und nach knapp 200 Millionen Jahren treiben sie wieder auseinander, um sich 250 Jahre später wieder zu treffen, sich erneut zu trennen und zu treffen. Jedes Mal vereinen sie sich in einer neuen Form und trennen sich auf andere Weise wieder.

Vor 1,1 Milliarden Jahren waren alle Erdteile im Superkontinent Rodinia vereint, und die restliche Erde war von einem riesigen Meer bedeckt. Rodinia wurde durch die Kontinentalverschiebung in mehrere kleine Kontinente gespalten, und die Landmassen verschoben sich auf der Erdkugel, bis sie sich erneut, in einer anderen Form, in einem Superkontinent sammelten: Pangaea.

Spuren der Kontinentalplattenbewegungen sind die Berge, die dort aufgeworfen wurden, wo die Platten aufeinandertrafen.

*Pangaea ist nun wissenschaftlich bewiesen, weil viele
Gesteinsarten Eisen enthalten, das magnetisch ist.*

*Mit avancierten Geräten kann der Magnetismus
gemessen werden, und die Forscher können bestimmen,
wo sich ein Lavastein im Verhältnis zu den Polen
befand, als er erkaltete.*

Marie steht still auf unruhigen Beinen. Sie soll einen Vortrag in der Dänischen Naturhistorischen Gesellschaft halten. Zahlreiche ihrer alten Studienkollegen sind erschienen, viele Zoologen und Geologen füllen den Saal.

«Meine Forschung basiert auf großen Datenmengen, auf Tausenden von Proben, die ich auf der ganzen Welt gesammelt habe. Ich habe versucht, das tatsächliche Vorkommen der Moosmilben und ihre Verbreitung zu erklären. Das Hauptproblem ist die Frage, wie sie von einem Kontinent zum anderen gelangt sind. Durch die Luft? Ausgehend von dem, was wir über die Möglichkeiten der Insekten wissen, sich anhand von Vögeln zu verbreiten, halte ich das für unmöglich. Könnte es über Wasserströme geschehen sein? Ja, über Flüsse, allerdings nur über kürzere Distanzen, und nicht über das Meer, denn in Salzwasser überleben die Milben nicht. Deshalb muss es eine andere Erklärung dafür geben, dass eine Milbe wie die *Mucronothrus nasalis* auf mehreren, voneinander getrennten Kontinenten existiert.»

Während sie spricht, nimmt sie den Respekt wahr, der ihr entgegengebracht wird, die Leute hören wirklich zu. Sie ist geradezu berauscht, doch noch ehe sie das Publikum dazu einladen kann, Fragen zu stellen, hebt ein älterer Mann im Anzug bereits die Hand. Sie kann ihn nicht sofort einordnen, weil er kein dänischer Forscher ist, doch als er zu reden beginnt, erkennt sie ihn: Er gehört zu den bekanntesten Zoologen Europas.

«Es gibt keine Art, die sich diskontinuierlich verbreitet. Die Eier der Milben könnten über Meeresströmungen transportiert worden sein», sagt er und fügt hinzu: «Sollten Sie also damit gerechnet haben, hier heute großen Ruhm zu ernten, muss ich Sie enttäuschen.»

«Dass zarte Eier aus dem kalten Süßwasser über einen längeren Zeitraum in Salzwasser überleben können, ist absurd. Man weiß inzwischen von siebzehn weiteren Arten, dass Tiere sich sehr wohl diskontinuierlich verbreiten können», entgegnet sie ihm.

Der Mann im Anzug antwortet nicht, stattdessen tippt er sich mehrmals mit dem Zeigefinger an die Stirn.

Marie senkt den Kopf, die Beleidigung brennt, aber sie fährt fort: «Die Verwandtschaft zwischen Südamerika und Neuseeland über die Antarktis wurde bereits durch andere flügellose Insekten und Regenwürmer nachgewiesen, also Tiere, die nur eine geringe Fähigkeit zur Verbreitung haben. Meine Milben sind nur eine weitere Bestätigung dessen.»

Sie lässt sich nicht einschüchtern, aber der Angriff hat sie getroffen. Sie ist sechzig Jahre alt und hat eine dreißigjährige Forscherkarriere hinter sich, und dennoch fühlt sie sich gedemütigt. Obwohl mehrere Kollegen nach der Vorlesung zu ihr kommen und mit Lob werfen wie mit Rosenblättern, sieht sie nur den Zeigefinger des alten Anzugträgers. Sie fasst sich an die Stirn. Ihr Kopf schmerzt, es flimmert vor ihren Augen, sie hat das Gefühl, in einem Urnebel aus Gas und Staub zu verschwinden.

Sie sind etwa siebzig Forscher auf dem Gebiet der Mikrofauna, die aus der ganzen Welt nach Russland geflogen sind, um am 13. Internationalen Entomologie-Kongress teilzunehmen. Es herrscht ein Summen wie in Oles Bienenstöcken.

«Frau Marie Hammer, bitte gestatten Sie mir, meiner Freude darüber Ausdruck zu verleihen, beim letzten Kongress in Helsinki Ihre Bekanntschaft gemacht zu haben. Wir sind so dankbar, dass Sie nach Moskau kommen konnten, Sie sind unser Ehrengast, die Grande Dame der Milbenforschung.» Maries russischer Kollege Solokow hat Tränen in den Augen, so gerührt ist er von seinen eigenen Worten. Er muss schlucken, ehe er fortfährt: «Alle, mit denen ich gesprochen habe, sehen Ihrem morgigen Vortrag mit ganz besonderer Vorfreude entgegen.»

Eigentlich mag Marie diese großen Kongresse nicht. Doch sie war noch nie in Moskau, weshalb sie nicht widerstehen konnte, als die Russen ihr anboten, für alle Kosten aufzukommen. Immerhin muss sie die Vorträge der anderen nicht hören, weil sie in der Regel schrecklich langweilig sind. Einige rasseln einfach nur alles herunter, während andere derart langsam sprechen, dass sie dabei oft eindöst.

«Welches Thema werden Sie in Ihren Vorträgen behandeln?» Solokow sieht sie erwartungsvoll an.

«Mein erster Vortrag handelt von den Schwankungen bei der Anzahl von Moosmilben auf dänischen Feldern innerhalb der Fruchtfolge. Ich möchte nachweisen, wie die Mikrofauna im Ackerboden durch das Pflügen beeinflusst wird. Mein zweiter Vortrag handelt von der Verwandtschaft zwischen der Süd- und der Nordhalbkugel, die man anhand der Milben erzählen kann.»

«Sie werden der absolute Höhepunkt des Kongresses sein!»

«Herr Solokow, darf ich fragen, was die Wissenschaft mit diesen großen, schönen Autos, den übertriebenen Geschenken und den Festessen mit Kaviar in prachtvollen, hell erleuchteten Sälen zu tun hat? Das schafft unschöne Kontraste, denn im Hotel wird man von finsteren, traurigen Zimmern empfangen und von Menschen, die so scheu sind, dass sie fast unsichtbar wirken.»

«Hierzulande huldigen wir den Pionieren und dem Wissen als das Größte, was unsere Nation hervorbringen kann. Das verbindet uns miteinander. Milbenforscherinnen auf Podeste zu stellen mag gekünstelt wirken, aber wenn wir unseren großen Forschern Anerkennung verwehren, können wir auch keine überlegene Nation werden. Die Bevölkerung soll wissen, dass es sich lohnt, nach den allerhöchsten Gipfeln zu streben, und das vermittelt man, indem man unmissverständlich zeigt, was die höchsten Gipfel sind. Champagner?»

«Nein danke, ich muss einen klaren Kopf für meinen Vortrag behalten.»

«Aber der findet doch erst morgen statt.»

«Ich vertrage keinen Alkohol.»

«Sie verlieren nicht gern die Kontrolle?»

«Ich ziehe es wie gesagt vor, einen klaren Kopf zu haben, denn ich bin schließlich hier, um mein Bestes zu leisten.»

Maries Notizbuch, 1968

*Als die Sonne vor 4,5 Milliarden Jahren aus einem
Urnebel aus Gas und Staub entstand, sammelten
sich aus den restlichen Staubkörnchen kleine Partikel,
die zusammenstießen und zu Planeten anwuchsen,
darunter auch die Erde. Die Zusammenstöße setzten
so große Energiemengen frei, dass die Erdoberfläche
ein flüssiger Mantel aus geschmolzenem Stein war. Die
schwersten Metalle sammelten sich in ihrer Mitte.*

*Zu Beginn hatte die Erde keine Atmosphäre. Diese ent-
stand erst, als das Erdinnere infolge der Schwerkraft
zu schmelzen begann und die Gase, die im Gestein ein-
geschlossen waren, freigesetzt wurden. Die Atmosphäre
besteht heute zu einundzwanzig Prozent aus Sauerstoff,
und der Sauerstoff bedingt das Leben.*

*Ein Teil des Wassers auf der Erde wurde durch Vulkane
zum Erdmantel hinaustransportiert, andere entstanden durch Sternennebel und Kometeneinschläge. Das
Universum war zunächst klein, dicht und warm, dann
weitete es sich aus und kühlte langsam ab. Dampf stieg auf
und wurde zu Wolken, das Wasser fiel herab und füllte
alle tiefen Löcher mit seinen Tränen.*

*Und die Erde war von Kohlendioxid umgeben. Anfangs
gab es nur winzige einzellige Organismen, darunter
Cyanobakterien, die eine Lebenszeit von zwei Wochen
hatten. Im Laufe ihres kurzen Lebens verwandelten sie
einen kleinen, unbedeutenden Teil des Kohlendioxids
in Sauerstoff. Über Millionen von Jahren führten sie*

ihre scheinbar sinnlose Tätigkeit weiter fort, bis sich der Sauerstoff vor 900 Millionen Jahren zunehmend in der Atmosphäre ausbreitete und sich vor 700 Millionen Jahren dann die schützende Ozonschicht bildete. Vor dieser Zeit existierten keine mehrzelligen Organismen, die Sonne ließ alles explodieren. Doch jetzt, unter dem Schutz der Ozonschicht, begannen sich die Vielzeller im Meer rasch auszubreiten.

Wir wüssten so gern, was der Sinn unseres Lebens ist, aber vielleicht zeigt sich die Antwort erst, wenn wir unser Leben über einen Zeitrahmen hinweg betrachten, der unser eigenes Vorstellungsvermögen übersteigt, so wie sich der Sinn der Existenz der Cyanobakterien erst nach 900 Millionen Jahren offenbarte.

Briefe, 1975

Liebe Kollegin Dr. phil. Marie Hammer,

für Ihren letzten Artikel kann ich Ihnen gar nicht genug Lob aussprechen, Sie sind ein ewiger Quell der Inspiration für mich und meine Arbeit. Ich hoffe inständig, dass Sie eine Zusammenarbeit mit mir eingehen werden, denn unsere Forschung und unsere Ideen passen in jeglicher Hinsicht zusammen. Eine derartige Übereinstimmung ist mir in meinem Leben bisher noch nicht begegnet, was ich als Zeichen dafür deute, dass zwischen uns nicht nur eine wissenschaftliche, sondern auch eine seelische Verbindung besteht.

Nächstes Jahr werde ich Ihr Land besuchen, weil ich eingeladen wurde, einen Vortrag zu halten. Ich hoffe, Sie finden Zeit für ein Treffen, wenn ich nach Kopenhagen komme.

Hochachtungsvoll, Ihr allergrößter Bewunderer
Dr. John A. Wallwork

1976

Lieber Dr. John A. Wallwork,

es war ein großes Vergnügen, Sie zu treffen. Ich weiß gar nicht, wie ich all das Lob annehmen soll, mit dem Sie mich und meine Arbeit überschütten. Ich fühle mich sehr geehrt, denn es ergibt einen tieferen Sinn für mich, dass ich mein Leben der Forschung gewidmet habe, wenn ich Kollegen wie Sie treffe, die wirklich verstehen, welch einsame Arbeit dahinterliegt; die enorme Menge an Arbeitsstunden und die undefinierbare Kraft, die Menschen wie uns ständig antreibt und dazu bewegt, immer weiterzusuchen.
Jetzt schreibe ich aber, um Ihnen mitzuteilen, dass ich beschlossen habe, eine Zusammenarbeit mit Ihnen einzugehen, so wie Sie es vorgeschlagen haben.

Mit freundlichen Grüßen
Dr. phil. Marie Hammer

Liebe Marie Hammer,

Sie ahnen nicht, was für eine Freude Sie mir bereiten! Und nun lassen Sie uns sofort ans Werk schreiten. Hiermit sende ich Ihnen einen Anfang. Bitte korrigieren Sie ihn, wie es Ihnen beliebt. Oder schreiben Sie einen neuen. Ganz wie Sie wünschen.

Hochachtungsvoll, Ihr allergrößter Bewunderer
Dr. John A. Wallwork

Maries Notizbuch, 1979

Wallwork und ich haben einander Texte und Ergebnisse geschickt und schreiben gemeinsam eine Abhandlung über die geografische Verbreitung der Moosmilben und ihr entwicklungsgeschichtliches Alter, um einen Zusammenhang mit der Theorie der Kontinentaldrift nachzuweisen. Der größte Teil unserer Arbeit basiert auf meinen Funden, Wallwork trägt nur mit einem Bruchteil bei, der meine Forschung aber wiederum vollkommen komplettiert, weil er an den wenigen Orten gesammelt hat, die meine Sammlung nicht abdeckt. Wenn ich einen neuen Text von ihm erhalte, bin ich so glücklich; es ist beinahe so, als wäre ich wieder ein junger Mensch, der sich in einer wunderbaren Verliebtheit verliert.
Die Arbeit mit ihm fließt genauso leicht dahin wie damals mit Aase, unsere Sprache und unsere Ideen passen zueinander.

Jetzt wird unsere gemeinsame Arbeit veröffentlicht. A Review of the World Distribution of Oribatid Mites in Relation to Continental Drift. *Unsere These stützt sich auf 696 Gattungen und ihre Verbreitung, die jetzt mit den Bewegungen des Festlandes in den letzten 200 Millionen Jahren in einen Zusammenhang gebracht wurden.*

Wir fügen die ganze Welt zusammen!

Die Arbeit beeindruckt sogar uns selbst.

Maries Notizbuch, 1981

Wallwork hat gerade ein eigenes Buch veröffentlicht, Recent Advances in Acarology, *unter eigenem Namen und mit denselben Fragestellungen, die wir gemeinsam skizziert hatten. Er untersucht die Argumente für und gegen die These, dass die weltweite Verbreitung der sogenannten kosmopolitischen Milbenarten auf die Kontinentaldrift zurückzuführen sein könnte. Er schreibt, es sei von entscheidender Bedeutung, das wahre Alter der Milben zu ermitteln. Die frühesten Fossilien, die in den Siebzigerjahren gefunden wurden, stammen aus dem frühen Jura, sind also ca. 200 Millionen Jahre alt. Heutzutage haben wir Fossilien von 400 Millionen Jahre alten Moosmilben. Einige molekularbiologische Studien deuten darauf hin, dass die Moosmilben sogar aus dem Präkambrium stammen, sie könnten also über 540 Millionen Jahre alt sein.*

Ich habe von englischen Kollegen gehört, dass Wallwork es so aussehen lässt, als wäre die Theorie seine alleinige Erfindung, wenngleich er in einer Schlussbemerkung darauf hinweist, dass sein Buch auf unserer gemeinsamen Abhandlung basiert, die ja wiederum überwiegend auf meinen Funden basiert.

Ich habe Wallwork mehrmals geschrieben, doch er antwortet mir nicht mehr. Er weiß genau, was er treibt. Ich fühle mich dumm. Ich bin auf seine Schmeicheleien und seine Aufmerksamkeit hereingefallen, weil ich mich durch ihn wieder lebendig fühlte.

Das ist der schmerzlichste Punkt in meinem Leben.

*Meine Sehkraft ist mittlerweile so geschwächt, dass ich
meine Arbeit gezwungenermaßen einstellen muss.
Ich habe fast 50 Jahre auf meine kleinen Wesen verwendet.
Ohne sie hat mein Leben keinen Wert.*

1987–1996
Roland, Fredensborg

Marie sieht aus dem Fenster. Genau in dieser Zeit ist der Garten in Roland am schönsten und üppigsten, aber sie kann den Anblick nicht genießen, denn Ole wurde ins Krankenhaus eingeliefert. Er war einfach mitten im Garten umgefallen, Marie musste den Krankenwagen rufen. Sie fühlt sich, als hätte sie dort gelegen wie ein gerissenes Gummiband. In den letzten Jahren haben sie in ihrer ganz eigenen Harmonie zusammengelebt. Mittlerweile sind sie so eng miteinander verwoben, dass sie sich wie ein Mensch benehmen. Ihr Garten bildet die Struktur, die ihren gemeinsamen Körper zusammenhält, und ringsherum singt die Natur. Marie plagt die Gicht. Sie muss in Bewegung bleiben und den Garten pflegen. Seit dem letzten Jahr wirkt die Arbeit immer unüberwindbarer. Inzwischen lässt sie zunehmend Gleichgültigkeit walten. Der Garten ist wie eine wirre Frisur, die einfach nur wächst und wächst, irgendwann wird er wie ein undurchdringliches Gestrüpp mit dem Haus verwachsen. Die Tiere fühlen sich in ihrem kleinen Paradies wohl, aber die Kinder sieht Marie so gut wie nie. Es ist merkwürdig, denkt sie, je näher ich die Erdteile zusammengebracht habe, desto größer wurde der Abstand zwischen den Mitgliedern meiner Familie, und inzwischen leben wir vollkommen getrennt. Keiner wünscht sich eine enge Beziehung zu den anderen. Die Kräfte, die uns auseinanderzogen, waren zu stark. Und jetzt ist Ole zu einem Schatten geworden, ohne den sie im Garten umherwandelt.

Es ist ein warmer Spätsommertag, das Gras kitzelt zwischen den Zehen, Marie ist wieder ein Kind. Sie rupft einen Apfel vom Baum und geht hinein, um das Gas anzustellen und Kaffeewasser aufzusetzen. Sie setzt sich aufs Sofa und legt die Beine hoch. «Hier hat sich ja einiges an Spinnen und Insekten zusammengerottet», sagt sie laut und fegt ein paar Ameisen vom Tisch. Ihre Beine sind geschwollen und voller Wasser. Sie wackelt mit ihren nackten, runzeligen Zehen und beißt in den Apfel. Sie kaut gründlich, dann döst sie ein wenig ein.

Marie hat angefangen, Aase zu vermissen. Ihr Zerwürfnis ist schon ein ganzes Menschenleben her, aber zurzeit träumt Marie jede Nacht von ihrer Schwester, und die Reste der Träume flechten sich in ihre wachen Gedanken. Marie sieht Bilder von unbekannten Orten und Menschen, die nicht aus ihr selbst kommen, vielleicht ist das etwas, was Aase erlebt.

«Hörst du, was ich höre, Aase? Das ewige Zirpen der Grashüpfer und das Zwitschern der Vögel, die laut und klar singen. Melodische Klänge und weiche, tiefe Töne mischen sich mit Krächzen und Piepsen. Erst jetzt wird mir bewusst, dass wir, auch wenn wir am selben Tag geboren sind, nicht am selben Tag sterben werden. Der Kreis wird sich nie schließen, sondern als unendliche Spirale weitergehen.»

Marie holt eine Kiste aus der Rumpelkammer, sie vergeudet keine Zeit. Sie öffnet sie sofort, wühlt darin, zieht etwas hervor, bis überall Papierstapel verteilt liegen, Briefe, Landkarten, Forschungsergebnisse, Sammelalben, Reisetagebücher, Manuskripte und einzelne Zeichnungen. Ich möchte nicht als unordentlicher Mensch in Erinnerung bleiben, denkt sie. Vielleicht möchte eines Tages jemand meine Geschichte niederschreiben. Es hat ja zweifellos ein anderes Gewicht, wenn man nicht selbst davon erzählt, wie großartig man ist.

Marie hat Absprachen getroffen, dass sie ihre Forschungsunterlagen der Universität übergeben wird und die eher privaten Papiere wie Zeugnisse, Sammelalben, Reisetagebücher, Zeitungsartikel, Briefe und persönliche Dokumente an das kommunale Archiv. Ihre Fotos möchte sie den Kindern überlassen, Peder soll auf die Alben aufpassen, weil er einen guten Ordnungssinn hat. Sie breitet die Sachen auf dem Tisch aus. Ihre eigene Weltkarte mit den fein gestrichelten Routen, die sich wie ein Wurzelnetz über die Erde ausbreiten, klebt sie in ein Album. All die Pfade, die sie ausgetreten hat. Ein Foto von ihr als junges Mädchen auf dem Weg nach Grönland, das blonde Haar zum kurzen Pagenkopf geschnitten, sie blickt direkt in die Kamera. Eine Liste über die gesammelten Kleinstlebewesen. Ein Foto von Karen als Baby, die an ihrer Brust liegt, und eins von ihr und Gitte mit Helm auf einem Motorrad. Ein Dia von ihr und Ole, der in der pakistanischen Berglandschaft auf einer schmalen Planke über einen reißenden Fluss balanciert, ein einsames weißes Zelt in einer großen öden Landschaft an einem Fjord. Ein Foto von Barbara Stagaard neben einem neuseeländischen Kauri-Baum, ein Zeitungsausschnitt: *Sie leben im Paradiesgarten.* Ein Foto aus ihrer Studienzeit von sechs jungen Menschen in heller Kleidung, die im hohen Gras verteilt liegen, Thorssen und Marie in der Mitte. Ein Bild von Ole, dem kleinen Knirps, mit runder schwarzer Brille, weißem Hemd und verschränkten Armen, sein Blick ganz dunkel und intensiv. Und Zeichnungen, Hunderte Zeichnungen von Oribatida, Moosmilben, all ihre kleinen unsichtbaren Wesen.

Die Journalistin Ann Ask hat sie anlässlich ihres runden Geburtstages erneut um ein Interview gebeten. Sie hätte gern ein Porträtfoto für den Artikel, den sie zu schreiben plant. Marie zweifelt: Wie wählt sie ein Bild, das zeigen soll, wer sie ist, wenn sie im Laufe der Zeit so viele unterschiedliche Alter und Gesichter gehabt hat? Soll sie eines wählen, auf dem sie jung und mit kurzem Haar hinter Knud Rasmussen steht, oder ein aktuelleres als ältere Frau mit grauem Pagenschnitt und dicken Brillengläsern? Das ist der Vorteil daran, jung zu sterben: Man bleibt jung und vital in Erinnerung. Diese verdammte Müdigkeit, die konstant in ihren Knochen ächzt. Wie bin ich überhaupt in diesem runzeligen, greisen Körper gelandet, mit Fingern, steif wie Eiszapfen?

Maries Notizbuch, 1987

Liste über Ole und Marie Hammers Spenden:

Costa Rica Regenwald:
50 000 Kronen.

Leprakranke Kinder:
10 000 Kronen.

An Morbus Spielmeyer-Vogt erkrankte Kinder und ihr
Ferienlager:
11 000 Kronen.

Nationalmuseum:
Fäustlinge aus Coppermine
Bastrock von den Trobriand-Inseln
Feuersteine aus Patagonien

Museum Moosgård:
Tonscherben aus der Sahara

Zoologisches Museum:
Meine wissenschaftlichen Werke, gebunden, in neun
Bänden
Mein gesamtes wissenschaftliches Material
Muschelschalen aus Feuerland

Kunstindustriemuseum:
Silberbesteck von Frederik Kaster Hansen
Poncho aus Peru

Holstebro Kunstmuseum:
150 Krüge aus Peru und Südostasien
Poncho aus Peru, Textilfetzen

Vejle Kunstmuseum
Jeppe Vontillius: Weinende Frau

Statens Museum for Kunst:
Ole Kielberg: Blühende Kirschbäume
Kupferstichsammlung:
2 Radierungen von Poul Bjørklund

Technisches Museum, Helsingør:
Berlesetrichter aus Kupfer

Museum of Comparative Zoology, Harvard:
Schneckenhäuser aus Mackenzie

Arktisches Institut:
Dias aus der kanadischen Arktis

Königliche Bibliothek:
Briefe von Lauge Koch und Knud Rasmussen

Lokalgeschichtliches Archiv Fredensborg:
Private Papiere und Weiteres

Bjarne Nielsen Brovst:
Tonbandaufnahme über Maries Arbeit

Marie liest die Tagebücher von ihren vielen Reisen, um sich auf das Gespräch vorzubereiten. In der Nacht träumt sie von Aklavik. Sie sieht Alice und den Fluss, den nackten porzellanweißen Körper und das sommersprossige Gesicht. Alice und sie liegen am Fluss, und sie streicht vorsichtig mit beiden Händen über den weißen Körper, folgt seinen Kurven, bis die Finger begehrlich werden, doch dann gibt es nichts mehr zu berühren, weil Alice zwischen ihren Fingern zu Pulver zerfällt.

Am nächsten Morgen hat sie das Gefühl, gar nicht richtig wach zu werden, ständig versinkt sie in Gedanken, so turbulent wie der Wind im Garten, der an Zweigen und Laub rüttelt und durch die Pflanzen blättert wie durch ein Buch. Der Morgen ist hell, und sie trinkt ihren Kaffee im Bett, ehe sie ins Bad geht, und während ihr dünnes Haar im Wind trocknet, liest sie erneut in ihren Reisetagebüchern, um sich auf das Treffen mit Ann Ask einzustellen.

Als es an der Tür klingelt, schreckt sie zusammen. Marie reißt die Tür weit auf, der Wind drängt herein, sie ringt nach Luft. Sie ist matronenhaft und rundlich. Ihr Gesicht sieht man kaum, weil ein dunkler Schatten darauf liegt, die Nase ist spitz, und für einen kurzen Moment gleicht sie ihrer Mutter aufs Haar.

Gespräch, 1987

Zwischen Dr. Marie Hammer und der Journalis-
tin Ann Ask vom Familie Journalen

Marie Hammer, Sie haben gerade Ihren 80. Geburtstag gefei-
ert. Herzlichen Glückwunsch!
Vielen Dank.

Wissen Sie eigentlich, dass unser erstes Gespräch schon 38
Jahre her ist? Damals waren Sie gerade von Ihrer ersten gro-
ßen Reise nach Südamerika zurückgekehrt.
Ja, Sie waren damals blutjung, aber als wir uns 1958 wie-
dersahen, waren Sie schon viel erwachsener geworden,
und jetzt gehen Sie bald in Rente.

Ich sehe noch deutlich die junge Forscherin in Ihnen, die ich
damals kennenlernte. Was haben Sie nur für einen reizenden
Rock an, das Lila steht Ihnen wirklich ausgezeichnet!
Danke, den hat meine Tochter Inga genäht. Ich bin ja
nicht besonders groß. Meine Kinder sagen, ich sei im
Alter noch mehr geschrumpft, und inzwischen ist es fast
unmöglich geworden, Kleidung zu finden, die zu meiner
Körperform passt.

Lassen Sie uns anfangen, wir müssen schließlich den Stoff aus
mehreren Jahren nachholen! Erinnern Sie sich an Ihre Rück-
kehr aus Neuseeland?
Ja, natürlich, das war ein Wendepunkt für mich, weil ich
dort die Milbe *Mucronothrus nasalis* gefunden habe. Diese

Entdeckung bedeutete für mich, dass ich Wegeners Theorie von der Kontinentaldrift praktisch beweisen konnte. Doch bevor ich mir die Forschungsschlinge um den Hals legte und ernsthaft zu dem Schluss kam, dass sich die Milben durch die Bewegung der Kontinente verbreitet hatten, musste ich mich gründlich vergewissern, ob es nicht auch andere Möglichkeiten gab. Also habe ich eine weitere Reise nach Amerika unternommen.

Und die Kinder?
Die waren ja alle schon von zu Hause ausgezogen. Diese Sorge blieb mir also erspart, und Ole hatte sich an meine Abwesenheiten gewöhnt und kam gut allein zurecht. Ich befand mich mehrere Wochen lang am Smithsonian Institute in Washington und untersuchte Hunderte von Moosmilben, die möglicherweise lebend ins Land eingeführt worden waren, aber am Ende war ich mir vollkommen sicher, dass sich die Tiere unmöglich per Fracht verbreitet haben konnten.

Wissenschaftliche Beweise zu führen, ist ein langwieriger Prozess.
Ja, und diese wochenlange Arbeit reichte bei Weitem nicht aus. Ich musste jetzt in die entgegengesetzte Richtung gehen und untersuchen, ob Milben aus Europa in tropische Gebiete eingeführt worden sein und trotz der unterschiedlichen Fauna dort überlebt und sich vermehrt haben konnten. Also bin ich mit meiner Tochter Gitte in den Südpazifik gefahren, der ja ein perfekter Ort für eine solche Untersuchung ist, weil man seit über 200 Jahren lebendige Handelsbeziehungen zu Europa hat, da man Tiere, Bäume, Obst und Gemüse von dort importiert. Die

Frage war, ob auf diesem Wege auch Moosmilben ins Land gekommen sein konnten.

Wann genau waren Sie dort?
1970. Tahiti ist eine herrlich feuchte Insel mit guten Bedingungen dafür, Proben zu sammeln. Das Ergebnis meiner Sammlung waren 100 neue Arten von Moosmilben, und keine von ihnen war aus Europa eingeschleppt worden.

Das klingt nach harter Arbeit.
Ja, aber es war auch ein kleiner Urlaub, denn wir haben auch auf den paradiesischen Nachbarinseln Moorea, Bora Bora und auf dem Rangiroa-Atoll Milben gesammelt. Dort gibt es überall Kokospalmen und tiefblaue Lagunen, die wie ein Ring aus Korallen geformt sind. Im Inneren des Atolls leben farbenfrohe Fische, Schlangensterne und Meeresschildkröten in spiegelglattem, kristallklarem Wasser. Auf der anderen Seite der Lagune warten immer große Haischwärme. Wenn der Wasserstand bei Ebbe fällt, werden große Mengen an Fischen hinausgeschwemmt, und dann schlagen die Haie zu. Von dort aus sind wir weitergereist und haben Tiere auf Fidschi, Tonga und Samoa gesammelt. Als ich mit dem ganzen Material nach Hause kam, war ich so erpicht darauf, mich hineinzuvertiefen, dass ich es ausschlug, mit meinem Mann und meinem Sohn nach Paris zu reisen.

Sie haben sich von der Welt isoliert?
Ja, ich habe mich monatelang allein in meinem Arbeitszimmer aufgehalten, und mein Fleiß hat sich ausgezahlt. Denn auf Fidschi habe ich 83 Arten gefunden, auf Ton-

gatapu 95, auf Samoa 55 und auf Tahiti 102. Alle Inseln hatten ihre eigenen Arten, aber 60 Prozent kamen mehrmals vor, und als ich sie mit den neuseeländischen Moosmilben verglich, stellte ich eine fünfprozentige Übereinstimmung fest, sodass zweifellos eine Verwandtschaft mit den südamerikanischen Arten besteht. In der Zeit, in der ich mein gesammeltes Material bearbeitete, habe ich nur eine einzige Reise unternommen, ich fuhr zum Milbenkongress in Prag. Ein bewegendes Ereignis, denn die Wissenschaftler haben mich umkreist und sich sogar angestellt, um mit mir zu sprechen, und ich musste einen Schritt zurückweichen, weil ich so viel Aufmerksamkeit gar nicht gewohnt bin. Mein Leben war reich an Erlebnissen, und meine Forschung hat mir große Offenbarungen geschenkt, aber das alles hat immer im Privaten und meistens in Einsamkeit stattgefunden. Mir war gar nicht bewusst gewesen, welchen Status ich mir erkämpft hatte. Erst dort in Prag habe ich verstanden, dass ich unbestritten die anerkannteste Forscherin auf dem Gebiet der Erdmilben bin.

Ich habe gerade noch einmal Ihre Autobiografie Forscherin in fünf Erdteilen *gelesen, die von der* Weekendavisen *zum Buch des Jahres erkoren wurde. Mir gefällt das Bild auf dem Umschlag so gut. Sie stehen vor einem zwei Meter hohen Ameisenhaufen, der sich wie eine Kathedrale aus dem Boden erhebt. Dass Ihr Buch so gut aufgenommen wurde, muss Ihnen viel bedeutet haben?*
Ja, ich habe mich über die Anerkennung gefreut, aber wahrlich auch über das damit einhergehende Geld. Ich hatte in meinem Leben noch nie zuvor den Luxus genossen, einfach Geld verpulvern zu können, deshalb bin ich

sofort in die Stadt gefahren und habe ein halbes Kilo der besten Schokolade für meine Kinder gekauft.

Wenn man Ihre Erinnerungen liest, wirkt es, als wären Sie die Einzige auf der Welt, die sich mit diesen besonderen Milben beschäftigt hat.

Nein, es gibt noch andere Wissenschaftler, aber ich bin die Einzige, die auf allen fünf Kontinenten Funde gemacht hat. 1971 fand einer meiner französischen Kollegen die *Mucronothrus nasalis* in einer kalten Quelle in den Pyrenäen. Er lieh sich daraufhin mein Material aus Grönland, Lappland, Dänemark, Südamerika und Neuseeland. Er ging aber nie selbst auf Reisen. Im späteren Verlauf seiner Karriere führte er ihren Ursprung genau wie ich auf Pangaea zurück.

Und Sie waren auch auf Java und Bali, war das im Jahr 1974?

Ja, ich bin gemeinsam mit Inga und Ole dorthin gereist. Wir haben eine große Menge an Material von dort mitgebracht. Von den über 200 Arten, die ich fand, war keine einzige in Europa heimisch, und ich konnte Java endlich in mein Puzzle einfügen, es passte wunderbar zwischen Malaysia und den Südpazifik.

Es ist faszinierend, dass Sie sich anschließend dazu entschieden haben, in eine schwer zugängliche Bergregion in Pakistan zu reisen. Ein sehr unsicheres Gebiet.

Ich fürchte mich nicht vor dem Unbekannten. Ich wollte nur meiner Idee nachgehen, dass die Moosmilben durch die Isolation über Tausende oder sogar Millionen Jahre hinweg Unterarten entwickelt haben könnten, und hörte mich daraufhin unter meinen Kollegen und Bekannten um. Wie sich herausstellte, hatte ein Forstwirt, den ich aus meiner Zeit an der Agrarhochschule kannte, jahrelang im Mittleren Osten gearbeitet. Ich diskutierte die Problematik mit ihm, und er nannte mir einige hoch gelegene Täler in den drei kleinen Königreichen Chitral, Kalam und Swat im Westen von Pakistan. Das Gebiet ist vollkommen unberührt von der Kontinentaldrift, und die Berge sind wirklich hoch, mit zahlreichen kalten Quellen, wo man gut Proben nehmen kann. Das Wichtigste war jedoch, dass es hier keine Karawanenstraßen gegeben hatte, auf denen Obst oder Pflanzenteile eingeschleppt worden sein konnten. Ich war vor allem auf der Suche nach *Mucronothrus nasalis*, denn wenn ich sie an einem so unberührten Ort finden konnte, wäre das der Beweis, dass es sie dort schon vor vielen Millionen Jahren gegeben hatte.

Sind Sie allein durch Pakistan gereist?
Nein, mein Mann und mein Sohn Peder haben mich begleitet. Wir reisten unbewaffnet auf dem Eselsrücken durch entlegenste Regionen und passierten tiefe Schluchten auf Brücken, die lediglich aus zwei schmalen Brettern ohne Geländer bestanden. Damals war ich 71, hatte aber immer noch einen hervorragenden Gleichgewichtssinn und bewältigte die Überquerung, ohne in den Tod zu stürzen. Wir haben eine große Gastfreundschaft erlebt und unglaublich schöne Frauen gesehen. Ich glaube, dort leben die schönsten Frauen, die ich je gesehen habe. Später fanden wir heraus, dass diese Königreiche gar nicht so isoliert gewesen waren wie zunächst angenommen. Alexander der Große hatte 300 Jahre vor unserer

Zeitrechnung seine Truppen in diese Täler geführt und sowohl Menschen als auch Tiere dort hinterlassen.

Und was haben Sie dann aus dieser Reise gewonnen?
Ich fand zehn überraschende Arten. Einige kannte ich aus Südamerika, andere aus dem Pazifikraum. Wieder musste ich Zuflucht in der Theorie über die Bewegung der Kontinente suchen. Ihr zufolge lag Indien vor 200 Millionen Jahren an der Ostseite des südlichen Afrikas. Und damit war in Pakistan eine Schnittmenge der Moosmilbenfauna der Nord- und Südhalbkugel zu entdecken. Später bestätigte Dr. J. Travé meine Theorie, und ich konnte endlich die Schlussfolgerung ziehen, dass der Mensch nicht an der Verbreitung der Moosmilben beteiligt war.

1979 erschien Ihr letzter und endgültiger Artikel, der Ihre lebenslange Arbeit mit den Milben zusammenfasste.
Ja, ich schrieb ihn gemeinsam mit meinem Kollegen John A. Wallwork, der sich ebenfalls mit der Verbreitung der Moosmilben durch die Kontinentalverschiebung beschäftigt hatte, allerdings nur innerhalb der Antarktis. Anfang der Siebzigerjahre schlug er mir vor, unsere Ergebnisse in einer gemeinsamen Arbeit zu behandeln, sie erschien unter dem Titel *A Review of the World Distribution of Oribatid Mites in Relation to Continental Drift.* Obwohl meine Sammlungsarbeit schon an sich monumental ist und die 150 neuen Familien und circa 1000 neuen Arten von Moosmilben, die ich während meiner vierzigjährigen Tätigkeit als Forscherin gesammelt habe, bereits in den *Biologischen Schriften* der Königlichen Wissenschaftsgesellschaft veröffentlicht wurden, war die gemeinsame Abhandlung mit Wallwork die Krönung

meines Werks. Erst damit hatte ich das Gefühl, meiner Verpflichtung gegenüber Knud Rasmussen gerecht geworden zu sein. Dass er an mich glaubte, als ich noch eine junge und unerfahrene Wissenschaftlerin war, hatte eine ganz entscheidende Bedeutung für mich und hat mich immer bestärkt, wenn ich kurz davor war aufzugeben. Deshalb erschien es mir ganz natürlich, meine gesamte wissenschaftliche Arbeit ihm zu widmen.

Dass es Ihnen am Ende gelang, den Zusammenhang der Kontinente mithilfe dieser unsichtbaren Tiere zu beweisen, ist wirklich beeindruckend.
Ich habe fünfzig Jahre gebraucht, um die kleinen Tiere zum Sprechen zu bringen und die Erde endlich so zusammenfügen zu können, wie man ein Puzzle zusammensetzt, und natürlich bin ich stolz darauf, mein Ziel erreicht zu haben. In meiner Arbeit als unbezahlte Wissenschaftlerin habe ich 40 Abhandlungen verfasst, die 5000 handgezeichnete Detaildarstellungen von Moosmilben enthalten. Hinzu kommen zwei Bücher, eines über Island, das ich gemeinsam mit meiner Schwester Aase geschrieben habe, und dann natürlich die Autobiografie. Aber ich bin ein demütiger Mensch, und es hätte ja genauso gut darauf hinauslaufen können, Wegeners Theorie widerlegen zu müssen. Dass letzten Endes alles zusammenpasste, beruht natürlich auf Fleiß, aber auch auf meinem Instinkt.

Haben Sie immer schon gewusst, dass Sie Insektenforscherin sein wollen?
Keineswegs. Aber ich hatte das Glück, in eine Akademikerfamilie mit einer langen Tradition des Lesens hinein-

geboren zu werden. Ich hatte als Kind nie Minderwertig-
keitskomplexe gegenüber Jungen, und ich wusste schon
früh, dass ich keine Kräfte für etwas verschwenden wollte,
das mich nicht zutiefst interessierte, denn wenn man
nicht mit Leib und Seele in seiner Arbeit aufgeht, wird
man nicht zu einem vollkommenen Menschen. Früher
habe ich davon geträumt, in einem Turm im Gribskov zu
wohnen. Er sollte hoch über den Bäume aufragen, damit
die ganze Welt vor mir ausgebreitet lag, und der Turm
sollte mit Büchern gefüllt sein. Dort wollte ich allein
wohnen und mein eigenes Leben führen. Aber wenn man
das Leben lediglich durch Bücher betrachtet, erlebt man
auch nur Dinge, die schon geschehen sind, und selbst
wenn die Aussicht von einem Turm unendlich erschei-
nen mag, sieht man trotzdem nur einen Ausschnitt. Und
was ist mit dem anderen Geschlecht? Gefühle lassen sich
nicht einsperren. Anstatt einsam im Turm zu leben, blieb
ich 50 Jahre lang einsam draußen in der Welt, gebeugt
über mein Mikroskop, tief ergriffen von der Wissenschaft.

Spüren Sie das Alter?
Ja, mein Mann ist seit einigen Jahren krank, was ihn und
mich natürlich sehr traurig macht, aber wenn ich von
allem anderen absehe, dem Guten wie dem Schlechten,
war ich am glücklichsten, wenn ich am Mikroskop saß
und das Leben in meiner kleinen Welt betrachtete, die
den Blicken der anderen verborgen blieb, und bis oben
hin von diesem stillen, verwunderten Glücksgefühl
erfüllt war. Ich glaubte, mein Leben würde enden, als ich
meine Forschung aufgeben musste, weil ich immer ver-
schwommener sah und die Fehlergefahr zu groß wurde.
Mein Kollege Ballock hat nicht rechtzeitig aufgehört,

seine letzten Registrierungen waren ungenau. Das wollte ich nicht riskieren, denn wenn man auf meinem Gebiet nur ein Haar übersieht, kann das eine ganze Erzählung verändern.

Und was können Sie anhand eines Haares erzählen?
Ich kann etwas über die Evolution sagen. Wenn ich ein Tier auf der Südhalbkugel finde, das sich lediglich durch ein einziges Haar an einem Hinterbein von einem Exemplar auf der Nordhalbkugel unterscheidet – das ist Evolution.

Wie kam es eigentlich, dass Sie sich so sehr für die Milben interessieren?
Als junges Mädchen hätte ich es für ausgeschlossen gehalten, dass ich mich einmal mit solch kleinen, fast unsichtbaren Nebensächlichkeiten wie den Moosmilben beschäftigen würde. Doch irgendwann nahmen sie mich unmerklich für sich ein, und mein Interesse wurde immer größer, bis ich völlig von ihnen besessen war. Wenn man anfängt, die kleinen Details der Natur zu betrachten, offenbart sich eine fantastische Welt. Dort passieren so viele Dinge mit so vielen verschiedenen Organismen, die höchst unterschiedlich aussehen. Stellen Sie sich vor, mit jedem Schritt, den Sie auf einem ganz normalen Waldboden machen, tritt Ihr Fuß auf 50 000 dieser Tiere.

Wenn wir einen ganz normalen Waldspaziergang machen, werden wir also in Wirklichkeit von unsichtbaren Tieren getragen?
Ja, das ist ein ganz wunderbarer Gedanke, nicht wahr?

Auf jeden Fall.

Marie Hammer?
Ja?

Sie schienen gerade ganz in Gedanken versunken zu sein.
Und was sagt Ihnen das?

Dass das Alter Sie plagt?
Was für ein Unsinn. Unser Vorstellungsvermögen schrumpft doch nicht mit den Jahren, sondern wird immer größer, und dadurch wird die sichtbare Wirklichkeit kleiner und einförmiger. Wir tragen ja alle Alter, die wir durchlebt haben, in uns. So wie Sie immer noch diejenige in mir sehen können, die ich war, als wir uns zum ersten Mal begegneten, sehe ich Sie auch mit einem Blick in verschiedenen Altern und Zeiten, deshalb entfaltet sich das Leben in immer mehr Dimensionen, je älter man wird.

Darf ich Ihnen eine persönliche Frage stellen? Welche Einstellung haben Sie zum Tod?
Ich habe Glück, weil ich die beiden Dinge erreicht habe, die ich wollte: zu forschen und Kinder zu bekommen. Hinzu kommen all die Erlebnisse und Reisen, wie ich sie mir nie hätte ausmalen können. Natürlich hatte ich wie alle anderen Menschen glückliche und weniger glückliche Jahre, vor allem, als ich jung war. Erst gab es jemanden, der sich in mich verliebte und den ich zurückweisen musste. Dann verliebte ich mich in einen anderen und wurde selbst zurückgewiesen. Auf einige Jahre meines Lebens hätte ich gut verzichten können, wenn sie nicht

470

den stillen, inneren Trotz in mir geweckt hätten, den anderen zu zeigen, dass ich etwas konnte, doch als ich meine Arbeit abgeschlossen hatte, waren alle Zweifel beseitigt. Im Grunde ist das Leben ein Paradox. Ich hege keinen Groll gegen Wallwork oder andere, die sich an meiner Forschung bereichert haben, ich verbeiße mich nicht in solchen Ungerechtigkeiten, ich betrachte mein Leben als vollendet.

Mit so etwas muss man sich ja auch nicht aufhalten, wenn das eigene Leben ein Traum war.
Drolligerweise habe ich heute Nacht vom Tod geträumt. Ich stand in einem Buchenwald mit vereinzelten hohen Bäumen, der Boden war von raschelnden braunen Blättern bedeckt. Eine Gruppe von sieben Männern kam auf mich zugerannt. Der Mann ganz links strahlte und lachte, es war mein alter Studienfreund Thorssen. Der Mann auf der rechten Seite war mein Freund Milthers von der Siebten Thule-Expedition Knud Rasmussens. Dazwischen Ole, mein Vater und einige Männer, die mir auf meinen Reisen begegnet sind. Sie kamen näher und betrachteten mich, und auf Thorssens Gesicht breitete sich ein schönes Lächeln aus.
Plötzlich hoben sie alle ein Stück des Waldbodens an und zogen ihn sich wie eine Decke über den Kopf.
Und dann waren sie weg.
Verschwunden unter der braunen Walddecke. Nichts war mehr zu sehen, nicht eine Spur. Doch hinter mir lagen große Steine in aufgewühlter Erde, und dazwischen sprossen kleine Keimlinge hervor. Der Gedanke, diese Welt zu verlassen, versetzte meinem Herzen einen Stich, aber ich glaube, wenn der Tag kommt, zweifelt

man nicht, dann weiß man, dass man aufbrechen muss. Der Traum veranlasste mich zu dem Gedanken: Wenn der Tod wirklich so schön ist, wozu die Angst?

Signe Marie Jørgensen

wurde 1907 in Kopenhagen geboren und starb 2002 als
Signe Marie Hammer in Fredensborg.

Nachwort

Dieser Roman ist eine literarische Fantasie, basierend auf dem Leben der realen Dr. phil. Marie Hammer als Moosmilbenforscherin, weltreisender Pionierin, Hausfrau und Mutter.

Als ich 2016 anfing, über Marie Hammer zu recherchieren, gab es im Internet nicht ein einziges Bild von ihr, obwohl sie auf dem Gebiet der Insektenforschung Bahnbrechendes geleistet und bis heute die meisten neuen Milbenarten der Welt gesammelt und beschrieben hat. Die detailliertesten Texte, die über Marie Hammer geschrieben wurden, entstammen ihrer eigenen Feder. 1981 erschien ihre Autobiografie *Forscherin auf fünf Kontinenten* bei Gyldendal. Nachdem ich das Buch gelesen hatte, rief ich bei der Universität Kopenhagen an, und der Wissenschaftler, mit dem ich sprach, hatte noch nie etwas von ihr gehört. Mir wurde klar, dass ich zielgerichteter vorgehen musste, und so trat ich mit Nikolaj Scharff in Verbindung, der die Sammlung des Staatlichen Naturhistorischen Museums leitet und den Nachruf auf Marie Hammer in der Jahresschrift der Dänischen Naturgeschichtlichen Vereinigung verfasst hatte. Scharff vermittelte mich an den einzigen Milbenforscher Dänemarks, den Entomologen Peter Gjelstrup, der wiederum den Kontakt zu ihren vier Kindern herstellte. Sowohl Gjelstrup als auch später Karen,

Inga, Gitte und Peder Hammer haben großzügig ihr Wissen über Maries Forschung und ihre Erinnerungen an ihr Leben mit mir geteilt, und dank ihnen konnte ich mir ein klares Bild von ihrer Persönlichkeit machen.

Die Forschung der Romanfigur Marie Hammer folgt der Arbeit der wirklichen Marie Hammer ebenso wie die großen Begebenheiten in ihrem Leben ihrer wahren Biografie. Doch die fiktive Marie Hammer ist nicht mit der realen Person identisch. Auch die meisten anderen Figuren basieren auf realen Personen, ihr Charakter und ihr Verhältnis zu Marie sind trotz der Namensgleichheit jedoch aus einer subjektiven Mischung aus Berichten und meiner freien Fantasie entstanden. Wie Marie Hammer eigentlich dachte, fühlte und ihre Beziehungen einschätzte, weiß nur sie selbst.

Ich habe einiges an dokumentarischem Material verwendet, das stark literarisch bearbeitet wurde. Einige Dokumente, wie beispielsweise Lauge Kochs Reaktion auf Marie Hammers Dissertation, werden wortwörtlich wiedergegeben, der Nachruf auf Alfred Wegener hingegen wird nur auszugsweise zitiert.

Marie Hammers Milben haben im Laufe der Zeit verschiedene wissenschaftliche Namen gehabt: Erdmilben ist eine alter Begriff, der in erster Linie die Gruppe der Prostigmata umfasst. Laut Peter Gjelstrup müssten die Moosmilben korrekterweise Panzermilben heißen, weil sie nicht im Moos leben. Ich habe mich trotzdem für diesen von der englischen Bezeichnung abgeleiteten Begriff entschieden, weil Marie Hammer ihn selbst verwendete.

Als Forscherin interessierte sich Marie Hammer nicht so sehr für Zählungen per Quadratmeter, weil sie eine Systematikerin war und keine Ökologin, weshalb die Zählungen von den Sammlungen in den dänischen Wäldern Bornebuschs Abhandlung über *Das Tierleben der Waldböden* entlehnt sind, um den Leserinnen und Lesern ein tieferes Verständnis zu ermöglichen. An einigen Stellen wurden neuere Forschungsergebnisse eingeflochten. Die Beschreibung, mit einem Fuß auf 50 000 Tiere zu treten, stammt beispielsweise aus einem Artikel von Peter Gjelstrup, der 1987 in der Zeitschrift *Natur og Museum* veröffentlicht wurde.

Die Grönlandreise habe ich ausgehend von Marie Hammers Autobiografie erdichtet, weil es von dieser Reise keine Tagebücher gibt. Dagegen basiert die Beschreibung anderer Reisen auf ihren Tagebüchern, die jedoch bearbeitet und fiktionalisiert wurden. Marie Hammers Briefe im Roman sind überwiegend Abschriften ihrer eigenen Briefe, die Korrespondenz zwischen Wallwork und Marie Hammer ist hingegen erfunden, so wie auch ihre Gespräche mit Ann Ask reine Fiktion sind. Einzelne wahre Begebenheiten habe ich aufgenommen, um den Roman in einem konkreten Zeitrahmen zu verankern, wie beispielsweise Michael Rockefellers Verschwinden in Neuguinea im Jahr 1961.

Ich bin sehr dankbar dafür, dass Marie Hammer ihre öffentliche Korrespondenz, ihre persönlichen Briefe, Tagebücher, Haushaltsbücher, Sammelalben, Manuskripte, Bilder usw. an die Archive Fredensborg übergeben und dieses Buch damit überhaupt erst ermöglicht hat. Ich möchte auch Zhi Qiang Zhang von der Auckland University in Neuseeland dafür danken, dass sie 300 Moosmilbenzeichnungen von Marie Hammer im Original bewahrt und mir den Zugang zum Archiv gewährt hat, um sie zu studieren. Mein großer Dank gilt außerdem Maries Kindern: Karen, die in Wirklichkeit Karen Merete und nicht Karen Helene heißt, Inga, Gitte und Peder Hammer sowie Peders Frau Alice, die mir die Türen zu ihrem Heim geöffnet und neben Fotografien auch ihre Gedanken und ihr Wissen über ihre Mutter und Schwiegermutter und deren Forschung mit mir geteilt haben. Besonders möchte ich Inga dafür danken, dass sie das endgültige Manuskript gelesen, mir laufend meine vielen Fragen beantwortet und nicht zuletzt eine Zeitachse über Marie Hammers Leben erstellt hat, die mir während des Schreibens eine unentbehrliche Unterstützung war. Ich danke Gitte, dass sie mir Dias und Unterlagen anvertraut, und Peder, dass er mir das Familienalbum zur Verfügung gestellt hat. Peter Gjelstrup, der in Marie Hammers Fußstapfen getreten ist und sein Leben in den Dienst der unsichtbaren Tiere gestellt hat, danke ich für fachliche Gespräche und für das Mitlesen. Mein herzlicher Dank gilt Marianne Juhl und Henrik Okkels für die Transkription von Briefen und Tagebüchern und Letzterem auch für das Korrekturlesen. Minik Rosing danke ich für ein Gespräch über die Erde und dem Naturhistorischen Museum für den Zugang zum Archiv. Außerdem danke ich meinem unbestechlichen Grafiker Jess Andersen und dem Fotografen Sacha Maric. Mein Dank geht außerdem an alle, die mich auf meinem Weg unterstützt haben: Morten Steensen Tind, Isak Steensen Tind, Josva Steensen Tind, Isolde Steensen Tind, Katrine Grünfeld, Poul Rasmussen,

Rebecca Arthy, Sidsel Becker und Mille Haynes. Danke an das Lektorat bei Gyldendal und vor allem an Christina Wendelboe, Simon Pasternak und meine unentbehrliche Lektorin Janne Breinholt Bak. Ich danke Lennart Berghult in Schweden, Gerry Gillard und Alison Purdie in Neuseeland, Hald Hovedgård, Klitgården, Chateau de Lavigny und San Cataldo für die Schreibaufenthalte und der Aarhus Universitet und Kristian Hvidtfelt Nielsen, dem Verlag Gyldendal, dem G. E. C. Gads Fond und Statens Kunstfond für die Unterstützung.

Eva Tind, im Januar 2021